山西民间文献粹编·第一辑　郝平 主编

山西票号书信辑释

周亚 辑释

商务印书馆
The Commercial Press

2019 年国家社科基金冷门绝学研究专项"票号民间文献整理、释读与研究"(批准号 19VJX028)

2020 年国家社科基金重大招标项目"山西票号原始文献整理研究与遗存保护数据库建设"(批准号 20&ZD065)

山西民间文献粹编

总　序

　　历史是特定群体对过往岁月的集体记忆，型塑了当下现实中的自我认知，引领了未来理想中的自我预期。传统史学是史官之学，王朝政治遂成为中国人自我认知和自我认同的主要方式，上下五千年被浓缩在一首朗朗上口的朝代歌之中。普通老百姓在历史上是失语的，他们既没有话语权，也没有代言人。现代新史学诞生以来，史学研究越来越重视将民间社会历史纳入史学的整体叙事之中。然而，研究思路的转变并不是一朝一夕的事情，也不会立竿见影地体现在研究实践之中，两千多年的史学研究传统积累了深厚的基本观念、基本方法和基础史料，要想突破并非易事。仅从史料角度来说，新史学的诞生和新史料的发现密切相关，20世纪以来，甲骨文、简牍文献、敦煌文书、明清档案等的发现大大推动了新史学的发展，产生了一系列标志性成果。这些新史料要么是考古发现的石木载体刻写记录，要么是宗教徒封藏的写本文献，要么是近世官方档案文献。它们虽然也都反映了丰富的民间社会情况，但并非以民间社会为主体创造的史料。宋代以来，人口增长、商业繁荣、印刷术流行、识字率提高、民间文化兴起，这些因素都促使以民间社会为主体创制、传播、使用和收藏的民间文献日益增多。晚明以后，这种情况更加普遍，尤其是清中叶以后的民间文献目前仍大量存世。总的来说，除了徽州文书等少数区域性个案之外，现存民间文献尚未引起史学界的普遍重视。

　　山西历史悠久，文化传统深厚。由于地处山区，又毗邻唐宋以来历朝国都，凡中原有战乱灾荒发生，山西就成了民众重要的避风港，也成了历史文化的保留地。特别是北宋南渡之后，北方迭遭兵燹，朝代反复更替，华北平原人口凋零，唯山西稍显安定。宋代以来山西的这种区位特征决定了山西保留了较为丰富的民间文献。现存山西民间文献主要包括两大类：石刻文献和纸质文献。石刻文献主要是碑刻，主体是村落社会，大部分散落在村落祠庙；纸质文献主要是文书，主体是山西商人，大部分流散在文物市场。碑刻体现了村落社会宋代以来的长时段演变，晚宋时期社会经济的高度发展，国家治理转向间接的经纪型统治，以佛教为代表的建制性宗教走向衰落，村落社会经济和文化进入前所未有的兴盛时期。在经历了金元至明前期的曲折发展之后，文化传统得以延续，在晚明社会变迁的背景下，村落社会迎来了一个新的繁荣时期。村落社会实现了很大程度的自我管理，各种民间习惯法走向成熟，形成了独特的集体经济模式，以戏曲为代表的民间文化繁荣发展。文书有大量土地房产等不动产契约，也有不少民间借贷契约，但最具特色和学术价值的还是山西商人原始经营文书。单件类文书大多是商人票单契据，是商业经营的原始单据和凭证，是商业经营活动正常开展的重要文书基础，其中的民间金融票贴还涉及清中叶以来货币金融领域的重大理论问题。书信介于单件和簿册文书之间，反映了山西商人独特的书信经营模式，是明清时期专业化商人从事跨区域长途贸易过程中解决异地管理问题的制度性方案。簿册类文书多为商业账簿，反映了山西商人合伙制、会计体系、利润结构、商号管理等多方面微观经济的重大问题。商人规程、著述、课本和广告等文书大多是簿册类文书中的独特类型，属于间接经营文书，涉及学徒教育、经验积累、标准制定、商业宣传等方面，为商号直接经营活动服务。村落社会碑刻与商人经营文书这两类文献密切相关，村落社会是山西商人兴起的社会文化基础，山西商人是村落社会发展到一定阶段的转型和升级，将这两类民间文献研究结合起来能够展示一幅山西民间社会整体发展比较完整的历史面貌，也是宋代以来中国民间社会历史演变的一个典型缩影。

山西大学民间文献整理与研究中心是民间文献整理研究的专门机构，是山西大学历史学科长期发展的结果，也是适应学术新趋势和时代新使命的结果。山西大学历史学科历来就有关注民间社会的学术传统，从改革开放以前农民战争研究范式下的捻军研究、义和团和辛亥革命研究，到改革开放之初近代社会史研究方向的探索，再到近20年来水利社会史、集体化时期基层档案、传统村落与土地契约等研究领域的开拓，形成了"走向田野与社会"的学术传统。改革开放以来，史学研究进入新一轮的新史料挖掘、新方法引入和新领域开拓的阶段，特别是进入新世纪以来，文化遗产保护利用日益受到国家和全社会的重视，山西商人研究也促进了晋商文化收藏的热度，大量传统村落和山西商人民间文献井喷式地涌现出来。山西民间文献的学术价值和现实价值越来越受到相关研究者和有识之士的重视。在此基础上，历史文化学院于2013年成立民间文献整理与研究中心，立足山西、扩展华北、面向全国，专门开展民间文献的搜集、整理和研究工作。几年来，中心成员在民间文献的田野调查、文献整理和学术研究方面做出了很多探索工作。

民间文献要么散落于村落，要么流散在文物市场，田野调查是发现、搜集和理解民间文献不可或缺的重要研究方法。中心师生先后在10余个省，数千个村落或会馆开展常态化田野作业，确立了基本的民间文献田野作业方法论体系，包括"史料之搜集、整体之认识和同情之理解"的调查宗旨，"以村落会馆为单位，以建筑遗存为单元，以民间文献为重点"的调查目标，"选点式探查、区域性普查和专题性调查"的调查类型等。

民间文献整理目前缺少学术规范，也缺少标志性和范例式学术成果，这是制约这一领域发展的主要障碍。民间文献有一套不同于士大夫传统的俗文字和民间书法体系，还有一些地方性或专业性的语言文字惯例，这方面的研究基础都非常薄弱。民间文献在版本、装帧和制作等方面均有不规范之处，保存状况和市场流散等原因进一步增加了其整理难度。民间文献整理是这一研究领域的基础工作，涉及金石学、建筑学、文物学、文化遗产学、文书学、档案学、文献学等很多学科。几年来，民间文献整理与研究中心已经整理各类民间文献达数百万字，这方面研究工作仍处于探索阶段，目标是建立完整系统的民间文献学。山西民间文献在时段上主要集中于宋代至民国，区域上以华北为中心辐射全国乃至整个东亚，群体上主要是村落社会和商人，学科领域上主要是明清社会经济史，主题上主要涉及基层社会治理、村落社会惯例与经济、民间文化、生态环境演变、工商业字号利润及其制度基础、商品与市场结构、货币金融体系、商业惯例与文化、政治与民间社会关系、民间社会经济与文化互动等。几年来，中心围绕上述领域成功申请到2项国家级重大课题、2项国家级重点课题、多项国家级和省部级一般课题，出版著作10余部，发表论文近200篇，初步奠定了山西民间文献整理研究的学术基础。

在山西大学即将迎来双甲子华诞之际，民间文献整理与研究中心特推出《山西民间文献粹编》丛书的第一辑，作为中心献给母校的一份特别的生日礼物。这套丛书是对中心几年来所做文献整理和研究工作的阶段性总结，共包括6册，其中石刻文献4册，纸质文献2册，均由中心老师承担编著任务，是中心集体成果的一次彰显。

郝平辑录的《黎城县碑文辑录》是在县域田野作业基础之上完成的，2018年暑假期间，中心组织师生在长治市黎城县展开县域民间文献普查，这种研究能够揭示县域范围之内民间文献存量情况。截至目前，中心已经在山西高平、武乡、太谷和河北蔚县等地开展了县域民间文献普查工作，今后将拓展到其他市县。此书是这一类型民间文献搜集整理和研究工作的典型代表。刘伟国辑释的《沁河中游地区传统堡寨村落碑刻辑释》以村落为中心展开民间文献的整理研究，此书选取了晋东南沁河中游地区堡寨这一独特类型的村落为基本单位，立足于村落社会整体对碑刻文献进行系统搜集整理。几年来，中心已经完成的村落民间文献调查达几千处，积累了丰富的个案，目前急需开展类型化、谱系化的研究，这是推进民间文献整理研究最重要的方法。闫爱萍辑选的《山西关帝庙碑刻辑选》以祠庙为中心展开民间文献的整理研究，是作者长期开展关公文化研究的成果积累，体现了关公文化研究与民间文献研究的结合，表现出民间信仰研究从神灵中心转向祠庙中心的研究趋势。现存碑刻绝大部分位于各类祠庙之中，历史时期的祠庙承担了远超当代庙宇的复杂功能，祠庙是村落社会开展各类政治、社会、经济和文化活动的公共空间。与祠庙和民间信仰研究的结合是民间文献研究走向深入的重要途径。杨波辑考的《山西村社碑刻辑考》利用碑刻材料试图从整体上把握山西村社发展的长时段历史演变和综合研究的分析框架，地理空间、社会经济和文化都被整合在村社宋代以来的长时段发展历程之中。晏雪莲、周超宇辑释的《山西布商文书辑释》从山西布商这一行当角度出发综合搜集整理了各种类型的相关文书，包括规程、信稿、运单和契约，其主体是规程和信稿等簿册类文书。山西商人原始经营文书的研究首先要重视对各种形态文书的分类整理研究，更重要的是围绕特定问题综合运用各种类型文书来深化相关主题研究，此书就是这方面的一个很好的尝试。周亚辑释的《山西票号书信辑释》搜集整理了五件反映山西票号经营活动的"号信"信稿。山西票号是从事异地白银货币汇兑业务的金融机构，书信经营制度是解决票号异地经营管理、白银货币跨区域平衡调度、分号之间业务协作、商业信息沟通等重要问题的重要工具。山西票号书信是山西商人书信类文书最典型、最成熟的案例。

以上4部与碑刻有关的民间文献著作分别从县域、村落、祠庙、专题和整体四个不同角度展开，2部与文书有关的民间文献著作分别从书信、文书两个不同角度展开，这些角度大体上代表了目前山西民间文献整理研究的主要视角。

由于出版时间紧张，民间文献整理又异常复杂易错，计划中的几部书稿未能在这一辑中一起出版，收入这一辑的书稿也有部分内容不得不舍弃，这些遗憾只能留待以后弥补。民间文献整理研究尚处于起步阶段，问题不够聚焦，规范不够完备，方法尚在探索，各种问题在所难免，本套丛书的推出也意在抛砖引玉，希望学界同仁多多关注民间文献，共同推动这一研究领域不断向前发展。

郝　平
2023年12月

目　录

前　言 …………………………………………………………… 1

凡　例 …………………………………………………………… 20

《道光三十年五月至腊月蔚泰厚苏州与北京往来信稿》……… 21

《咸丰元年十月至二年八月日升昌清江浦致京师信稿》……… 96

《同治九年腊月至十年冬月蔚盛长京师致福州信稿》……… 152

《光绪十三年九月至十四年十月蔚泰厚济南致京师信稿》…… 209

《光绪十七年七月至十九年五月乾盛亨平遥致汉口信稿》…… 274

前　言

广义而言，一切可以反映票号的产生、发展、消亡等历时性过程，和组织、制度、机制、分布等共时性结构的文化载体，均可称之为票号史料。其类型之多样（包括书信、账册、契约、合同、规章、票据、家谱等纸本文献，及碑刻、墓志、印鉴、工具、遗址、旧址等实物文献），数量之丰富（目前已知存世的各类文献大约有数十万件），有着极其重要的文献价值和文物价值，故而为广大研究者、各类博物馆和民间收藏家所青睐。

书信是在票号的商务活动和日常生活中产生的文献，前者属于票号业务属性的专业类书信，后者归入票号从业者的私人来往信件，本书所涉均属前者。无论是专业书信还是私人书信，都是信息的跨区域传递和表达。可以说，在交通设施和通信水平较为落后的年代，书信是进行异地信息沟通的主要手段，其实践意义和史料价值不言而喻。正因为如此，山西票号从百年前作为研究对象开始，其书信的收集、整理和研究就从来没有停止过。但是，由于山西票号研究横跨历史学、经济学、管理学等多个学科，研究旨趣的差别导致票号史料的意义等级在不同学科存在严重分异；即使在更加重视史料的经济史学领域，如果缺乏对票号业务的专业认识，书信的利用就会大打折扣。从此意义上讲，如何清晰地认识票号书信的价值，并予以科学地整理和利用，是推进票号研究的重要途径。尤其是面对近年来票号史料的爆发式呈现，这一问题显得更为急切。

一、山西票号书信留存与整理之现状

与碑刻、布告等意在"广而告之"不同，书信普遍具有"私密性"，票号书信更是如此。因此，票号书信往往由专人保存，一般不予示人。如果将山西票号从晚明前清时期发轫，到嘉道时期成熟，一直到民国中期整体性消失（个别几家票号一直到新中国成立之初的公私合营才告结束）来统计，在100多年时间里，先后有100多家票号活跃在中华大地上。在最辉煌的时期，甚至有数百家分号遍布全国的城市、码头和商埠。保守估计，如果每个分号平均每月写给总号及其他分号各3封信，以100年间，每年有10家票号的100家分号存在，即使从票号成熟的嘉道年间算起，也至少产生了数以百万计的信件。那么，在票号整体歇业近百年后，其书信留存情况如何？又是以怎样的方式流传下来？其整理和利用情况又是什么样呢？

最早收录和整理票号书信的是曾在蔚丰厚票号工作过40多年的李宏龄。清朝末年，他曾广泛号召，大声疾呼，力图聚合山西票号之力组建现代银行，因谏言未果，于民国二年（1913）辞去号事，归里闲居，并在课孙之余，偶检旧稿，汇编成卷，于民国六年（1917）自费石印《同舟忠告》和《山西票商成败记》二书。其中，《同舟忠告》收录了李宏龄在主持蔚丰厚北京、上海、汉口分号期间写给总号经理的76封信件；《山西票商成败记》则收录了部分李宏龄在认识到票号危机下倡议各票号积极改革的文件与信函。应当说，李宏龄所收录的信件均为其本人所写，或参与其中，属于私人信件范畴，是票号从业者的自觉行为，将其视作个人晚年的自我总结，亦不为过。1989年，黄鉴晖将李氏二书与清人李燧的《晋游日记》合编点校出版。[①]

[①] ［清］李燧、李宏龄著，黄鉴晖校注：《晋游日记 同舟忠告 山西票商成败记》，山西人民出版社1989年版。

真正将票号业务类书信开始予以收集的是民国时期的大学者卫聚贤先生。1936年冬，受时任财政部长兼中央银行总裁孔祥熙的委派，同为晋人的卫聚贤来到票号的祖地山西太谷、祁县、平遥一带进行考察，收集到大量山西票号的原始资料，其中包括山西票号书信，并将其运至上海中央银行。抗战爆发后，日军占领上海，这批资料也被转运至日本，保存于东京大学东洋文化研究所。对于这批书信，卫聚贤仅在其专著中选录了一部分，并未进行系统的整理和研究。①

新中国成立后，中国人民银行山西省分行、山西财经学院开始编撰《山西票号史料》，有一少部分的信稿收集，但未予整理刊行。"文化大革命"结束后，《山西票号史料》编写工作重启，并于1990年正式出版。② 同年，日本东京大学东洋文化研究所所长滨下武志先生等将收藏于该所的部分山西票号书信整理汇编为《山西票号资料·书简篇（一）》③公开发表，堪称最早的山西票号书信整理专辑。此后，黄鉴晖先生将滨下武志《山西票号资料·书简篇（一）》中收录的票号书信和平遥日升昌票号旧址建设博物馆时发现的"残信"予以汇编，收入增订版的《山西票号史料》④中。2002年，史若民、牛白琳将多年在平遥、祁县、太谷搜集到的碑刻、私家著述、商人笔记、函稿等资料汇编为《平、祁、太经济社会史料与研究》⑤，其中收录了两部山西票号信稿。2013年，山西省社科院高春平研究员将藏于俄罗斯和日本的晋商资料进行了整理，编为《国外珍藏晋商资料汇编》⑥，特别是收录了滨下武

---

① 卫聚贤：《山西票号史》，说文社1944年版，第241—271页。
② 中国人民银行山西省分行、山西财经学院《山西票号史料》编写组编：《山西票号史料》，山西经济出版社1990年版。
③ 〔日〕滨下武志等编：《山西票号资料·书简篇（一）》，《东洋学文献丛刊》第60辑，东京大学东洋文化研究所附属东洋学文献中心，1990年版。
④ 中国人民银行山西省分行、山西财经学院《山西票号史料》编写组，黄鉴晖编：《山西票号史料》（增订版），山西经济出版社2002年版。
⑤ 史若民、牛白琳编著：《平、祁、太经济社会史料与研究》，山西古籍出版社2002年版。
⑥ 高春平主编：《国外珍藏晋商资料汇编》，商务印书馆2013年版。

志等未予整理的藏于东洋文化研究所的山西票号书信。2013年起,山西晋商文化基金会将该会购买、收藏的大量晋商信稿、账册、规约等极为珍贵的原始文献奉献出来,以"晋商史料系列丛书"的形式影印出版,目前已出版两种票号信稿。[①]2018年,山西著名收藏家刘建民将其倾力30余年收藏的山西商人史料编为《晋商史料集成》出版,全书凡88卷,收录史料7万余件,其中汇编了众多有关票号的信稿、账册、合约、清单、簿记等,仅票号信件就达2000余封。

对上述史料进行初步统计,可知山西票号现存书信3000余封,涉及的票号有日升昌、蔚泰厚、协同庆、宝丰隆、大德通、百川通、中兴和、蔚盛长、合盛元等10余家,时间上从道光中后期延续至民国初期,其中,又以日升昌票号现存书信数量最多,时间跨度最长。此外,近年来随着文物市场的活跃,包括书信在内的山西票号原始资料陆续被发现,一些民办博物馆和个人收藏家仍藏有数量不等的票号书信。

需要强调的是,如果将现存票号书信放在经历了百余年的山西票号历史中,仅仅只是其中的九牛一毛,书信存量的多少与票号的实力及其所处时代没有必然联系,从数百万封书信中留存下几千封,偶然性因素起决定作用。这些"幸存"下来的资料,由于其生成的客观性、规范性,是票号研究中非常重要的一手文献,具有极高的史料价值。

二、山西票号书信的特征

书信是票号进行跨区域经营的基本手段和工具,它将总号与分号、分号

[①] 山西省晋商文化基金会编:《合盛元信稿(国内)》《合盛元信稿(国外)》,中华书局2014年版。

与分号之间有机地联系起来，形成一个严密的商业网络。从信息传递的角度看，票号书信有着普通书信的一般特征。但是，由于票号书信属于商业书信、金融书信，其功用已与一般书信不同，因此，无论是文本形式，还是具体内容，都有其自身特色。

1. 票号书信的文本特征

票号书信系因应异地经营需求而产生，为保证每一个信息都能准确无误地表达并且做到有据可查，票号在撰写正式书信之前都会提前拟好草稿，并且按照顺序编号排列，这个专门用来草拟书信的册子就是"信稿"，依草稿内容誊抄好的寄往对方的正式书信称为"正信"。若某封"正信"较为重要，票号生怕丢失，则会原样再次誊抄一封寄给对方，是为"副信"。作为收信方而言，其信稿的生成顺序与寄信方恰恰相反，收信方票号是在接收到对方来信后，将信件内容誊抄于"信稿"册上，即先有正式书信，后有信稿。今天所见的票号书信绝大多数属于信稿，因此，书信的原貌难以完全恢复，但部分票号信稿依然大体保留了书信的原始文本形态，如《光绪三十四年三月润记营铺书稿草账》[①]（见图1）这本信稿除了誊抄票号书信的主体内容外，还保留了书信的启辞、祝辞、署名等信息，尤其是署名信息及格式，在一般票号信稿中是较为少见的。

通过对大量书信的文本综合归纳可以看到，典型的票号书信具备以下书写程式：

标题：记录本次信件编号及寄发情况，如"××月××日由××寄去第××次信"。

启辞、思慕语：一般写作"敬启者""敬禀者"，偶有客套之语。

[①]《光绪三十四年三月润记营铺书稿草账》，刘建民主编：《晋商史料集成》第3册《信函、信稿2》，商务印书馆2018年版，第247—331页。

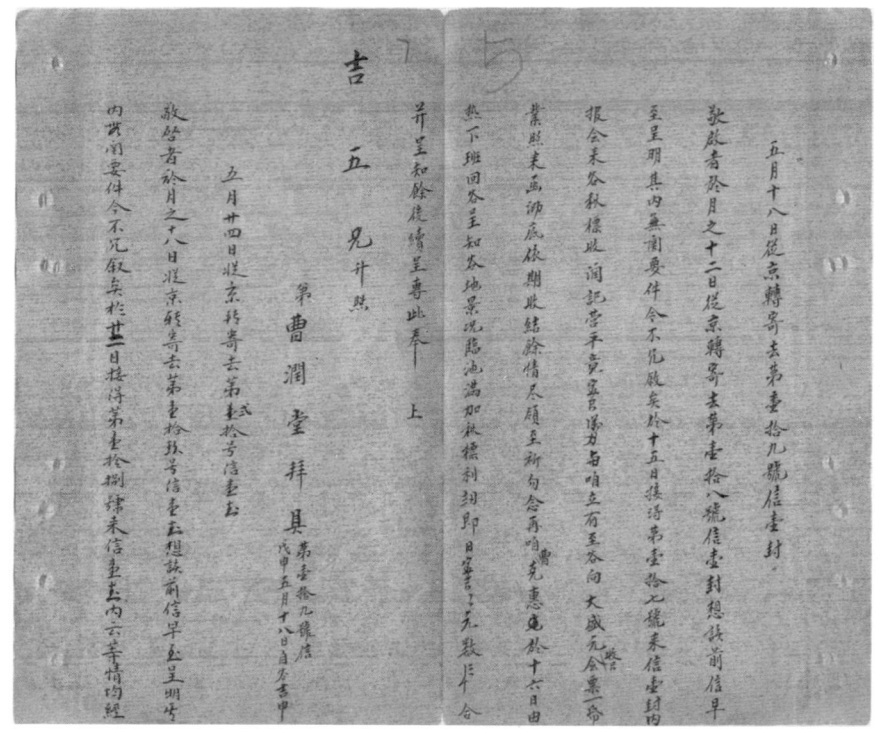

图 1 《光绪三十四年三月润记营铺书稿草账》第十九号信

复报：记录上次发信情况、通报最近收信情形。因为交通通信的不便，信函传递时间长，为避免途中遗失而造成损失，因此规定了复报制度，以保证业务信息传递的万无一失。①

正报：报告本号直接与收信方的业务情况。

附报：向收信方报告本号与其他分号或总号的业务情况，其目的是使各分号能相互了解彼此收付款项的情况，从而主动做生意，实现现银收付的基本平衡，减少异地镖运的昂贵费用与麻烦，最终达到调剂资金余缺、确保支付安全、维护企业信誉并使业务得以发展。

---

① 孔祥毅、李怡农：《晋商书信说》，《山西日报》，2015 年 7 月 29 日 C02 版。

上述情况汇报完后，附报中还要将连同本次信函一起寄送的物件情况及本号所在地的金融行市（即当时当地的钱价、银价、利率、市场状况、主要物价等）一并告知。

结语：与"启辞"相仿，系常用套辞，如"余事后呈"。

祝辞：对收信人表示祝愿、钦敬的短语，如"即颂""专此""专此布"等，对方身份不同，容有区别。

再启：一般位于信函的末尾，另起一行进行批写，且大多由掌柜亲自撰写。其内容主要是对近来较为重要事发表自己的看法，或者向总号咨询处理之策，不一而足。

署名：在信函最后签署写信人姓名，有时加写"叩禀""上""顿首"等启禀词。

以上所列为"标准化"的票号书信格式，在具体的实践中，很少有完全按照这一格式进行誊抄的信稿，如以下两封书信所示：

其一：

腊月初一日三盛永标局随标带去第九十七次信[①]

启者，于上月廿三日由提塘带去第九十六次信，内统去济寄洋一信，王韫山一信，及报一切，谅早收阅矣。于上月廿五日收到电信一封，内情已悉。廿七日收到第二十七次信，随统来许绍鹤一百两收条一纸，平、洋寄济二信，京报五本，并叙各情均悉，勿念。

兹报，济现收会去京见票三五天无利交汤仁甫足纹银一百两，与伊立去会票一张，无砝，其平照库平，比咱合砝每百两大一两八钱兑……

附报，洋会来济见票三五天交英漫礼先生周行宝银二千二百零

[①] 《光绪十三年九月至十四年十月蔚泰厚济南致京师信稿》，刘建民主编：《晋商史料集成》第2册《信函、信稿1》，商务印书馆2018年版，第592页。原标题为《光绪十三年济南某票号信稿》，此处根据考证重新命名。

九两九钱四分，报知。兹随信着三盛永标局邹福奎、冯昭祥往京护送现标五箱，计大宝一百九十六定，尾银一包，共合本平足银一万两正［整］……刻下月息四五厘，钱数二千八百七十文。余事后呈，专此布。

成信后，济现收会去京见票三五天无利交刘淮生足纹银三百两，与伊立去会票一张，无砝，其平照京市平，比咱合砝每百两小二两二钱兑，得期外，共得伊费银三两，至祈注录缴票交给是祝。又现收会去汉，随信交王燮菴足纹银五十两，得期，得伊费银五钱，报知。又及。

其二：

<h3 style="text-align:center">八月初十日由申转去第六号信一封①</h3>

于上月初十日从申转去第五号信，想早收到，其函内呈无甚要事，不再叙耳。于初八日接兄来第十一号信，内情已明，祈勿计念。

附呈，咱汉会过现交申上月廿日、本月半均收汇通庄规银四千两，共合出银十九两一钱六分。又会过汉现收京见信交包绎之兄松江银一百两，汉过银一百两。为此奉知。

随统去汉号五六七月内月清折一个，至祈收阅。

临书汉地现洋八钱二分二厘，钱市五钱四分四厘。余后呈，专此奉上。

钟山老兄台照。

弟史锦霞抒具

由此二封信函可知，就基本格式而言，都普遍具有统一的模式，标题、正报、结语、祝辞等几乎是任何一封票号书信都会涉及的。这至少说明，山

---

① 《民国元年三月元记沈号信稿》，刘建民主编：《晋商史料集成》第4册《信函、信稿3》，商务印书馆2018年版，第488页。

西票号自道光时期开始，在书信的撰写与传递中就形成了自己的"套路"，直至民国时期整体歇业，几乎没有变化，书信俨然是山西票号有效而成熟的"金融工具"，并作为一种行业规范的制度流传下来。从此意义上讲，山西票号一个多世纪的金融垄断时代，也可称为"书信经营的时代"。①

2. 票号书信的内容特征

票号作为金融机构的属性，决定了它与民间书信及一般商业书信内容的区别，具有鲜明的特殊性。

第一，票号书信是具体操作的"业务指令"，其内容不仅系统反映了票号的实际经营过程，更为重要的是如实地记录了当时全国各地白银货币汇兑的"具体处理办法"，涉及几乎所有的货币形态和流变等复杂的细节和情况。

> （十一月）二十日由塘务局带去第九十五次（信）②
>
> 启者，于月之十五日由塘务局带去第九十四次信。内报收会去京随信，无利交汪以庄老爷足纹银四百两，无票砝，统去伊会银底信一封，其平照京公砝平，比咱合砝每百（两）小一两六钱兑，交银后计讨收条寄济。又统去济寄洋、原各一信，外信三封，问捐单三纸，邹丙荣三百三十两收条一纸，及报一切，谅早收阅录底交给矣。昨日收接第二十五、六次信二封，内结来转会盂县交福兴和粮店四千两，上贴费本平足纹银六十一两二钱。又统来平、原、成、津、洋、沈、营、汉寄济十一信，义和号四十两、戴星阶六两收条各一纸，问捐原花单二纸，京号月清一扺[折]，京报十五本，张大人等五信，及云一切均已领明，勿念。

---

① 郝平：《山西票号的书信经营——对光绪十六年日昇昌京师分号一封残信的解读》，《山西大学学报》（哲学社会科学版），2017年第2期。
② 《光绪十三年九月至十四年十月蔚泰厚济南致京师信稿》，刘建民主编：《晋商史料集成》第2册《信函、信稿1》，商务印书馆2018年版，第589页。

兹报，济现收会去京随信无利交全盛店足纹银二百两，无票砝，统去伊会银底信一封，其平照京市平，比咱合砝每百（两）小二两二钱兑，得期外，共得伊费银一两四钱。交银后计讨收条寄济，至祈注录照交是祝。又济现收会过津见信交福庆隆化宝银一百五十两，得期，得伊费银三钱。济现收会过苏随信交杨书成大人关批票银二千两，得期外，共得伊费银二十四两，济现收会过原腊月廿五日交恒茂顺足纹银三百两，得期外，共得伊费银二两四钱。

附报，原会来济腊月底收福晋隆足纹银一千两，明二月底收三益成足纹银二千两、天成德足纹银二千两、福聚公足纹银二千两，洋会来济见信交武锡麐足纹银五十两，营会来济十月底交福聚公周行宝银八百两，报知。随统去济寄津、洋、沈、汉、沙、长、常、重、成、原各一信，至日收转是荷。刻下月息四五厘，钱数二千九百二十文。余事后呈，专此。

以《光绪十三年济南蔚泰厚信稿》中的《（十一月）二十日由塘务局带去第九十五次（信）》可以发现，济南的蔚泰厚票号在信中详尽地记录了本号与北京分号的业务来往，即济南收、北京交全盛店二百两足纹银的一笔业务，指令北京分号"照京市平，比咱合砝每百小二两二钱兑"，并嘱咐"交银后计讨收条寄济"。这是票号书信最基本的业务信息。同时，该信函还汇报了与其他分号的业务状况。信函中出现了足纹银、化宝银、关批票银、周行宝银等多种货币形态，并通过"咱合砝""京市平"等度量衡进行汇兑，呈现了看似复杂但又极为日常的金融业务状态。

第二，票号书信对各地的商业情况记载非常翔实，书信附报中的最后一句话往往是对该地当时的行情、利率予以报告，甚至指出和分析利率变化的原委、对未来变化做出相关判断等。如《二十日由塘务局带去第九十五次（信）》末尾提到"刻下月息四五厘，钱数二千九百二十文"，便是对当时济南利息和汇率的记录。

第三，票号书信除了对实际产生了业务予以记录外，还对当地与金融市场相关的地方组织、同行情况、服务对象、相关的行业关系，甚至包括朝廷、官府、外国银行、洋行等情况，都予以陈述和报知，特别是对于突发情形的报道更为具体。如，民国三年上海某票号信稿中就记载了第一次世界大战之于当时上海金融业及该票号的影响：

……

再此次奥塞失和宣战后，牵连欧洲六七国，皆以兵戎相见，风云日紧，影响全球，商务恐慌，金融吃紧。申汉更形紧急，汇兑不通，百物停滞，进出口货不能流通，海道断绝。奈何奈何！闻及江地申票已涨至二千六、（二千）七百金，尚无人肯收也。照此行市从来未闻。惜乎处此乱世，我申钳属无银，亦不能吃此大亏，令我江号接济，申申可叹也。且闻英日俄法等国约期日内环攻青岛之说，似此渐逼近内地。我国政府虽守局外中立，然无力限制各国不在内地开战也。将来不知到何地步，真可危也。惟望战事早为和平了结，则万幸矣。此情布知。①

第四，票号书信本身就是"记账的原始凭证"，票号的利润来源和结构情况由此一目了然。票号书信的这一特征，使其具有"账目"的功能，这对金融机构的意义不言而喻。正因如此，票号书信的誊抄和保管就显得极为重要。一个账期结束后，各分号的信稿都要交予总号，故而，每家票号每年就会产生数十、上百册的信稿，加之各种类型的账簿、契约、凭条、印章、会票等多种"信用"或契约性文本，共同构成了票号的"私密性"专属文献，着实需要一个"保险柜"予以存放。现今位于平遥日升昌旧址的中国票号

---

① 《民国二年至三年上海蔚长厚信稿》，刘建民主编：《晋商史料集成》第 4 册《信函、信稿 3》，商务印书馆 2018 年版，第 509—510 页。原标题为《民国二年某票号信稿》，此处根据考证重新命名。

博物馆内所谓"银窖",恐怕就是日升昌票号当年保管此类"商业机密"的地方。

第五,票号书信是金融业务展开的原始凭证,而"信汇"之"信"则完全是"符号化的货币"。票号的异地汇兑有信汇、票汇和电汇三种情形,其中,电汇是电报出现后才有的情形,更多情况下,票号普遍采用信汇的方式,而更多人所熟知的采用具有防伪功能的会票进行票汇的方式,在票号的汇兑实践中仅占少数。如光绪十三年济南蔚泰厚票号的汇兑方式,几乎全部采用信汇,举例如下:

> 济现收会去京随信无利交全盛店足纹银二百两,无票砝,统去伊会银底信一封。
> 济现收会过津见信交福庆隆化宝银一百五十两。
> 济现收会过苏随信交杨书成大人关批票银二千两。
> 洋会来济见信交武锡麐足纹银五十两。①

信函中所谓"随信""见信"中的"信"即是票号写给客户的"会信",票号另留存一封"会银底信"与之相匹配,一并寄到北京分号,以作为客户取现的凭证。在此意义上的"会信"就具有了货币属性,而详细记录各种原委的票号书信则是最基本的原始凭证。

---

① 《光绪十三年九月至十四年十月蔚泰厚济南致京师信稿》,刘建民主编:《晋商史料集成》第 2 册《信函、信稿1》,商务印书馆2018年版,第590—591页。

三、山西票号书信的史料价值

有关山西票号书信价值的认识,民国年间的卫聚贤和陈其田先生曾有所说明,之后,黄鉴晖、滨下武志、史若民、孔祥毅等老一辈学者均有不同程度的总结,遗憾的是,多年来票号书信的价值并未得到充分的挖掘和利用,很有必要予以专门论述,以抛砖引玉。

1. 票号书信之于专题研究

票号书信丰富的内容,不仅可以大大地推动票号史本身的研究,而且对于商业史、会计史、货币史、度量衡史、城市史、历史地理学、民间文献学等都有重要的文献价值。这里,不妨将票号书信予以要素化分解,按照不同要素及要素之间的组合可以开展的学术研究便一目了然。表1是以《光绪十三年九月至十四年十月蔚泰厚济南致京师信稿》为例,将该信稿中的内容予以要素化处理,得到了从A—BF的58个变量(参数),如果综合其他票号书信,变量还会继续增加。换句话说,不同票号书信可供开展的研究课题不尽相同。

表1 《光绪十三年九月至十四年十月蔚泰厚济南致京师信稿》中的变量

序号	变量	序号	变量	序号	变量	序号	变量
A	序号	C	发信日期（公历）	E	收信日期（公历）	G	发信地
B	发信日期（农历）	D	收信日期（农历）	F	信次	H	收信地

续表

序号	变量	序号	变量	序号	变量	序号	变量
I	传递者	V	银色	AI	统信数量	AV	收条张数
J	收会类型	W	利息	AJ	统信地点1	AW	会票对象
K	收银对象	X	得期	AK	统信地点2	AX	会票数额
L	收会去数量	Y	会费	AL	统信地点3	AY	会票张数
M	数量单位	Z	会银底信	AM	统信地点4	AZ	发信方代办业务
N	交银对象	AA	随统收条对象	AN	统信地点5	BA	结去代办花费
O	对象行业	AB	收条数额	AO	统信地点6	BB	代办花费银色
P	收银地点	AC	随统再启	AP	统信地点7	BC	另捎业务
Q	交银地点	AD	随统官家业务对象	AQ	统信地点8	BD	另捎数量
R	交银时间	AE	官家业务数量	AR	月清	BE	京报
S	票砝	AF	公文数量	AS	年总	BF	月息
T	平砝类型	AG	内信数量	AT	收条对象		
U	每百两差额	AH	外信数量	AU	收条数额		

（资料来源：《光绪十三年九月至十四年十月蔚泰厚济南致京师信稿》，刘建民主编：《晋商史料集成》第2册《信函、信稿1》，商务印书馆2018年版）

票号史。可以说，表1中任何一个变量都是票号研究的重要内容，其核心意义在于：与官方文献、账册及碑刻中的票号信息相比，书信所呈现出的内容更为生动和具体，且信息量巨大，无论是开展个案考证，还是专题讨论或是综合分析，书信均是重要的史料基础。

商业史。票号的主要客户是遍布于城市、码头的形形色色的商号，表1中的"收银对象""交银对象""月息"等变量就是第一手的商业信息；加之"再启"中对影响商业环境的描述，可为商业史研究提供重要史料。

会计史。会计制度是商业组织成熟的重要标志，山西票号面对货币形态多样、度量衡体系复杂的中国社会，经过不断探索和完善，大致在道光年间开始对行业内的"会计账法"进行科学规范，完善了山西票号的"龙门账"体系，成为行业共同遵守的"行规"。无论是记账、结算，还是收益分配，都作为约定俗成的普遍性机制，用来规范票号同仁以及相关对象的行为。而山西票号的书信，就属于"龙门账"会计体系的一个有机组成部分，具体地执行票据功能（信汇、原始传票等），带有专业化特征。这一点在以往的会计史研究中认识不足，有必要进行更为深入的探讨。

货币史、金融史、度量衡史。金融是专门化经营货币的活动，是货币动态的表现；货币是本源，金融则是末流；不存在没有货币的金融，也不存在绝对静止的货币。票号书信中出现的大量不同形态的货币和"平砝"是当时中国真实情景的反映，通过序列化的整理，不难予以呈现，而货币之间如何实现流通和兑换，就是金融活动的本身。

城市史、城市历史地理、交通史、邮政史。城市是人口和财富的聚居地，又是商业中心，对货币的需求最大，因此天然地成为区域金融中心，是票号开设的理想沃土。山西票号的经营模式是"总号核算，分号经营"，目前可知，山西票号群体曾经在全国200多座城市码头出现过数量不一、不同票号的分号。从共时性角度看，山西票号分号的布设与清代民国时期的城市网络有着非常密切的关系，体现了整体的"城市关联度"；从历时性角度看，城市发展的进程又与金融发展之间有着直接的对应关系。但在当前单体城市史的研究中，对该城市票号的专门论述只限于泛泛而谈，特别是在近代以来城市历史的变迁中，票号的身影不知去向。究其原因，一方面，票号经营活动所产生的文献属于"商业机密"，主观上难以为所在城市留下资料。另一方面，山西票号的金融市场是一张具有总和属性的"金融之网"，任何一个具体的城市仅仅是这个网络中的一个节点，而不是全部；关注节点的学者，很难看到其在网络体系中的位置，以及这张金融之网在整体的近代中国城市化进程中所起的作用。目前所见的数千封山西票号书信，不仅是对所在城市金融活动的记载，更将城市与城市之间的货币流通形式、流通数量，城市金融所服务的区域等整体地勾连起来，为我们开展单体城市、城市空间体系的研究提供了重要资料。另外，票号书信的传递方式、传递路线则是邮政史、交通史研究的重要实践性材料。

社会史。货币是社会发展阶段的重要标志。近世以来，货币不再单纯受国家权力的控制，专门经营货币的金融机构开始分享国家权力，无论是货币的供给，还是货币的效应和职能，都是如此。与此同时，货币更是任何一个家庭和组织都不可或缺的，或作为工具，或作为资本和财富，以及追逐的目标等。因此，货币及其流通典型地表现出"国家和社会"的双重性。以山西票号为代表的金融组织和机构，超越了单纯的商业组织，货币作为工具、手段和目的成了"中介"，联通了农业、手工业和商业，促进了社会分工；甚至在社会阶层中形成鲜明的时代性流动和聚集，极大地改变社会群体的地位，形成时代性的"社会结构"。山西票号书信中记录了大量的商业组织、金融机构，以及达官显贵、普通百姓，体现了货币在不同组织和阶层的流动，也是其社会生活的一个方面。此外，如表1中的AZ—BD所示，均为票号掌柜或伙友嘱托分号为其捎办的衣物、药物、生活用品等，是极富生活化的原始文献，对开展相关社会史研究大有裨益。

2. 票号书信之于本土化理论的构建

近代以来的中国思想文化界，受欧风东渐之影响甚巨，体现在学术领域，即是西方学术理论与方法的全面浸透，以致"舶来品"长期占据着中国学术解释体系的主流。虽然经过百余年的磨合、消化，但"水土不服"之状依旧未能彻底消除，于是本土化理论构建的呼声愈来愈高，一浪高过一浪，成为新时代人文社科学者最高的学术指向。

应当指出，本土化的理论体系必是来源于中国的历史与实践，再用于解释和指导实践。那么，从票号书信及其所呈现的票号经营实践活动，能提炼出哪些本土的具有普遍价值的理论呢？

首先是民间文献学[①]的构建。众所周知，中国是世界上传世文献最为丰富的国家，其在历史、语言等诸方面的特殊性，早已诞生了文献学、历史文献学等专门的学问。但是，无论是列于文学之下的文献学，还是划入历史学下的历史文献学，都是将官方文献作为主体，民间文献只是其中的"边角料"。20世纪以来，随着敦煌文书、黑水城文书、徽州文书、清水江文书等资料的发现，民间文献的收集、整理和研究逐渐成为学术的"宠儿"，越来越受到学者的重视，学术界更是衍生出了敦煌学、西夏学、徽学等专门的学问。然而，理论的升华需要在喧嚣过后进行沉淀和反思，当越来越多的民间文献呈现于世人，就不是一个建立专门学问的问题，而是从学理上对其进行全面的分析、评估、定位、整理和利用。

票号书信作为众多民间文献中的一种，不可能单独构建起民间文献学的大厦，但它在文献生成、传播、消亡，以及形态、内容、功能、影响、价值等方面的特殊性，可以成为这栋大厦的一块基石，使其更为坚实、稳固。

其次是清代民国中国金融体系的构建。中国金融发展史具有本土化的民

---

① 郑振满教授将其称为"民间历史文献学"，参见氏著：《民间历史文献与文化传承研究》，《东南学术》，2004年增刊；《新材料与新史学：郑振满教授访谈》，《学术月刊》，2012年第4期。2015年10月24日在贵州省锦屏县召开的"民间文献学的理论与实践：清水江文书（锦屏文书）与地方社会国际学术研讨会暨第二届'汲古黔谭'论坛"则直接以"民间文献学"命名，体现了作为主办方的中山大学社会学与人类学学院、香港中文大学－中山大学历史人类学研究中心和凯里学院等学术团体对这门学问的新认识。

族属性，先秦至宋元时期姑且不论，至少从明清以来，账局、钱庄、票号等金融组织和机构，就是土生土长的中国金融机构的代表。虽然晚清时期银行开始出现，但与上述金融机构并非"你死我活"的二元对立关系，中国本土金融发展的历史脉络仍在延续，甚至可以说，票号最辉煌的年代正是外国银行进入中国的晚清时期，尚未来得及广布网点的银行，也仅仅在港口城市发挥作用，票号仍是中国金融的主体之一。即使到民国中期票号整体衰落，绝大多数的票号伙友被聘入银行工作，依然闪耀着票号的余晖。进一步而言，西式银行的运行和发展本质上是植根于中国社会，不能因其吸收了西方文化，就必须用西方的标准来衡量和评价，甚至演绎。换句话说，中国近代金融史的书写，绝不能以西式银行作为主线，而应当将其放入中国社会历史发展的整体背景下，在中国金融自身的历史惯性中予以分析考量。

在中国本土金融的框架体系下，包括山西票号在内的明清山西商人的"合伙制"问题（绝非简单的"人力资本"问题）、"张家口—祁太平标期"的"金融市场"问题、"龙门账"——中国本土的"复式簿记"问题等，都是极具中国本土特征的金融形态。充分利用山西票号书信，辅之以相关账册、契约等史料，会对这一重大问题有更为深刻的认识。

总之，山西票号书信所蕴含的信息极其丰富，上文所示仅仅是一个侧面，不同领域的研究者可能都会从中发现宝藏。而要对其进行广泛的利用和深度的挖掘，必须运用科学的方法予以整理，否则史料价值会大打折扣，甚至有误入歧途的危险。

首先，遵循"归户"原则。大量的学术实践告诉我们，民间文献若不能归户，其特殊性的学术价值就难以实现，仅存在普遍性的学术价值，而要实现普遍性的学术价值，还必须建立在对文献进行序列化、系统化处理的基础之上。现存山西票号书信虽多数已归户，但经鉴别发现，部分信稿仍有"张冠李戴"的现象，需要进行重新判定；对于尚未予以归户的信稿，亦可通过仔细解读确认身份。

其次，进行文献学意义上的整理。突出"文献学整理"而非一般意义上的整理，是为了强调票号书信整理的科学性、规范性和完整性。一是对所收集的文献予以清理、消毒、修复、测量、拍照、扫描；二是在保证完整性的前提下，对书信进行鉴别、审定、辨读、标点、分段、注释等专门整理工作；三是对书信的来源、流变及背后的故事进行登记。

最后，进行数字化处理。面对大量同质化、可要素化的票号书信，要更大限度地发挥其史料价值，最有效的办法就是进行数字化处理，建立数据库。数据库可以帮助我们把很多看似无关的人名、地名、物品、时间、空间等进行有效的关联，将一个个分散的信息放置于一张信息网中，从而总体提升了每条史料的研究价值。数据库的建设可分为内容建设和平台建设两个方面。内容建设方面，山西票号书信所携带信息的主体是文字，同时还有一些图形信息和特殊的书写格式等。票号书信文字具有民间性、地域性和专业性等特点。因此，必须制定科学合理的文字整理规范标准。平台建设方面，包括开发平台和用户平台两个部分，主要使用 VB、SQL 等语言进行编程，涉及查询、排序、筛选、统计、图表制作、用户管理、窗口设计、菜单设计、页面设计等方面，核心部分是数据库的表结构设计。

凡　例

一、票号书信照原文以现代汉语简体字录入。

二、为方便阅读及统一书写，原信稿中的大写数字壹、贰、叁、肆、伍、陆、柒、捌、玖、拾、念、佰、仟等，分别转换为汉字小写数字一、二、三、四、五、六、七、八、九、十、廿、百、千；凡数字炭码（即"苏州码子"），亦转换为汉字小写数字，炭码后省略的量词，根据上下文补充完整。

三、为节省篇幅，每封书信大体按照"复报""正报""附报"进行段落划分，启辞、思慕语、结语、祝辞等不再单独成段。

四、凡书信有残缺，可据残字或上下文补足的字，外加框线；不能补足的残缺字，用"□"表示，残缺较多的以"【残】""【上残】""【下残】"表示。

五、凡票号习惯用字，或者明显的错别字，照录原文，并在该字后加"[ ]"予以修正；若系普遍现象，则加注说明。

六、凡书信中涉及的地名、分号、计量单位等有省略，根据实际情形，确实需要补充完整的，加"（ ）"补足。

七、凡书信中出现的专业术语、地方俚语，以及较为重要的人物，随文出注解释。

《道光三十年五月至腊月蔚泰厚苏州与北京往来信稿》

信稿简介

  《道光三十年五月至腊月蔚泰厚苏州与北京往来信稿》（原名《道光三十年仲夏蔚泰厚信稿》）收录于刘建民主编的《晋商史料集成》第 2 册第 9—103 页，尺寸规格为 192mm × 243mm。信稿为线装，蓝色布制封面，中间贴有红色长条状题签，上书"道光三十年仲夏"。右下和左上处原贴有题签，现已残损缺失。信稿内为特制专用纸，每页十一竖格，用毛笔竖排书写，楷书草书皆有之，字迹清晰，不同信件的笔迹差异明显，应不是出自一人之手。

  该信稿共 182 张，近 5 万字。其中有数页短损残缺，因而其内容并不完整。根据整理的情况，这本信稿主要反映的是苏州分号和北京分号之间的业务往来情况，起于五月初五日，终于腊月二十一日，时间跨度 7 个月有余。信稿共有 125 封信，其中，苏州分号致北京分号信 62 封，北京分号致苏州分号信 62 封，平遥总号致苏州分号信 1 封。

  有关该信稿之身份，《晋商史料集成》的命名已经体现得较为清楚，现具体说明如下：

  时间属性方面，封面题签"道光三十年仲夏"已明确告知信稿的生成时间为 1850 年。空间属性上，根据整理的情况，苏州分号致北京分号信 62 封，北京分号致苏州分号信 62 封，平遥总号致苏州分号信 1 封，针对北京分号寄往苏州分号的信件，其标题几乎一律采用"收接"表达，可见该信稿是由苏州分号所立。主体属性层面，从其雇佣的伙友名字可以明确判断其具体身份。《山西票号资料·书简篇（一）》中收录有两部信稿，即道光二十四年（1844）《京都往来书稿》和咸丰元年（1851）的《京都往来信稿》，[①] 其中《京都往来信稿》的生成时间与本信稿仅有一年之差。经过仔细比对可以发现，《道光三十年仲夏蔚泰厚信稿》和《京都往来信稿》《京都往来书稿》中出现的票号伙友姓名几乎一致，如丙南、如荣、文英、心纯、鳞修等，这表明他们应该隶属于同一家票号。在《山西票号史料》（增订本）中，黄鉴晖先生经过考订，将《京都往来书稿》《京都往来信稿》均认定为蔚泰厚苏州分号和北京分号的往来信稿。据此可知，《道光三十年仲夏蔚泰厚信稿》之归户无误。

依据上述信息，该信稿可重新命名为《道光三十年五月至腊月蔚泰厚苏州与北京往来信稿》。

信稿录文

五月初五日收京卅次之信　四月廿二日申

启者，于昨日酉刻觅天成局送去廿九次之信，内统去蒋征蒲少老爷部照二张、履历一单、南京等信，谅已均为收照矣。今因前信覆报甚繁，随录去原底一纸，至日细为查阅，照单妥办，不可就隔[耽搁]往返为要。

今封去蒋明晋老爷原守御所部照一张、履历一纸，至日与伊由守御所千

[①] 参见〔日〕滨下武志等编：《山西票号资料·书简篇（一）》，《东洋学文献中心丛刊》第60辑，东京大学东洋文化研究所附属东洋学文献中心，1990年版，第1—104、119—226页。这两部信稿在《山西票号史料》（增订本）中都有收录。参见《山西票号史料》（增订本），山西经济出版社2002年版，第1109—1212页。

总戭［职］^①遵江苏米例加捐游击职衔并加二级，再请二品封典。又封去蒋征莘少老爷由附生^②捐贡，加捐同知职衔履历一单。又江景璋兄由俊秀捐从九品职衔履历一单，至日与伊等遵米例赶快一并在苏报捐。此三位功名，连昨日蒋征蒲老爷之功名，如能在江苏赶办更为妥式极矣，万一不能，只可咱伙到清江（浦）办理，亦且可以化［划］算。总而要之，兄等该何以当承，不必往返，则宜与伊由南办过是妥是妙。又封去蒋征蒲老爷副履历一纸查阅，此信系觅正大局送去，限定五月初五日酉刻一准到苏，所有脚银在京付清不欠，如早到无议，迟到一天罚银二两。志一堂明天往苏送银七八万两，前信报明。刻下京利四厘，让日照前，概无用主。再有前信会^③去陈希敬老爷关批足纹银一百两，谨记交毕讨收条寄京，勿误是妥。再有蒋明晋、蒋征蒲二位之年庚倘有错差，总宜按伊原部照上核算是要。此上。

（五月）初六日托天成局捎去百卅六次之信

于初二日托正大局捎去百卅五次之信，内统去朱卿云兄原来照一张，实收照二张，陈履贞兄原来照二张，实收照□张，陈履谦兄原来照一张，实收照二张。又苏局至四【残】结存银摺［折］^④一个，平、沈等信三封，汉信一总封，并【残】等用货，咱平【残】另有一单【残】兄履历一昪［纸］^⑤，并沈局等信，练大老爷一千两【残】一纸，兼谕陞记会去之银要在苏用等情，以及一切之事，俱经照信收明领悉，无须介意。

至于蒋征蒲老爷四位之功名，已即刻托相好在苏臬台^⑥署中求亲与伊等将呈递上，但此四位功名虽是均已递呈，现在制台赴松江府阅兵，不日即可转苏，尚不知准与否。如能在苏上兑办妥则已，倘万一不能，以定着伙赴清

---

① "职"，在原信稿中多书写为"戭"，后文统一为"职"，不再随文更正。
② "附生"，科举制度中生员名目之一，清代凡童生初入学者，皆称为附生。
③ "会"，即汇兑之"汇"，是票号的习惯写法，本书悉从原文。
④ "摺"，通"折"，后文皆以"折"录入，不再随文更正。
⑤ "纸"，在原信稿中多书写为"昪"，后文统一为"纸"，不再随文更正。
⑥ "臬台"，即提刑按察使司，清代多称臬台、臬司。

江（浦）与伊等办理，祈兄勿念。至云征蒲老爷功名办理插入头次之说，现在苏省所捐之米尚未起奏，闻及将来就是此一奏矣，所有交兑先后名次，目下求亲赶递呈者多名均未交来，未交米者，皆因有截卯之说，是以即求亲未敢应承定准，俟后如何，再报。所有德成堂捎咱无号信①并钱砝俱已收到，其天成、正大所捎咱专信，俱系限定日期到苏，并无迟半，一并报知。

今收会去亨泰堂足纹银五百五十两，比咱平每百（两）大二两三钱二分，②陈怀月兄足纹银四百两，比咱平每百（两）大三钱二分，俱无票砝，随统去伊等信各一封，至日银信均为妥交。

今统去平③铺等信二封，汉信一总封，查收转致。刻下苏地月息仍六厘，用主不多，又统去弟用货单一纸，祈赶八九月办好，并价结捎平铺是祝。此上。

（五月）初十日托正大局捎去百卅七次之信

于初六日托天成局捎去百卅六次之信，覆报甚繁，今录去原底一纸收阅。

今收会去福建将军裕府库平足纹银二千两，与伊立去一千两会票二张，均注定在京见票无利交伊，又较去十两钱砝一付［副］，比咱平每百（两）大二两三钱四分，每千两贴过咱费银十两，至祈照票砝厚道妥交。

今甬［统］④去三合公等信二封，郑柏亭兄一千两收条一纸，至日查收转致。刻下苏利仍六厘，用主稀少。专此上。

---

① "无号信"，也称"未列次信"，即没有编号的书信。
② 票号会用自家的"本平"对客户携带的白银进行称重，并用"每百大"或"每百小"记录下客户所用之平码与本平的差额，在精确计算的过程中获取微利。以该票号"本平"100两为单位称重，其他"平"称出的数值与100的差值，多出的即是"每百大"，不足的即是"每百小"。
③ "平"，即山西平遥，是蔚泰厚票号的总号所在地。票号书信对于分号常以简称代替，如以"汉"代表汉口，以"沈"代表沈阳，以"口"代表张家口，以"苏"代表苏州，等等。
④ "甬"，通"桶"，与"统"同音，系错用，后文皆修正为"统"，不再随文更正。

（五月）十五日托正大局捎去百卅八次之信

于初十日托正大局捎去百卅七次之信，内报收会去福建将军裕府库平足纹银二千两，与伊立去一千两会票二张，均注定在京见票无利交伊，较去十两钱硃一付［副］，比咱平每百（两）大二两三钱四分，至日厚道妥交。随统去三合公等信二封，郑柏亭兄一千两收帖一纸，并呈之事，谅早收照矣。

今统去平、沈信二封，汉寄京照信一封，又茅五兄与兄信一封，查收转致。刻下苏利仍六厘，用主甚少。再有祝兰台兄在苏借过咱银二百余两，后首尚许借用三二百两。据伊云及，咱京局有伊存项，不知果否。至日向王五爷叙明应承与否，再信题来为妥。此上。

（五月）二十日收接三十一次之信　四月廿五日申

启者，于廿二日酉刻觅正大局送去三十次之信，内报甚繁，今录去原底一纸查阅。廿二、（廿）① 四日收接百廿八、九次之信，会来正谦师足纹银一百四十六两一钱，毓老爷足纹银五百两，松冬伯老爷足纹银一百两。统来百十八、九次原底二纸，平、沈信二封，内云诸事俱已领明矣。

今封去沈信一封，长芦贡局信一封，蒋明晋、蒋征莘、江景璋三位副履历各一纸，至日均为查收，照前信赶办。刻下京利四厘，让日照前，无用主。至广兴隆月底应交咱苏票银一万两，此银俱系核兑聚顺堂代交，今已先收过一千两，下余随后收清，即为呈知。看其光景，谅许无碍于事，预呈兄知。此上。

---

① 在出现多个日期、信次的情况下，票号书信常有省略的现象。因系普遍情况，后文一律遵照原文，不再作补充说明。

仝①[同]日收接三十二次之信　四月廿八日申

启者，于廿五日托天成局捎去卅一次之信，随统去沈信一封，长芦贡局信一封，蒋明晋、蒋征莘、江景璋三位副履历各一纸，均照前信速为赶办，并报之事，谅早收照矣。

今收会去王春帆兄京平九九京饷银二百两，比咱平每百（两）小三两六钱，无票砝，统去伊与潘佐廷老爷信一封，至日银信妥交，交银时扣伊贴费银四两，讨收条寄京。刻下京利仍四厘，让日照前，概无用主。

今封去吴次平老爷八百四十一两一钱收条一纸查收。此上。

同日收接三十三次之信　五月初二日申

启者，于廿八日托正大局捎去卅二次之信，内报收会去王春帆兄京平九九京饷银二百两，比咱平每百（两）小三两六钱，无票砝。统去伊与潘佐廷老爷信一封，至日交银时扣伊贴费银四两，讨收条寄京。随封去吴次平老爷八百四十一两一钱收条一纸，及报之事，谅早收照矣。

今封去京局四月底结存银单一纸，平信二封，收阅。刻下京利仍四厘，让日照前，概无用主。所有德成堂捎咱桑皮纸包昨已收到。刻接百卅次之信，统来平、沈、汉、常等信八封，内云之事俱经领明矣。惟有青蟹堂由江宁赴苏所会银一千六百两，想公记该题及系会京之项，即京中揽去苏交兑捐米，邓尔咸先生功名就是此项银两。今弟所虑及，诚恐咱苏号接京信虽系与伊办理功名，但青蟹堂既将银取去，并且兄等阅伊履历，即明断不能与伊递呈上兑，谅该将伊之照在苏交付子京先生收，或寄南京交代矣。此上。

（五月）廿一日收接卅四次之信　五月初五日申

启者，于初二日托天成局捎去卅三次之信，内报之事，随封去京局四月

---
① "仝"，通"同"，后文统一为"同"，不再随文更正。

底结存银单一纸，平信二封，谅早均为收照矣。刻接百卅一次之信，内云会来正谦师足纹银一千二百两，并在苏退过邓尔咸兄米捐功，统来伊二千两收据一纸，平、汉等信均经收明，无须计念。

所有广兴隆应交咱银，昨天又收过银七千两，前后共收过银九千两，下余短一千两，谅亦无错，勿念。至此号之欠妥，前信已经题明，今番会来之银，实令人提心吊胆，想兄亦曾虑及，则算今已万幸，如后首再要会借，断不可答应是要。

今封去平、沈信各一封，蔚盛（长）信一封，查阅转致。刻下京利、让日仍照前申。此上。

同日托正大局捎去百卅九次之信

于十五日托正大局捎去百卅八次之信，内统去平、沈信二封，汉寄京照信一封，茅五爷与兄信一封，并报有祝兰台兄在苏借过咱银二百余两，后首尚许用三二百两。据伊云及，咱京局有伊存项，不知果否。至祈向王五爷叙明此情，应承与否，再信题来，以及一切，谅早收照矣。

今统去平、沈等信六封，汉信一封，查收转致。今收会去恒宅足纹银二百两，比咱平每百（两）大二两二钱，又正大协足纹银二百两，比咱平每百（两）大二两一钱六分，与伊等各立去会票一张，均注定在京见票无利交付，无砝，其平俱票上批明，至祈妥交。

廿日收接卅一、二、三次之信三封，会来王春帆兄九九京饷银二百两，统来伊信一封，照信交付，并统来京局四月底结存银单一纸，平、沈等信五封，蒋明晋等副履历三纸，吴次平老爷收帖一纸，所谕之事皆已收明领悉，无须介意。至云邓尔咸兄之事，前信业已报明。刻接卅四次来札，内云领悉，统来平、沈、蔚盛（长）信各一封，皆经收明，无须计念。刻下苏利六厘，用主稀少。再有会来悬庆堂之银五千两，于十六日业已照票砝交清，报知。此上。

（五月）廿二日托天成局捎去百四十次之信

于廿一日托正大局捎去百卅九次之信，内报收会去恒宅足纹银二百两，比咱平每百（两）大二两二钱，正大协足纹银二百两，比咱平每百（两）大二两一钱六分，与伊等各立去会票一张，均注定在京见票无利交付，无砝，其平俱票上批明，并统去平、沈等信六封，汉信一封，及报之事，想早均为收照矣。

今收会去钱厚恬兄足纹银二百两，无票砝，随封去伊与徐勉如兄信一封，其平比咱平每百（两）小一两七钱，共贴过咱费银二两，至日银信妥交，讨收条寄苏。

今统去汉寄京信一总封，效濂信一封，又王春帆兄收银帖一纸，至日查收转致。再有前报蒋征蒲老爷等四位功名在苏托交，业已递呈，彼时官场中求亲赶递呈者不少，皆因有停止之说。现在制台到苏，令所递呈者，俱教赶紧运米交兑，是以大众一涌[拥]抢买，以至米价昂贵。刻下按所买米价合曹[漕]平①【残】银，已照单注账【下残】

（苏号致京号第一百四十二次信②）

【上残】须介意。今统去苏局至五月底结存银（折）一个，平、沈信二封，朱二少爷、王春帆兄、敦和堂信各一封，查收转致。刻下苏利六厘，即五厘出放，用主稀少。今蒋征蒲兄等四位共过咱平捐足纹银一万六千五百七十七两四钱八分，另有细单一纸，至日注账。此上。

（六月）初三日收接卅六次之信　五月十三日京申

启者，于初十日托天成局捎去卅五次之信，内报从卫收会去高大老爷关

---

① "曹平"，系"漕平"的误写，后文皆修正为"漕平"，不再随文更正。
② 原信稿中该信前半部分残缺，结合上下文推断，应是苏号致京号第一百四十二次信。

《道光三十年五月至腊月蔚泰厚苏州与北京往来信稿》　29

批足纹银一百两，与伊立去会票一张，注定在苏见票无利交付，平系咱号原平。随统去正谦师一千二百两、一百四十六两一钱收条各一纸，平信一封，光泰家信一封，及报之事，谅早收照矣。

今收会去万全号关批足纹银一千五百两，未立票砝，各以信为凭，言定七月初一日无利代伊交吴源泰紬［绸］庄，其平照前，比咱平每百（两）大三钱八分，合共伊期五十天，共贴过咱费银十两零五分，交毕讨收条存苏，如银存项酌商，扣利早交均可。又收会去立成晋漕平九八兑关批足纹银七百两，立去会票一张，注定在苏六月廿三日见票无利交伊，其平照去年会过之平，比咱平每百（两）小一两六钱二分，合共伊期四十天，贴过咱费银七两，至期妥交。

今封去与茅五爷信一封，阅毕封固转致。再汇圆庆定于十六日徃［往］①苏送标银十一二万两，报知。此上。

（六月）初四日收接卅七次之信　五月十六日申

启者，于十三日托正大局捎去卅六次之信，内报收会去万全号关批足纹银一千五百两，未立票砝，各以信为凭，言定七月初一日无利代伊交吴泰源紬［绸］庄，其平照前，比咱平每百（两）大三钱八分，至期交毕，讨收条存苏。又立成晋记漕平关批九八兑足纹银七百两，立去会票一张，注定在苏六月廿三日见票无利交付，其平照去年会过之平，比咱平每百（两）小一两六钱二分。随封去与茅五爷一信，及报之事，谅早收照矣。

今收会去高天和关批足纹银一千两，无票砝，言定六月廿日在苏无利交付，统去伊号信一封，至期银信交毕，讨收条寄京，以好更换咱京与伊立过收条，其平照去年会过之平，比咱平每百（两）大三钱六分，合空伊期卅五天，共贴过咱费银九两五钱。又从卫收会去折馨花局咱平关批足纹银二百零二两六钱七分，立去会票一张，注定六月初九日在苏见票无利交付，共贴过

---

① "徃"，通"往"，后文统一为"往"，不再随文更正。

咱费银一两六钱，至祈均为妥交。

今封去沈信一封，长芦贡局信一封，查收转致。汇圆庆今天往苏送去标银十一二万两，前已报明。会通源大约三二天内往苏送标十来万两，报知。刻下京利四厘，让日照前。日升昌早晚有由沈来标京银六万（两）光景，闻及伊号定撤沈庄，想苏地亦该听及。刻接百卅三次之信，会来陈大老爷九八五色银三百两，又聂由湘兄用过捐银，随封来陈舒鼎兄捐从九履历一纸，张以谦、张士泰、聂有湘、缙昌等实收照伊等原旧照。又平、沈等信七封，以及托长芦贡局所捎之用货，内云一切之事俱已收明领悉，无须计念。此上。

（六月）初五日托正大局捎去百四十三次之信

于初一日托天成局捎去百四十二次之信，内报蒋征蒲兄等四位共用过咱平捐足纹银一万六千五百七十七两四钱八分，随统去细单一纸，又苏局至五月底结存银折一个，平、沈等信五封，并呈一切，谅早收照矣。初三、四日收接卅六、七次之信，会来万全号足纹银一千五百两，立成晋足纹银七百两，高天和足纹银一千两，折馨花局足纹银二百零二两六钱七分，均按期交付。随统来沈局等信以及万全、高天和信各一封，所谕之事皆已收明领悉，无须介意。

今收会去罗亨铸兄九九松江银四十两，无票砝，比咱平共小六钱四分。随统去伊信一封，至日银信妥交，讨收条寄苏。所有伊信皮上注有小衣包一个，现因无顺便人晋［进］京，俟后有妥即捎，至日告知。此系松江府顾大老爷署内账房师爷，报知。

今统去平、沈等信三封，汉寄京信一总封，查收转致。刻下苏利明虽六厘，即四厘五毫、四厘出放，用主稀少，皆缘各行生意清淡，加之各处屡次往苏来标，现在又值空月之际，以致利息疲滞之至，再兼汇圆、会通二号又有京起标来苏廿余万两，到彼时苏利又不知是何样疲法，报兄知之。此上。

（六月）初九日托天成局捎去百四十四次之信

　　于初五日托正大局捎去百四十三次之信，内报收会去罗亨铸兄九九松江银四十两，无票砝，比咱平共小六钱四分，随统去伊信一封，至日银信妥交，讨收条寄苏，所有伊信皮上注有小衣包一个，现因无便人晋［进］京，俟后有妥即捎，至日告知，此系松江府顾大老爷署内账房师爷，报知。并统去平、沈等信三封，汉信一总封，并呈之事，谅早收照矣。

　　再者，有去岁七月廿六日苏收会京交陞记京平足纹银二千七百两，据咱京局来信云，在京用过银一千五百两，其余一千二百两，今执咱会票业已在苏收去，比咱平每百（两）小三两七钱，共扣过伊贴费银四两二钱，会票在苏抽销，至日将此宗作为苏交京收之项。

　　今统去高天和一千两收条一纸，平铺等信三封，汉信一总封，查收转致。刻下苏利即四厘出放，用主亦少。此上。

（六月）十三日托正大局捎去百四十五次之信

　　于初九日托天成局捎去百四十四次之信，内报有去岁七月廿六日苏收会京交陞记京平足纹银二千七百两，据咱京局来信云，在京用过银一千五百两，其余一千二百两，今执咱会票业已在苏收去，比咱平每百（两）小三两七钱，至日将此宗作为苏交京收之项。并统去高天和一千两收条一纸，平铺等信三封，汉信一总封，谅早均为收照矣。

　　今统去平铺等信三封，汉信一总封，查收转致。刻下苏利仍四厘，用主不多。此上。

（六月）十五日托天成局捎去百四十六次之信

　　于十三日托正大局捎去百四十五次之信，内统去平铺等信三封，汉信一总封，及报一切，想早收照矣。

　　今收会去竹溪张老爷足纹银六百五十两，无票砝，比咱平每百（两）大三钱二分，随统去伊信一封，至日照信交付，讨收条或回信寄苏，共贴过咱费银六两五钱，此系丹阳县知县之银，至祈厚道妥交为祝。

今统去兴盛当信一封，查收转致。刻下苏利四厘，用主不少。此奉上。

（六月）十七日收接三十八次之信　五月十九日申

启者，于十六日托天成局捎去卅七次之信，内报收会去高天和关批足纹银一千两，无票砝，言定在苏六月廿日无利交付，统去伊号信一封，至期银信妥交，交毕讨收条寄京，以好更换咱京与伊立过收条，其平照去年会过之平，比咱平每百（两）大三钱六分。又从卫收会去折馨花局咱平关批足纹银二百零二两六钱七分，立去会票一张，注定六月初九日在苏见票无利交付。随封去沈信一封，长芦贡局信一封，及报之事，谅早收照矣。十八日收接百卅四、五次之信，内云高澍兄用过捐银已照单注账。统来许炜轩兄由监加捐布理问①职请本品封典履历一纸，伊部监照二张，朱卿云兄等部照实收，苏局四月底结存银单一纸，平、沈、汉局等信，并百卅一次原底一纸，弟等用货结价花名单，并谕诸事皆已逐宗收明领悉，无须介意。

今收会去沈仲复四少爷漕平关批足纹银一百四十两，比咱平每百（两）大四钱，无票砝，统去伊信一封，此系沈功枚兄少爷之银，至日往湖州银信妥为无利交付，讨收条寄京，更换京局与伊立过收条，共贴过咱费银一两六钱。又泰亨号圆砝关批足纹银八百两，立去会票一张，注定六月十八日在苏见票无利交付，无砝，平照去年会过之平，比咱平每百（两）大三钱八分，合空伊期一月，共贴过咱费银八两，至祈均为妥交。

今封去沈信一封查阅，其公一号与咱写来会银凭信一封，昨晚京局加封，并陶献卿兄部监照二张，另托会通源捎去，至日查收。听及伊号带去赤

---

① "布理问"，即布政使司衙门的"理问"。清代布政使司衙门下设理问所，理问的主要职责是勘核刑名诉讼。

金二千（两），光景不识，苏地黄货行市①题来一笔，其日升昌今天往苏送去沈原来标银七万五千（两）之谱，报知。刻下京利四厘，让日三四十天。又封去庆恒钱店二百四十两收条一纸，范永和信一封，查收转致。此。

（六月）十八日收接四十次之信　五月廿八日申

启者，于廿四日托天成局捎去卅九次之信，内报陈舒鼎兄用过我平捐足纹银一百一十三两九钱六分，另有一单，并报与张以谦兄在浙办过之功名，伊原照上系不论双单月，从九品并加一级，统来伊之实收上注只有不论双单月分发，并无"加一级"字样。据云，后手在部领照恐有参差，断不能将"加一级"丢去。随统去苏录去伊原履历一纸，与原经手人订定，如是递呈时将此层落笔未写，急速与伊赶紧添补文册，不可延迟为要。以及朱卿云兄伊履历系"建宁府建安县人"，实收上"建宁府"，②弟等料想因避写圣讳改写此字，或是何情由均为稽查，寄信题明，以好回复捐生。随封去平信一封，及报之事，谅早收照矣。

今从卫收会去永和公关批足纹银三百两，无票砝，与伊写去收条一纸，今封去伊与洽泰号信一封，言定在苏六月廿四日银信无利交付，平比咱平每百（两）大三钱二分，交毕讨收条存苏，俟伊伙到苏，再为更换我号与伊立过之收条，合空伊期一月，共贴咱费银二两四钱。又永立号关批足纹银三千两，无票砝，随统去伊与洽泰、乾丰号信各一封，言定六月廿五日在苏各照信无利交付，平比咱平每百（两）大三钱二分，交毕各讨收条寄京，合空伊期一月，每千两贴咱费银十两。又封去永立号与伊伙任二爷信一封，如任某在苏，可将洽泰、乾丰之银信一并教伊交代，倘已北上，将伊号之信转回我号，代伊各为交付是妥。

所有弟之用货等，接津信云，已收到，报知。刻下京利四厘，让日

---

① "黄货行市"，即黄金的（白银）市场价格。
② 原信稿为：朱卿云兄伊履历系"建宁府建安县人"，实收上"建寗府"。

三二十天。专此奉上。

（六月）十九日托正大局捎去百四十七次之信

于十五日托天成局捎去百四十六次之信，内报收会去张竹溪老爷足纹银六百五十两，无票砝，比咱平每百（两）大三钱二分，随统去伊信一封，至日银信厚道妥交，讨收条或回信寄苏。随统去兴盛当信一封，及呈之事，谅早收照矣。十七日收接卅八次之信，会来沈仲复少爷足纹银一百四十两，统来伊信一封，泰亨号足纹银八百两，均按期交付，随统来沈局等信二封，庆恒钱店二百四十两收条一纸，所谕之事皆已收明领悉，无须介意。所有托会通源捎咱会票等件，尚未收到，报知。

今文经查大人于七月初旬由扬动身赴京引见，托伊带去兄等用货油纸包两个，又罗亨铸兄小衣包一个，其价花名另有一单，共用过咱平足纹银十七两三钱七分，至日查收，注苏捎货账是祝。

今统去平、沈等信三封，汉、芜寄京信一总封，查收转致。刻下苏利仍四厘，用主不多。再报，现在苏地骠［标］金行情一十四两九钱光景，目下无甚买主，呈兄知之。十八日又收四十次之信，会来永和公足纹银三百两，永立号足纹银三千两，随统来伊与乾丰、洽泰信三封，均按期交付，及云一切皆已收明矣。所有统来永立号信一封，伊伙任二爷在上海住，亦已转致，无须计念。至云张以谦兄实收上未曾注明"加一级"，以及朱卿云兄实收上错写一"宁"①字，皆是弟等粗率之至，现在托原经手往浙寄信稽查，至于朱兄之事，亦得在苏捐局内查问是何情由，俟后或是如何，再为奉呈。此上。

（六月）十九日收接卅九次之信　五月廿四日申

启者，于十九日托正大局捎去卅八次之信，内报收会去沈仲复四少爷漕

---

① 原信稿中将"宁"字写为"宁"。

平关批足纹银一百四十两，比咱平每百（两）大四钱，无票砝，统去伊信一封，此系沈功枚少爷之银，至日往湖州银信妥为无利交付，讨收条寄京，以好更换京局与伊令弟立过收条。又泰亨号圆砝关批足纹银八百两，立去会票一张，注定六月十八日在苏见票无利交付，无砝，平照去年会过之平，比咱平每百（两）大三钱八分。随封去沈信一封，范永和信一封，庆恒钱店二百四十两收条一纸。另托会通源捎去陶献卿兄部监照二张，公一号五千两会银凭信一封，及报之事，谅早收照矣。廿三日收接百卅六次之信，会来亨泰堂足纹银五百五十两，陈怀月兄足纹银四百两，统来伊等之信，俱照信交付，并封来兄用货单一纸，平信一封，光泰信一封，汉寄京信一封，内谕一切均经领悉，无须计念。

今陈舒鼎兄用过咱平捐足纹银一百一十三两九钱六分，另有一单，查收注账。所有咱与张以谦兄在浙办过之功名，伊原照上系不论双单月从九品并加一级，今统来实收上注只有不论双单月分发，并无"加一级"字样。据云，后手在部领照恐有差错，断不能将"加一级"丢去，是以托咱寄信关照。随统去苏录伊原履历一纸，至日收阅。与原经手人订定，如是递呈时将此层落笔未写，急速与伊赶紧添补文册，不可迟延是要。以及朱卿云兄伊履历系"建宁府建安县人"，实收上注"建宁府"，①弟等料想因避写圣讳改写此字，或是何情由，至祈均为稽查，寄信题明，以好回复捐生。

今封去平信一封查收。刻下京利四厘，让日三二十天。此上。

（六月）廿三日收接四十一次之信　六月初二日申

启者，于前月廿八日托正大局捎去四十次之信，内报从卫收会去永和公关批足纹银三百两，无票砝，与伊写去收条一纸，统去伊与洽泰号信一封，言定在苏六月廿四日银信无利交付，交毕讨收条存苏，俟伊伙到苏，再为到更换我号与伊立过收条。又永立号关批足纹银三千两，无票砝，随封去伊与

---

①　原信稿为："建宁府建安县人"，实收上注"建寍府"。

洽泰、乾丰号信各一封，言定六月廿五日在苏照信无利统共交付伊二号银三千两，平均比我号平每百（两）大三钱二分，交毕各讨二千两、一千两收条寄京。并封去永立号与伊伙任二爷信一封，如任某在苏，可将乾丰、洽泰之信一并教伊交代，倘已北上，将伊号之信转回我号，代伊各为交代是妥，及报之事，谅已收照矣。廿九日收接百卅七次之信，统来百卅六次原底一纸，会来裕府足纹银二千两，封来郑柏亭兄一千两收条一纸、三合公等信，内云之事俱已领明矣。

今收会去立成晋关批足纹银五百两，立去漕平九八兑会票一张，注定在苏七月初二日见票无利交付，平照前比我号平每百（两）小一两六钱二分，合空伊期一月，共贴过我号费银五两，至日妥交。

今封去京局五月底结存银单一纸收阅。刻下京利四厘，让日三十几天，松江色一两七八钱。此上。

（六月）廿三日收接四十二次之信　六月初五日申

启者，于初二日托天成局捎去四十一次之信，内报收会去立成晋漕平九八兑关批足纹银五百两，立去会票一张，注定在苏七月初二日见票无利交付，平照前比我号平每百（两）小一两六钱二分。随封去京局至五月底结存银单一纸，及报之事，谅早收照矣。

今收会去德润泰圆砝关批足纹银一千两，立去会票一张，注定在苏七月初四日见票无利交付，平比咱平每百（两）大三钱八分，合空伊期一月，共贴我号费银九两。所有前统来许炜轩兄由监生①加捐布理问职请封履历一纸，即时与伊出结，在部递呈【残】驳出。据云，伊伯父母准得上加一"胞"字，才能赀封以及【残】注本生父母。又云要将"本生"二字去讫，不能

---

① "监生"，即国子监的学生。清代监生主要有恩监、荫监、优监、例监四种。乾隆之后，国子监逐渐沦为卖官机构，监生基本上成为花钱买官的代名词，这些监生只在国子监挂名，并不是真正前去读书，因此为时人所贱视。

注【残】二字想有承继之说，查例载准得与承继【残】封，是以我号难以当承，据然改写，至日与捐【残】式，再信题明，或令伊重录履历一纸寄来【残】理即无差错也，此位功名已经出过印结，适有返【残】总得伊承认，报兄知之。

今封去平信一封，蔚长庆【残】各一封，查收转致。刻下京利四厘，让日照前，松江色一两七八钱。此上。

（六月）廿三（日）收接四十三次之信　六月初八日申

启者，于初五日托正大局捎去四十二次之信，内报甚繁，今录【残】去原底一纸收阅。子俊兄由平赴沈，今天与昭典【残】抵京，询及兄等尊府各为清泰，勿须远念。

随封【残】沈信各一封，永顺号等信三封，庆和家信一【残】转致。刻下京利四厘，让日三几十天，松江色一两八钱【下残】

（六月）廿四日托正大局去捎去百四十八次之（信）

于十九日托正大局捎去百四十七次之信，内报【残】捎去兄等用货油纸包二个，罗亨铸【残】价花名另统去一单，共用过我号平足纹银十七【残】，祈注苏捎货账，并呈张以谦兄实收上未曾注【残】级，朱卿云兄实收上错写一"宁"①字，皆各向局中稽查等情，并统去平、沈等信三封，汉、芜寄京信一总封，以及一切，谅早呈照矣。同日收接卅九次之信，廿三日又收四十一、二、三次之信，会来立成晋足纹银五百两，德润泰足纹银一千两，均按期交付，并统来京局五月底结存银单一纸，平、沈、光泰等信十封，所谕诸事皆已领悉，无须介意。所有许炜轩兄之功名，今与原经手商酌，重录履历一纸随字统去，至日照此历与伊递捐是祝。

---

①　原信稿中将"宁"字写为"寧"。

今统去任镛兄由俊秀①捐监生履历一纸，至祈递捐。又统去呈朱卿云兄实收上错写"宁"②字向局稽查情由单一纸，平、沈等信四封，汉信一封，查收转致。再有会通源捎我号之部照等件，昨日俱已收到，报知。刻下苏地月息四厘，用主不多。此奉上。

（六月）廿五日收接四十四次之信　六月初十日苏申

启者，于初八日托天成局捎去四十三次之信，内报之事，想早收照矣。是日收接百卅八次之信，统来沈信二封，汉信一总封，茅五爷信一封，内叙之事俱已领明矣。

今封去沈信一封，光泰信二封，范永和与兄等信一封，系因前会去六月廿几交伊银三百两，永立号银三千两内有交洽泰号银一千两，缘闻及洽泰停摆，是以与兄等寄信关照，祈为照伊信云所欠洽泰银二百二十三两四钱之数交付，其余仍存我号，或交任二爷均可。谅任某从上海早到苏州，与兄等谈及此事，将此情由呈知。至云祝兰台兄在苏借用银两之事，今与王五爷之少爷叙明，倘伊借用银五七百两，教我号应承，大约赶七八月从京与伊会银五百来两。又云我号存王五爷之项，内有祝某一千五百两之数，报兄等知之。刻下京利四厘，让日三几十天，松江色一两八钱。此奉上。

（六月）廿八日托天成局捎去百四十九次之信

于廿四日托正大局捎去百四十八次之信，内统去任镛兄由俊秀捐监生履历一纸。又许炜轩兄之功名，与原经手商酌重录履历一纸，至祈均为递捐。又朱卿云兄实收上错写"宁"字情由一纸，平、沈等信四封，汉信一封，

---

① "俊秀"，本指才智杰出的人，后变为官制用语。《明史·选举一》称："迨开纳粟之例，则流品渐淆，且庶民亦得援生员之例以入监，谓之民生，亦谓之俊秀。"清代将无出身而入仕者称为俊秀，《清会典·卷七·吏部·文选清吏司》载："凡官之出身有八……无出身者，满洲、蒙古、汉军曰闲散，汉曰俊秀。"武生行武就文职者，亦视于此。其捐输官职，只授从九品或未入流。

② 原信稿中将"宁"字写为"寧"。

并呈之事，想早收照矣。廿五日收接四十四次之信，随统来沈局等信四封，所谕一切以及祝兰台兄借用银两之情，俱已领悉，无须介意。

今统去陈明称兄由俊秀捐从九品职履历一纸，至日递捐。又统去苏局与永和公回信一封，平信一封，汉寄京信一总封，查收转致。刻下苏利四厘。此上。

（六月）廿九日收到四十四次副信① 内报与正信一式

七月初三日托正大局捎去百五十次之信

于前月廿八日托天成局捎去百四十九次之信，内统去陈明称兄由俊秀捐从九品职履历一纸，苏号与永和公回信一封，平信一封，汉寄京信一总封，及呈之事，谅早均为收照矣。廿九日收接四十四次副信，内云领悉，无须介意。卅日又接天津无号信一封，会来永立号足纹银【残】杭通信问此情由，今据杭捐局中来札，云及浙省所捐头批二批其内现任候补官员旧有加级记录，以及随带级者亦属多名，此层均未声明。又恐我号疑或[惑]，所以又将浙省头二次所捐之细册俱各抄来，弟等遂位查过，并无有"加级"字样，况内有知情，旧有加级者数位皆未注写，似此大概皆然，我号亦无别说，至祈兄台等将此情由向原经手叙明，照此实收上虽未注明加级一层，谅该后首亦不能莫有此层加级也，呈兄等知之。此奉上。

（七月）初六日托正大局捎去百五十一次之信

于初三日托正大局捎去百五十次之信，内报甚繁，今录去原底一纸收阅。

今收会去正大协九八五色银一百八十八两，比我平每百（两）小五钱七分，又伊号漕平足纹银一百两，比我平共大四钱，与伊各立去会票一张，均

---

① 此信为第四十四次之副信，其内容与正信一致，故原信稿誊抄时予以省略。

注定在京见票无利交伊，无砝，其平均票上批明。又查亦皋老爷京平九九色银三百五十两，立去会票一张，注定在京见票无利交伊，无砝，比我平每百（两）小三两七钱，共贴过我号费银一两七钱五分。又江心维兄漕平足纹银一百廿两三钱六分，无票砝，随统去伊与元成钱店信一封，比我平共大三钱九分，至日银信妥交，交毕讨收条寄苏，至祈均为妥交。

今封去平、沈信各一封，汉寄京信一总封，广发成等信二封，光泰信一封收转。刻下苏利四厘。此上。

同日收接四十五次之信　六月十八日申

启者，于初十日托正大局捎去四十四次之信，同日又托天成局捎去副信一封，内报之事，谅早收照矣。

今收会去源泰号关批足纹银五百两，无票砝，带去无号信一封，注定在苏七月十四日见信无利交付，平比我平每百（两）大三钱六分，合空伊期一月，共贴过我号费银四两五钱。又泰亨锦记圆砝关批足纹银五百两，立去会票一张，注定在苏七月十二日见票无利交付，平比我平每百（两）大三钱八分，合空伊期一月，贴过我号费银四两。

今封去平、沈信三封，源益泰信一封，查收转致。刻下京利四厘，让日照前，松江色一两八钱。今又录去四十四次原底一纸收阅。今托晋长盛捎去陈舒鼎兄从九部照一张，沈转来源益泰四千两会票一张，张正和先生会银信一总封，共计纸包一个，至日查收。至于前报与京局捎会票纸如无，顺便即托信局先捎些亦可，至要至要！昨接百卅九次、百四十次之信，会来恒宅足纹银二百两，正大协足纹银二百两，钱厚恬兄足纹银二百两，有伊信一封，统来平、沈、汉局等信，王春帆兄收帖一纸，内谕诸事均经领明，无须计念。今又封去侯叙兄信一封收转。所有此次会来恒宅、正大协之银，据云，伊局送信之伙行至邳州地方，将我号与伊所立二项会票被贼抢去，昨日正大局来我号先为知照此情，想兄等早经洞悉，谅贼亦不敢在苏执票取银，虽是此说，已与伊言明，只可俟兄覆信到京再为交付，报知。此上。

同日收接四十六次之信　六月十九日申

启者，于十八日托正大局捎去四十五次之信，内报收会去源泰号关批足纹银五百两，无票砝，带去无号信一封，注定在苏七月十四日见信无利交付，平比我平每百（两）大【残】泰亨锦记圆砝关批足纹银五百两，立去会票一张，注定在苏七月十二日见票无利交付，平比我平每百（两）大三钱八分。随封去平、沈信三封，源益泰等信二封，京寄苏四十四次原底一纸。另托晋长盛捎去陈舒鼎兄从九部照一张，沈转来源益泰四千两会票一张，张正和先生会银信一总封，计纸包一个，及报之事，谅早收照矣。

今从卫收会去永立号关批足纹银五千两，未立票砝，带去无号信一封，注定在苏见信无利交付，平照前比我平每百（两）大三钱二分，至日妥交，此银在津现收，每千两贴过我号费银十两。刻下京利让日三几十天，松江色一两八钱。此上。

（七月）十一日托正大局捎去百五十二次之信

于初六日托正大局捎去百五十一次之信，内报收会去正大协九八五色银一百八十八两，比我平每百（两）小五钱七分，又伊号漕平足纹银一百两，比我平共大四钱，与伊各立去会票一张，均注定在京见票无利交伊，无砝，其平均票上批明。又查亦皋老爷京平九九色银三百五十两，立去会票一张，注定在京见票无利交伊，无砝，比我平每百（两）小三两七钱。又江心维兄漕平足纹银一百廿两三钱六分，无票砝，随统去伊与元成钱店信一封，比我平共大三钱九分，交毕讨收条寄苏。随统去平、沈信各一封，汉寄京信一总封，广发成等信二封，光泰信一封，以及诸事，谅早均为收照矣。同日收接四十五、六次之信，随会来源泰号足纹银五百两，泰亨锦足纹银五百两，均按期交付。随封来平、沈信三封，源益泰等信二封，并云诸事皆已领悉，无须介意，所有晋长盛捎之照票等尚未收到，俟收再报。

至于前报收会去查亦皋老爷之银，原与伊立去会票一张，今伊因寄京不便，将我号所立会票缴回苏号，伊又写来会银信一封，至祈兄等照伊信妥交，交毕讨收条寄苏。今托会通源捎去会票纸四百张，又平铺用梅红纸签签十把，又托日升昌捎去蒋明晋兄原来照一张，实收照二张，江景璋兄实收照二张，查亦皋老爷会银信一封，至祈均为查收。

今封去永立号三千两、永和公三百两收条各一纸，平、沈信二封，蔚长（厚）等信六封，又统去蒋征蒲老爷原部照二张，实收照二张，蒋征莘老爷实收照二张，至祈查收转致。今收会去书舲钟① 大老爷足纹银二千两，无票砝，比我平每百（两）大二钱八分，至日交伊少爷佩贤老爷收，交毕讨收条寄苏。据伊言及，尚要与伊少爷捎信一封，俟伊送来即为捎去，至日妥交。再接来信云及，会去恒宅、正大协之银彼[被]贼将会票抢去等情，昨日正大局亦来苏号言过此事，现在伊局往浙江原主处知照，教伊重写信来苏，再在我号商量往京寄信，或是如何，随后再为详呈。刻下苏利四厘。此上。

（七月）十二日托正大局捎去百五十三次之信

于十一日托正大局捎去百五十二次之信，内报收会去钟书舲大老爷漕平足纹银二千两，无票砝，比我平每百（两）大二钱八分，至日交伊少爷佩贤老爷手收，交毕讨收条寄苏。又云要与伊少爷捎信一封，俟伊送来即为捎去。所有前报收会去查亦皋老爷京平九九色银三百五十两，与伊立去会票一张，伊因寄票不便，将我号所立会票业已缴回，伊又写来会银信一封，至日照信妥交，交毕讨收条寄苏。并报托会通源捎去京号用会票纸四百张，又平铺用梅红纸小签签十把。又托日升昌捎去蒋明晋老爷原部照一张，实收照二张，江景璋兄实收照二张，查亦皋老爷会银信一封。随统去蒋征蒲老爷原照二张，实收照二张，蒋征莘老爷实收照二张，平、沈等信八封，永立号三千两、永和公三百两收条各一纸，以及一切，谅早呈照矣。

今收会去正大协九九纹银一百两，立去会票一张，注定在京见票无利交

---

① "书舲钟"，即钟书舲，将姓置于名之后是票号书信中常见的书写方式。

伊，无砝，其平票上批明，比我平共大三钱四分，至日妥妥交。所有前信叙及会去恒宅、正大协之银，将我号所立会票在路彼［被］贼抢去等情，伊局现亦从浙重写一信来苏，教苏往我京号寄信，弟等与伊言及，如到京收银，总得将此二项存案，以免后首之患，伊亦应承，至祈兄等与伊商酌办理妥交是祝。今统去崇泰裕、永恒公信各一封，查收转致。刻下苏利照前。此上。

（七月）十七日托天成局捎去百五十四次之信

于十二日托正大局捎去百五十三次之信，内报收会去正大协九九色银一百两，立去会票一张，注定在京见票无利交伊，无砝，其平票上批明，比我平共大三钱四分，并报前会去恒宅、正大协之银，将我号所立会票在路彼［被］贼抢去，伊局今教苏局与我京号寄信，弟等言及如到京收银，总得将此二项存案，以免后患，伊亦应承，祈兄等与伊商酌办理妥交是祝。随统去崇泰裕等信二封，以及一切，谅早均为呈照矣。

今收会去庆和钱店漕平足纹银四百卅一两，无票砝，比我平每百（两）大三钱二分。随统去马新吾兄等与伊信一封，至日银信送通妥交，讨收条寄苏，共贴过我号费银一两九钱。又陞记京平九八色银三百两，与伊立去漕平九六兑九八色银三百两会票一张，注定在京八月十六日见票无利交伊，无砝，其平票上批明，比我号每百（两）小三两七钱。又张竹溪老爷九八京饷银四百五十两，无票砝，随封去伊信一封，平比我平每百（两）大三钱二分，至日银信妥交，讨收条寄苏，贴过我号费银四两五钱。又松筠号管挑换松江银三千二百两，与伊立去会票一张，注定在京见票迟三五天无利交伊，外较去我号备五十两钱砝一付［副］，比我平每百（两）小一两二钱，共贴过我号费银十六两。又孙二爷库平亮松江银二百两，与伊立去会票一张，注定在京见票无利交伊，无砝，其平票上批明，比我平每百（两）大二两三钱，此二项京、苏以九八五过账，至祈均为妥交。

今统去江苏候补知县张印坦老爷捐寻常加二级履历一纸，至祈递捐，又平铺等信四封，查收转致。刻下苏利四厘，此上。同日托正大局捎去副信一封，随封去庆和钱店信一封，汉寄京信一总（封），张印坦老爷副履历一纸，至祈查收。此上。

同日收接四十七次之信　六月廿三日申

启者，于十九日托天成局捎去四十六次之信，内报从卫收会去永立号关批足纹银五千两，未立票砝，带去无号信一封，注定在苏见信无利交付，平照前比我平每百（两）大三钱二分，及报之事，谅早收照矣。廿二日收接百四十一、二次之信，统来平铺等信，高澍实收教职照各二张，朱元尊兄一千五百两收帖一纸，苏局五月底结存银单一纸，随结来蒋征蒲兄等四位用过捐银已照单注账。并统来托日升昌捎弟等之用货花名单一纸，以及诸事均经领悉，无须计念。

今封去平、沈信三封，丙常信一封，折馨花局信一封，查收转致。所有平信内统增庆公之信，已从京转芜矣，报知。刻下京利四厘，让日三几十天，松江色一两八钱。刻接百四十三次之信，会来罗亨铸兄九九银四十两，并统来伊信一封，平、沈等信，汉信一总封，陈希敬老爷一百两收帖一纸，内云一切之事俱已收明领悉矣。至京中利息之微迟，未有如今年之光景也，如有银出放，即多让日期，概无妥式，借主家家堆存，以致实无安顿之法。今接沈信云，从彼又有来京标银五六万两，此标到京，定于得着伙送苏，别无他法，惟望苏、扬八九月票盐之行动耳，预报兄知。此上。

（七月）廿日收接四十八次之信　七月初一日申

启者，于前月廿三日托天成局捎去四十七次之信，内报京中利息未有如今年之微迟，如有银出放，即多让日期，概无妥式，借主家家堆存，以致实无安顿之法。据沈信云，又有往京起标银五六万两，此标到京，定于得着伙送苏，别无他法，惟望苏、扬八九月票盐之行动耳。随封去平、沈信三封，丙常等信二封，及报之事，谅早收照矣。

今封去沈信一封，刘福皆老爷等信三封，罗亨铸兄四十两收银回信一封，查收转致。刻下京利四厘，让日照前，概无用主。昨接百四十四、五次之信，内云陞记取足纹银一千二百两，已作为京收苏账。统来高天和一千两收条一纸，平、沈、汉局等信，兼叙诸事均经领明，无须计念。又封去京局六月底结存银单一纸收阅。此上。

同日收接四十九次之信　七月初四日申

启者，于初一日托正大局捎去四十八次之信，内报之事，随封去京局六月底结存银单一纸，沈信一封，罗亨铸兄收银回信一封，刘福皆老爷等信三封，谅早均为收照矣。

今从卫收会去蒋太老爷关批足纹银五百零九两四钱七分，立去会票一张，注定在苏七月廿八日见票无利交付，其平比我号平每百（两）大三钱二分兑，合空伊期一月，共贴过我号费银五两，至日妥交。

今封去钱厚恬兄二百两收条一纸，方桐厓老爷等信二封，查收转致。刻下京利四厘，即多让日期，概无用主。日升昌所捎纸包木匣，昨已收到，报知。刻接百四十六次之信，会来竹溪张老爷足纹银六百五十两，统来伊信一封，兴盛当信一封，内云之事俱已领明矣。此上。

（七月）廿日托天成局捎去百五十五次之信

于十七日托天成局捎去百五十四次之信，同日又托正大局捎去副信一封，内统去庆和钱店信一封，汉寄京信一总封，张印坦老爷副履历一纸，以及诸事，谅早均为收照矣。同日收接四十七次来札，廿日又收四十八、九次之信，会来蒋太老爷足纹银五百零九两四钱七分，照票交付。随统来京局六月底结存银单一纸，钱厚恬兄二百两收条一纸，平、沈等信以及一切之事，均已照信收明领悉，无须介意。

今收会正大协漕平九八色银五十两，立去会票一张，注定在京见票无利交付，其平票上批明，比我平共大一钱七分，至日妥交。

今统去平、沈信各一封，长芦贡局、长发成信各一封，查收转致。刻下苏利四厘，大势银两不多。此奉上。

（七月）廿五日托正大局捎去百五十六次之信

于廿日托天成局捎去百五十五次之信，内报收会去正大协漕平九八色银五十两，立去会票一张，注定在京见票无利交付，其平票上批明，比我平共大一钱七分。随统去平、沈信二封，长芦贡局等信二封，并报之事，谅早收照矣。

今收会去正大协足纹银卅两，立去会票一张，注定在京见票无利交付，其平票上批明，比我平共大一钱。又吴硕卿兄漕平足纹银一百二十一两五钱五分，无票砝，随统去伊与施鲁川兄信一封，至日问确，银信妥交，讨收条寄苏，平比我平每百（两）大三钱二分，共贴过我号费银一两二钱二分。又松冬伯老爷京市平足纹银三百两，立去会票一张，注定在京不拘伊令弟丽查五老爷、憨查六老爷持票收取，无利交付，其平票上批明，比我平每百（两）小一两七钱。又收会去程覃叔老爷漕平足纹银四百两，无票砝，随统去伊信一封，其平照前，比我平每百（两）大三钱二分，至日银信妥交，讨收条寄苏。

今统去平信一封，丙南、蔚盛（长）信各一封，汉寄京信一总封，又蔚盛（长）用货单一纸，至日查收转致。刻下苏利四厘，大势银两不多。此奉上。

（七月）廿五日收接五十次之信　七月初九日申

启者，于初四日托天成局捎去四十九次之信，内报从卫收会去蒋太老爷关批足纹银五百零九两四钱七分，立去会票一张，注定在苏七月廿八日见票无利交付，平比我平每百（两）大三钱二分。随封去钱厚恬兄二百两收条一纸，方桐厓老爷等信二封，及报之事，谅早收照矣。

今封去平信一封，效濂信一封，光泰马记铅梳子一个，用过之钱京已出账，至日均为查收转致。刻下京利照前，让日多寡，概无用主。其沈镖［标］

京中尚未接彼起程之信，大约亦该动身矣，皆因雨水过大，沿途恐有耽［耽］搁情形，报知。

今收会去立成晋关批足纹银五百两，立去漕平九八兑会票一张，注定在苏八月初八日见票无利交付，平照前比我平每百（两）小一两六钱二分，合空伊期一月，共【下残】

（京号致苏号第五十一次信①）

【上残】较去我备五十两钱砝一付［副］，比我平每百（两）小一两二钱。又永和公关批足纹银两千两，立去会票一张，注定在苏见票无利交付，平照前比我平每百（两）大三钱二分，随封平铺等信二封，光泰马记用铅胡梳子一个，及报之事，谅早均为收照矣。所有我号前与蒋征蒲老爷捐过不论双单月知府一项，今伊又要在江苏续捐，本班佟先渠云，苏捐虽系停止，尚未奏起，可有一碰。随统去伊履历一纸，至日查阅，与伊托亲赶办插入前次。

今统去蒋征陶老爷由拔贡今遵江苏米例捐员外郎，并捐至不论双单月履历一纸，贡单一张，至日查收，速为托亲上兑为要。此二位之功名，如能在苏递捐上兑已是，万一不能，即着伙亲赴江宁制台衙门托亲，即多费三二百两能办更为妥式，倘再不能，只可退回，亦不必赴清江（浦）办理，恐清江（浦）之捐输后首有议叙职衔之情形也。至伊等之功名或能办理与否，是何式样，即与伊觅脚赶仲秋节前，迟至十八、九日一准回信到京为妥。再者，江苏之捐输系何日起奏，祈兄查明，速题来一笔。

此信系觅正大局送去，限定廿四日酉刻一准到苏，早到不加，迟到一天罚银二两，所有脚银付清不欠。随封去张竹溪兄六百五十两收条一纸，广盛基信一封，查收转致。刻下京利四厘，让日三几十天，松江色一两八钱。此上。

---

① 原信稿中该信前半部分残缺，结合上下文推断，应为京号致苏号第五十一次信。

（七月）廿八日托正大局捎去百五十七次之信

【上残】托正大局捎去百五十六次之信，内报收会去正大协【残】卅两，立去会票一张，注定在京见票无利交付，无砝，其平票上批明，比我平共大一钱。又吴硕卿兄漕平足纹银一百廿一两五钱五分，无票砝。随统去伊与施鲁川兄信一封，至日银信交付，讨收条寄苏，比我平每百（两）大三钱二分。又松冬伯老爷京市平足纹银三百两，立去会票一张，注定在京不拘伊令弟丽堂五、憩堂六老爷持票收取，无利交付，其平票上批明，比我平每百（两）小一两七钱。又程覃叔老爷漕平足纹银四百两，无票砝，随统去伊信一封，其平比我平每百（两）大三钱二分，至日银信妥交，讨收条寄苏。并统去平铺等信三封，汉信一总封，蔚盛（长）用货单一纸，以及诸事，谅早收照矣。同日收接五十次、五十一次之信，会来立成晋足纹银五百两，英领堂吴足纹银三百两，永和公足纹银二千两，均照票交付。随统来平铺等信三封，张竹溪老爷六百五十两收条一纸，蒋征蒲老爷履历一纸，蒋征陶老爷履历一纸，贡单一张，又光泰用铅梳一个，及谕诸事均已收明领悉，无须介意。

今收会去正大协漕平足纹银廿两，立去会票一张，注定在京见票无利交付伊，比我平共大七分。又贾老爷漕平足宝银五百两，立去会票一张，注定在东口蔚丰厚见票无利交付，无砝，其平票上批明，比我平每百（两）大三钱二分，至日教蔚丰（厚）往彼速达信妥交，在京与伊结楚。再有蒋征蒲老爷等之捐在苏即求三大宪亲赶办，据伊等云及，苏省所捐输米石，当初原议以六万石为数，现在亦［已］经有五万九千余石，再添今次我号揽来之米四千余石，与原议之数过多不符，是以遵信于昨日已着丙南赴南京求陆制台[①]门路，看其情形，大约不能办，时多或是与否，俟有信来苏，再为奉报。至于正大局送来我号专信迟到一天，祈兄等在京与伊结局。

---

① "陆制台"，即陆建瀛，湖北沔阳人，道光朝进士，历任云南、江苏巡抚，道光二十九年（1849）擢两江总督，故称其为"陆制台"。

今统去平信、侯膺绶、王翼堂兄信各一封，查收转致。刻下苏利四厘，银两不多。此上。

八月初一日托天成局捎去百五十八次之信

于前月廿八日托正大局捎去百五十七次之信，内报甚繁，今录去原底一纸查阅。

今统去苏局至七月底结存银扎［折］一个，汉寄京信一总封，查收转致。刻下苏地月利于昨日已做涨五厘。余事后呈，此奉上。

（八月）初六日收接五十二次之信　七月十七日申

于十一日酉刻专正大局送去五十一次之信，内报甚繁，今录去原底一纸收阅。

今封去平信四封，蔚盛（长）信一封，周子鹤、高其垣老爷、折馨花局信各一封，查收转致。刻下京利四厘，让日三四十天，松江色一两六七钱。此上。

同日收接五十三次之信　七月廿日申

启者，于十七日托天成局捎去五十二次之信，随封去平铺等信七封，并① 录去五十一次原底一纸，及报之事，谅早收照矣。

今封去平、沈信三封，正亨永信等信五封，查收转致。刻下京利四厘，让日三几十天，松江色一两六七钱。此上。

（八月）初七日申刻专正大协送去百五十九次之信

于初一日托天成局捎去百五十八次之信，内统去苏号至七月底存银扎［折］一个，汉寄京信一总封，并呈之事，谅早收明矣。

---

① 原信稿中此处有两个"并"字，应为误写。

今收会去曹大人足纹银一千二百两，与伊立去会票一张，注定在京见票无利交付，又较去我号五十两钱砝一付［副］，比我平每百（两）大二两二钱四分。又正大协足纹银廿六两，与伊立去会票一张，注定在京见票无利交付，平比我平共大九分，至祈均为妥交。再报通州、上海以及太仓等处，今年棉花长的甚好，以现在闻及约有八九分收成，报知。刻接五十二、三次之信，封来平、沈信七封，蔚盛（长）等信九封，并云一切皆已领悉，无须介意。

今统去平、沈信各一封，汉寄京信一总封，查收转致。至于蒋征蒲老爷等之功名，在苏屡次设法求亲办理，今天亦已定局递呈上兑，共用过我平足纹银一万六千四百四十一两一钱二分，又代伊专脚①纹银廿六两，另有花单一纸，至祈查收注账。所有伊之□照□实收照，到苏即为寄去。□至丙南赴金陵求亲，至今当无回信，但此事皆因苏、金两处均不能定妥，以致专信稽迟，未能照兄来信所限日期到京。所有蒋某二位之功名，今番大费周折，照所结去之银苏号未长，即外加伊赶办使费银三二百两亦可，至祈兄等与伊商酌结算可也。此信今专正大协送去，言明脚力纹银廿六两，在苏付清不欠，限定本月廿日一准到京，早到一天加银二两，迟到一天罚银二两，如迟早到加罚银两，在京与伊局结楚是祝。刻下苏利五厘平和。此奉上。

（八月）十一日托天成局捎去百六十次之信

于初七日申刻专正大局送去百五十九次之信，内报甚繁，今录去原底一纸收阅。

今收会去正大协足纹银五十两，比我平共大一钱七分，与伊立去会票一张，又带去无号信一封，注定在京见票无利交付。又何照纶兄九九纹银一百两，比我平共小三两七钱，又伊足纹银廿两，比我平共小七钱四分，二宗俱无票砝，随统去伊信一封，至祈照信交付，讨收条寄苏，至祈均为妥交。

---

① "专脚"，即受雇于商号、往来于埠际间专门寄送信件、运送货物的职业。

今封去平、沈信各一封，芜信二封，锦泰等信四封收转。再沈信内有会去营口所交之银五千两，至祈速转。刻下苏利五厘。今天又托正大局捎去百六十次副信，内统去转沈副信一封，沈老爷信一封，至日查收速转。此上。

（八月）十四日托正大局捎去百六十一次之信

于十一日托天成局捎去百六十次之信，同日又托正大局捎去副信一封，内报之事，谅早呈照矣。

今收会去马大老爷库平九八五色银九百两，张捷魁老爷库平九八五色银二百两，张兆椿兄库平九八五色银一百两，与伊等各立去会票一张，均注定在京见票无利交付，三宗外公较去我号备五十两钱砝一付〔副〕，比我平每百（两）大二两二钱二分。又收会去张兆椿兄漕平足纹银二千两，与伊立去会票一张，注定在东口蔚丰厚见票迟八九天无利交付，外较去我号备五十两钱砝一付〔副〕，比我平每百（两）大四钱，至日速与蔚丰（厚）评兑往口寄信是祝。又练大老爷漕平足纹银三百两，无票砝，随统去伊与庄大老爷信一封，言定在京见信银信交付，讨收条寄苏，其平比我平每百（两）大三钱八分，共贴过我号费银三两，至祈一并厚道妥交。

今统去平信一封，陈老爷信一封，汉寄京信一总封，查收转致。刻下苏利仍五厘。此上。

（八月）十五日收接五十四次之信　七月廿三日申

启者，于廿日托正大局捎去五十三次之信，随封去平、沈信三封，正亨永等信五封，及报之事，谅早收照矣。

今封去平信一封收阅。刻下京利四厘，让日三几十天。今接沈六月廿八日起信，尚未题写标银何日起程，大约初间动身到京，即在月底左近矣。刻接百四十九次之信，统来陈明称兄捐从九职履历一纸，苏局与永和公信一封，汉局等信一总封，内云之事俱已领悉矣。此上。

同日收接五十五次之信　七月廿五日申

启者，于廿三日托天成局捎去五十四次之信，内报接沈六月廿八日所起之信，尚未题写标银何日起程，大约初间动身到京，即在月底左近矣，及报之事，随封去平信一封，谅早收照矣。廿四日连接百四十七、八、百五十次之信三封。随统来苏局六月底结存银折一个，沈仲复兄一百四十两收条一纸，许炜轩、任镛兄履历各一纸，平、沈、汉、芜等信，以及托查大人捎罗亨铸兄小衣包一个，并弟等用货，所用之银照单入账，兼叙诸事皆经逐宗领明，无须计念。

今天正大协验过苏七月初三日立九八五色银一百八十八两会票一张。据云，此项银两已定在京，不用与我号相商，仍要在苏取用，我号虽未接信，念其相好，弟已应承，京中亦未重立票据，仍系原票带回，至日照票交付，则算与京无事，报知。

今封去平信一封收阅。刻下京利四厘，让日照前。此上。

（八月）十七日收接五十六次之信　七月廿七日京申

启者，于廿五日托正大局捎去五十五次之信，内报是日正大协验过苏七月初三日立九八五色一百八十八两会票一张。据云，此项银两已定在京，不用与我号相商，似要在苏取用，我号虽未接信，念其相好，弟已应承，京中亦未重立票据，似系原票带回，至日照票交付，则算与京无事，随统去平信一封，及报之事，谅早收照矣。

今据沈信云及，我号之标定于本月初七日由沈起程，其银数系五万六七千两，大约五七天内亦该抵京，俟标到日，京已定添措银四五万两，一并着伙送苏，望兄等预为指项可也。今天日升昌由沈撤庄到京，带来标银三万五六千两，所来之锦宝，我号已向伊换妥，每宝补我色银四钱，会通源定于明天往苏送黄货①二千来两，再我号昨日亦办就标金一百五十两，

---

① "黄货"，即黄金。

一十四两九钱足银①，今当欲多办，乃时下行市又涨至一十五两，待缓三二天，如能仍到十四两九钱，定办千数八百两运苏，报兄等知之。再有元成钱店来我号相商，求兄等将苏地年岁并船帮日京款一一询照，与伊号可寄一信是要。

今封去沈信一封收阅。刻下京利四厘，让日三二十天。此上。

（八月）十九日托天成局捎去百六十二次之信

于十四日托正大局捎去百六十一次之信，内报收会去马大老爷库平九八五色银九百两，张捷魁老爷库平九八五色银二百两，张兆椿兄库平九八五色银一百两，与伊等各立去会票一张，均注定在京见票无利交付，三宗公较去我号五十两钱砝一付〔副〕，比我平每百（两）大二两二钱二分。又收会去张兆椿兄漕平足纹银二千两，与伊立去会票一张，注定在东口蔚丰厚见票迟八九天无利交伊，外较去我号五十两钱砝一付〔副〕，比我平每百（两）大四钱，至日速与蔚丰（厚）评兑，往口寄信妥交。又练大老爷漕平足纹银三百两，无票砝，随统去伊与庄大老爷信一封，言定在京见信银信交付，其平比我平每百（两）大三钱八分，交毕讨收条寄苏。随统去平铺等信二封，汉信一总封，及报之事，谅早呈照矣。十五、七日收接五十四、五、六次来札三封，内谕正大协验过九八五色银一百八十八两会票一张，昨日伊局持票在苏如数取去，则算京局无庸过账。随统来平、沈等信，并云往苏起标之情以及一切，俱已收明领悉矣，无须介意。至于元成钱店之信，俟问大势景款得确，即为与伊寄信报知。

今统去平信一封，汉信一总封，又钟佩贤老爷信一封，此当是前会去伊【残】为转致。刻下苏【下残】

---

① 即一两黄金可兑一十四两九钱足银。

（京号致苏号第五十七次信①）

【上残】所捎部照、会票纸等件，并叙之事俱已领明矣。所有许炜轩兄等之功名，今已递捐，伊用过我平捐足纹银八百八十一两三钱六分，任镛兄用过银一百四十八两四钱六分，陈明称兄用过银一百十九两五钱，另有一单，查明注账。

今统去沈信一封，永发祥等信二封，查收转致。刻下京利四厘，让日半月廿天。再德新于初一日跟标，平顺抵京，连京添之银共有十万两余，定于初六日着伙送苏，报知。

今收会去吴清如大老爷圆砝关批足色纹银八千两，立去会票一张，注定在苏十月半见票无利交付，较去伊五十两钱砝一付［副］，比我平每百（两）大四钱，合共伊期七十余天，每千两贴过我号费银十两，至日妥交。今统去京局七月底结存银单一纸收阅。此奉上。

（八月）廿二日托正大局捎去百六十三次之信

于十九日托天成局捎去百六十二次之信，内报苏与正大协立过九八五色银一百八十八两会票一张，昨日伊局持票在苏如数取去。随统去平信、汉信各一封，钟佩贤老爷信一封，并呈之事，谅早呈照矣。廿日收接五十七次之信，会来吴清如大老爷足纹银八千两，按期交付。随统来京局七月底结存银单一纸，沈局等信三封，并许炜轩兄等三位，用过捐银照单已入京账，兼谕一切皆已收明领悉，无须介意。

今收会去庆恒钱店足纹银一百九十九两，无票砝，随统去米小山兄与伊信一封，言定在京见信无利银信交付，其平比我平每百（两）大三钱二分，交毕讨收条寄苏，共贴过我号费银六钱三分。又常大人库平足纹银三百两，又伊库平九八五色银二百两，与伊各立去会票一张，均注定在京见票无利交

---

① 原信稿中该信前半部分残缺，结合上下文推断，应为京号致苏号第五十七次信。

付，无砝，其平票上批明，比我平每百（两）大二两二钱，共贴过我号费银五两，至日厚道妥交。

今统去平、沈信各一封，苏与元成钱店、正谦师信各一封，查阅封固转致。刻下苏利五厘。再昨接南京来信云及，爱日堂在彼用过银五千两，将京局借票亦已抽消［销］，此情谅金号早为详呈兄等知之。此奉上。

（八月）廿三日收接五十八次副信　八月初六日京申

启者，于初三日托正大局捎去五十七次之信，内报收会去吴清如大老爷漕平关批足纹银八千两，立去会票一张，注定在苏十月半见票无利交伊，较去伊五十两钱砝一付［副］，比我平每百（两）大四钱，并报许炜轩兄用过我平捐足纹银八百八十一两三钱六分，任镛兄用过银一百四十八两四钱六分，陈明称兄用过银一百一十九两五钱，另有一单。随统去京局七月底结存银单一纸，沈信一封，和发祥信二封，及报之事，谅早收照矣。

今从卫收会去玉润轶关批足纹银六百廿两，立去会票一张，注定在苏八月廿七日见票无利交付，其平无砝，比我平每百（两）大四钱，合共伊期一月，共贴过我号费银四两，至日妥交。今着如荣送去宝足银十一万三千九百六十三两零八分，又标金二百五十两八钱，十四两九钱，合足纹银三千七百卅六两九钱二分，二宗共合补平足纹银十一万七千七百两，计雇标兵四名，大车五辆，连车脚盘费银在内，另有号码抈［折］一个，至日照抈［折］查收。随带去众号信物，另抈［折］呈明。至于京局大概情形，俟伊到日面叙其详。又封去查亦皋老爷三百五十两收条一纸收转。刻下京利四厘，让日半月十天，松江色一两五钱，再如荣到苏之日如有妥伴，即着伊回京可也。此上。

同日收接五十九次之信　八月初六日京申

启者，初六日如荣逢吉动身，跟送去补平足纹银十一万七千七百两，随带去众号信物并五十八次之信，内报之事，同日又托天成局捎去副信一封，谅早顺至收照矣。

今收会去吴若明少爷漕平圆砝足纹银三百两，贴过我费银三两，立去会票一张，注定在苏十月半见票无利交付，其平照吴清如老爷八千两之钱砝兑，比我平每百（两）大四钱，至期妥交，合共伊期七十来天。所有会通源捎会票纸，日升昌捎蒋明晋老爷等实收部照，昨日已收到，报知。

刻下京利四厘，这几天行中借银者多，银两显少。松江色一两五钱。今统去平信一封收阅。此上。

（八月）廿六日托正大局捎去百六十四次之信

于廿二日托正大局捎去百六十三次之信，内报收会去庆恒钱店足纹银一百九十九两，无票砝，随统去米小山兄与伊信一封，其平比我平每百（两）大三钱二分，至日银信妥交，讨收条寄苏。又常大人库平足纹银三百两，又伊库平九八五色银二百两，与伊各立去会票一张，均注定在京见票无利交付，无砝，其平皆票上批明，比我平每百（两）大二两二钱。随统去平、沈信各一封，苏与元成钱店、正谦师信各一封，及呈之事，想早收照矣。廿三日收接五十八次副信并五十九次来札，会来玉润轶足纹银六百廿两，吴若明兄足纹银三百两，均照票交付。随统来平信一封，所谕之事皆已领悉，无须介意。

今收会去德成堂库平足纹银九百卅两，未立会票，随统去伊信一封，其平外较去我号五十两钱砝一付［副］，比我平每百（两）大二两三钱四分，至日按报平先交，俟砝到日再为比兑。又戴洁如兄漕平足纹银二百两，无票砝，随统去伊与唐老爷信一封，至日问确银信交付，讨收条寄苏。

今统去平铺等信六封，汉信一总封，查收转致。刻下苏利五厘疲。再报苏地棉花、稻田，前者所报长的甚好，于月十三、四、五日三昼夜风雨不息，以致年岁减收，现在棉花、稻田约有四五分收成，报知。此奉上。

（八月）廿七日收接六十次之信　十三日申

启者，于初八日托正大局捎去五十九次之信，内报收会去吴若洲少老爷漕平圆砝关批足色纹银三百两，立去会票一张，注定在苏十月半见票无利交付，其平照吴清如大老爷八千两之钱砝兑，比我平每百（两）大四钱，至日妥交，及报之事，谅早收照矣。十二日收接百五十四、五、六次之信，又百五十四次副信一封，会来庆和钱店足纹银四百卅一两，统来伊信一封，陞记九八色银三百两，张竹溪老爷九八京饷银四百五十两，松筠号松江银三千二百两，孙二爷松江银二百两，正大协九八色银五十两，又伊足纹银三十两，吴硕卿兄足纹银一百廿一两五钱五分，松冬伯老爷足纹银三百两，程覃叔老爷足纹银四百两，统来伊等之信，张印坦老爷捐加级正副履历各一纸，平铺、汉局等信，蔚盛（长）用货单一纸，兼叙之事皆已逐宗收明领悉，勿须计念。

今收会去万全号关批足纹银二千两，无票砝，各以信为凭，言定在苏十月十三日无利交付，平照前比我平每百（两）大三钱八分，合空伊期二月，共贴过我号费银七两，至期妥交。再有苏局前与朱卿云兄办过之功名，系三和世经手之件，今朱某动身回福建，三和世向我号写去无号信一封，内报伊明年转京路经苏州，务必到我号打听伊之官照由京发出与否，如已发出，即托我苏号与伊领取，至祈照应。倘要浮借银两，不可应承是祝。随统去与伊写过无号信底一纸收阅。

今封去江心维兄一百二十两三钱六分收条一纸，范永和信一封收转。京中月息昨已涨至四厘五毫快，松江色一两五钱。专此奉上。

九月初一日托正大局捎去百六十五次之信

于前月廿六日托正大局捎去百六十四次之信，内报收会去德成堂库平足纹银九百卅两，未立会票，随统去伊信一封，其平较去我号五十两钱砝一付［副］，比我平每百（两）大二两三钱四分，至日按报平银信先交，俟砝到京再为比兑。又戴洁如兄漕平足纹银二百两，无票砝，随统去伊与唐老爷信一封，其平比我平每百（两）大三钱二分，至日问确银信妥交，讨收条寄苏。随统去平铺等信六封，汉信一总封，及呈之事，谅早收照矣。廿七日收接六十次之信，会来万全号足纹银二千两，按期交付。随统来江心维兄一百二十两三钱六分收条一纸，范永和信一封，并云朱卿云兄托我号换照之情，俟伊来时照信办理，以及诸事皆已领悉，无须介意。

今收会去正大协足纹银一百两，与伊立去会票一张，注定在京见票无利交付，无砝，其平票上批明，比我平共大二两三钱四分。又符老爷京平足纹银一百四十一两四钱四分，无票砝，随统去伊与章永年兄信一封，其平比我平每百（两）小三两七钱，至日银信交付，讨收条寄苏。

今统去平、沈信各一封，裕成源信一封，又苏局至八月底结存银单一纸，查收转致。刻下苏利五厘迟极。至于京局所借爱日堂之银，今伊与苏号银信关照，云及俱要在苏九月内使用，俟伊用过再为呈报。此上。

九月初一日收接五十八次正信　　内叙与副信一式

（九月）初四日收接六十一次来札　　八月十八日京寄

启者，于十三日托天成局捎去六十次之信，内报收会去万全号关批足纹银二千两，无票砝，各以信为凭，言定在苏十月十三日无利交付，平照前比我平每百两大三钱八分，及报之事，随封去与朱卿云兄写过无号信底一纸，江心维兄一百二十两三钱六分收条一纸，范永和信一封，谅早均为收照矣。十四、六日收接百五十七、八次之信，会来正大协足纹银二十两，又口交贾老爷足宝银五百两，统来苏局七月底结存银折一个，平铺、汉局等信，兼叙诸事皆经收明领悉，无须计念。

今收会去立成晋关批足纹银六百两，与伊立去漕平九八兑会票一张，注定九月十七日在苏见票无利交付，平照前比我平每百（两）小一两六钱二分，合共伊期一月，共贴过我号费银三两六钱，至日妥交。

今封去沈信一封收阅。刻下京利四厘五毫快，松江色银一两五钱。又封去庆和钱店四百三十一两、吴硕卿【残】一百二十一两五钱五分收条各一纸，查收转致。专此奉上。

同日收接六十二次来札　八月廿日京寄

启者，于十八日托正大局捎去六十一次之信，内报收会去立成晋记关批足纹银六百两，立去漕平九八兑会票一张，注定九月十七日在苏见票无利交付，平照前比我平每百（两）小一两六钱二分，及报之事，随封去沈信一封，庆和钱店四百三十一两、吴硕卿兄一百二十一两五钱五分收条各一纸，谅早均为收照矣。刻接百五十九次之信，会来曹大人足纹银一千二百两，正大协足纹银廿六两，俱照票交付，并结来蒋征蒲老爷等用过捐足纹银一万六千四百四十一两一钱二分，脚力银廿六两，俱照单入账。随统来平、沈信各一封，汉信一总封，内云诸事皆已领明，无须计念。

今从卫收会去永立号关批足纹银一千两，无票砝，带去无号信一封，注定在苏九月十四日见信无利交付，其平照前，比我号平每百（两）大三钱二分，合共伊一月，贴过我费银六两，至日妥交。昨托会通源捎去蔚盛（长）鞋靴二双，用过我号纹银三两二钱四分，至祈查收，注捎货账。

今统去程祖诰老爷四百两收条一纸收转。刻下京利四厘五毫快，松江色一两六钱。此奉上。

（九月）初四日托天成局捎去百六十六次之信

于初一日托正大局捎去百六十五次之信，内报收会去正大协库平足纹银一百两，与伊立去会票一张，注定在京见票无利交付，无砝，其平票上批明，比我平共大二两三钱四分。又符老爷京平足纹银一百四十一两四钱四分，无票砝，随统去伊与章永年兄信一封，其平比我平每百（两）小三两七钱，至日银信交付，讨收条寄苏。随统去平、沈等信三封，苏局八月底存银单一纸，及报之事，谅早收照矣。同日如荣平顺抵苏，带来五十八次正信并标银十一万七千七百两，以及捎众号之物件，所云一切皆已收明注账。刻接六十一、二次之信，会来立成晋足纹银六百两，永立号足纹银一千两，均按期交付。随统来沈信一封，程祖诰老爷等收条三纸，并蔚盛（长）用货银已注京捎货账，兼谕之事均已收明领悉，无须介意。

今统去平信一封，泰丰长等信三封，查收转【下残】

（苏号致京号第一百六十七次信①）

【上残】查收转致。刻下苏地月息五厘、四厘五毫疲。此上。

（九月）十五日如荣回京带去百六十八次之信

于初九日托天成局捎去百六十七次之信，内统去平信一封，光泰等信三封，及报之事，谅早收照矣。

今如荣逢吉动身，随带去京局伙友用货以及众号托捎物件，其价花名另折呈明，共用过号平足纹银五十八两零二分，望注苏捎货账。至于苏号一切情形，俟伊到京面叙其详。刻下苏地月息五厘、四厘五毫迟，现在标金虽有十四两八钱之价，消［销］路甚少。此上。

（九月）十六日收接六十三次之信　八月廿四日申

启者，于廿日托天成局捎去六十二次之信，内报从卫收会去永立号关批足纹银一千两，无票砝，带去无号信一封，注定在苏九月十四日见信无利交付，其平照前，比我号平每百（两）大三钱二分。随统去程祖诰兄四百两收条一纸，并报托会通源捎去蔚盛（长）鞋靴二双，用过号纹银三两二钱四分，以及诸事谅早收照矣。廿一日收接无号信一封，会来正大协足纹银五十两，已照票交付，并云之事皆已领明，无须计念。

今张印坦兄用过号平捎足纹银六百一十五两六钱，另有一单。又从卫收

---

① 原信稿中该信大部分残缺，结合上下文推断，应为苏号致京号第一百六十七次信。

会去永和公关批足纹银二千两，无票砝，伊带去无号信一封，注定在苏见信无利交付，其平照前，比我平每百（两）大三钱二分，每千两贴过我号六两，至祈妥交。

今封去沈信一封，庆和钱店信一总封，张竹溪老爷四百五十两收条一纸，查收转致。刻下京利四厘五毫快，松江色一两五钱。此上。

同日托正大局捎去百六十九次之信

于十五日如荣逢吉动身带去百六十八次之信，随捎去京局伙友用货以及众号托捎物件，其价花名另折呈明，共用过号平足纹银五十八两零二分，祈注苏捎货账，并报一切，谅早顺至呈照矣。刻接六十三次之信，会来永和公足纹银二千两，按期交付，并张印坦兄用过捐银，照单已入京账。随统来张竹溪老爷四百五十两收条一纸，沈信、庆和钱店信各一封，及谕诸事皆已收明领悉，无须介意。

今统去平、沈等信五封，汉寄京信二总（封），又芜信一封，至日查收转致。刻下苏利仍四厘五毫迟。此上。

（九月）十八日收接六十四次之信　九月初一日京申

启者，于前月廿四日托正大局捎去六十三次之信，内报张印坦兄用过号平捐足纹银六百一十五两六钱，另有一单，并报从卫收会去永和公关批足纹银二千两，无票砝，伊带去无号信一封，注定在苏见信无利交付，其平照前，比我平每百（两）大三钱二分，及报之事，随统去沈信一封，庆和钱店信一总封，张竹溪老爷四百五十两收条一纸，谅早收照矣。

今从卫收会去[①]松茂斋关批足纹银三百九十七两，未立会票，有伊信一封，言明在苏九月底无利随伊信送交，其平系漕平，比我平每百（两）大三钱二分，至祈妥交，在津共贴过我号费银二两。

---

① 原信稿中此处连写两次"收会去"，兹删去其一。

今封去京局八月底结存银单一纸，任镛兄部监照二张，陈明称兄从九部照一张，均为查收转致。刻下京利四厘五毫，松江色一两五六钱。刻接百六十次正副信并百六十一次之信，会来正大协足纹银五十两，前已报明。又何照纶兄九九纹银一百两、足纹银廿两，马老爷九八五色银九百两，张捷魁老爷九八五色银二百两，张兆椿兄九八五色银一百两；又口交伊足纹银二千两，练大老爷足纹银三百两，统来平、沈、汉局等信，所谕诸事均已收明领悉，无须介意。再有查大人捎之用货，俱已收到，报知。此奉上。

（九月）廿日托正大局捎去百七十次之信

于十六日托正大局捎去百六十九次之信，随统去平、沈等信六封，汉寄京信二总封，及呈之事，谅早收照矣。十八日收接六十四次之信，随会来松茂斋足纹银三百九十七两，又伊信一封，按期银信交付。并统来京局八月底结存银单一纸，任镛、陈明称二位部监从九照三张，及谕一切均经领悉，无须介意。

今收会去正大协足纹银五十两，立去会票一张，注定在京见票无利交付，其平票上批明，比我平共大一钱七分。又练大老爷足纹银二百两，无票砝，随封去伊与张三老爷信一封，至祈银信妥交，讨收条寄苏，平比我平每百（两）大三钱四分，贴过我号费银二两，至祈均为妥交。

今封去平信一封，汉寄京信一总封，吕圣孚兄信一封，查收转致。刻下苏利仍五厘、四厘五毫迟。此上。

（九月）二十二日收接六十五次来札　九月初八日京申

启者，于初一日托天成局捎去六十四次之信，内报从卫收会去松茂斋关批足纹银三百九十七两，未立会票，统去伊信一封，言明在苏九月底无利随伊信送交，平比我平每百（两）大三钱二分，交毕讨收条寄京。随封去京局八月底结存银单一纸，任镛兄部监照二张，陈明称兄从九部照一张，及报之事，谅早收照矣。

今收会去立成晋记关批足纹银五百两，与伊立去漕平九八兑会票一张，注定十月初五日在苏见票无利交付，平照前比我平每百（两）小一两六钱二分，合共伊期一月，共贴我费银三两五钱，至祈妥交。今封去练大老爷三百两收条一纸，何照纶兄一百二十两收条一纸，程祖诰老爷、长芦贡局信各一封，查收转致。刻下京利四厘五毫，松江色一两五六钱。初七日文英、王宾平顺抵京，询悉兄等尊府俱各清泰，勿须计念。刻接六十二次之信，统来钟佩贤老爷信一封，平铺、汉局等信，内云之事皆已领明，无须计念。又接如荣由清江（浦）来信一封，内情已领悉矣。今收会去泰亨锦记圆砝关批足纹银一千二百两，与伊立去会票一张，注定十月初八日在苏见票无利交付，平照前比我平每百（两）大三钱八分，合共伊期一月，每千两贴过我号费银七两五钱，至日妥交。今统去文英阁记用货单一纸收阅。此奉上。

（九月）廿四日托正大局捎去百七十一次之信

于廿日托正大局捎去百七十次之信，内报收会去正大协足纹银五十两，立去会票一张，注定在京见票无利交付，其票上批明，比我平共大一钱七分。又练大老爷足纹银二百两，无票砝，随统去伊与张三老爷信一封，交毕讨收条寄苏，平比我平每百（两）大三钱四分。随统去平信一封，汉信一总封，呈圣孚兄信一封，及报之事，谅早收照矣。廿二日收接六十五次之信，会来立成晋足纹银五百两，泰亨号足纹银一千二百两，统来练大老爷、何照纶兄收条各一纸，程祖诰兄等信二封，华峰闫记用货单一纸，并谕一切皆已领悉，无须介意。

今收会去正大协九八五色银一百两，立去会票一张，注定在京见票无利交付，其平票上批明，比我平共大二两二钱八分，至祈妥交。

今统去平信二封，又长芦贡局等信五封，查收转致。刻下苏利仍五厘、四厘五毫迟。再与苏将文武摺绅[①]捎来一部。此奉上。

[①] "摺绅"，即缙绅录，是当时书坊刊印的全国职官录，也作"缙绅"。

（九月）廿六日托天成局捎去百七十二次之信

于廿四日托正大局捎去百七十一次之信，内报收会去正大协九八五色银一百两，立去会票一张，注定在京见票无利交付，其平票上批明，比我平共大二两二钱八分。随封去平铺等信七封，并呈之事，谅早收照矣。

今亨泰堂李增荣兄会借过漕平足纹银卅两，比我平共大一钱二分，随封去未封口信一封，言定在京执信向伊收索，注苏之账。又统去汉寄京信二总封，效濂信一封，查收转致。刻下苏利仍五厘、四厘五毫迟。此上。

（九月）廿九日托正大局捎去百七十三次之信

于廿六日托天成局捎去百七十二次之信，内报亨泰堂李增荣兄会借过漕平足纹银卅两，比我平共大一钱二分，随封去伊与我号立来未封口信一封，至日执信向伊号收索。并统去汉信二总封，效濂等信二封，及呈之事，谅早收照矣。

今收会去程覃叔兄足纹银廿两，比我平共大六分，随统去伊信一封，至日银妥交，讨收条寄苏。再于廿日还过京借爱日堂本足纹银三万零五百两，又付过伊利足纹银五百卅八两四钱五分，均比我平每百（两）大二两二钱六分，至日将伊借帐［账］还清，注苏之帐［账］，每千两扣过伊贴费银十二两，所有借券五张在苏俱已抽消［销］，无须寄京。

今统去平铺等信四封，查收转致。刻下苏利仍五厘、四厘五毫迟。此上。

（九月）卅日收接四十二次之信　八月廿一日平申

兹于初十日段标兵送去四十一次之信，内报蔚源从肃会借与长发堂银五百两，立有会票，注定在苏九月底无利咱号代收漕平足纹银，但伊票上虽未注"足"字，蔚源在肃已与伊伙言明，在苏按关批足纹银交咱，至期如伊交咱足银已是，倘伊要交咱纹银，教伊写一交过纹银帖一纸捎来，以好与蔚源照帖结楚。并统去福兴忠定刊钱票板①一付［副］，又图书一单，至日速为办理，将□此信差抄。

十月初二日托正大局捎去百七十四次之信

于前月廿九日托正大局捎去百七十三次之信，内报收会去程覃叔兄足纹银二十两，比我平共大六分，随统去伊信一封，至日银信妥交，讨收条寄苏。又于廿日还过京借爱日堂本足纹银三万零五百两，并付过伊利足纹银五百卅八两四钱五分，均比我平每百（两）大二两二钱六分，至祈将伊之账还请，注苏之帐［账］。所有京局所立借券五张在苏俱已抽消［销］，无须寄京。随统去还伊宗项单一纸，平铺等信四封，及呈之事，谅早收照矣。

今统去蒋征蒲老爷实收照二纸，蒋征陶老爷原贡照一纸，实收照二纸，平、沈等信六封，苏局至九月底结存银折一个，又松茂斋三百九十七两收条一纸，至日查收转致。刻下苏利四厘五毫。再江苏米捐现在完竣，共捐输米六万七千余石，闻及初三、四日起奏，其米大约明春由海运津，报兄等知之。此上。

（十月）初五日托天成局捎去百七十四次之信②

于初二日托正大局捎去百七十四次之信，内统去蒋征蒲老爷等实收照二纸，蒋征陶老爷原贡照一纸，实收照二纸，苏局至九月底结存银折一个，平、沈等信六封，松茂斋三百九十七两收条一纸，以及诸事，谅早均为收照矣。

今收会去何照纶兄足纹银三百四十两，无票砝，随统去伊信一封，言定在京见信银信交付，其平比我平每百（两）大二两三钱，交毕讨收条寄苏。

今统去平铺等信二封，长芦贡局信二封，查收转致。刻下苏利四厘五

---

① "定刊钱票板"，即印制钱票的"钞版"。
② 这封信与上封信的信次一致，都是苏号致京号一百七十四次信。

毫。此上。

（十月）初六日收接六十七次之信　九月十六日申

启者，于十二日托天成局捎去六十六次之信，内报收会去立成惠漕平关批足纹银一百两，立去会票一张，注定在苏十月十一日无利交付，平比我号平共大四钱。又从卫收会去玉盛号关批足纹银二千两，在苏十一月初八日无利交伊，无硪，其平照前，比我号平每百（两）小一两一钱四分，俟后或立会票与否，再报。兼呈查大人于初十日引见，十二日召见，奉旨着军机处记名，仍以道员用，照此不免在京多住一二月，现在咱京号存伊银九千来两，倘伊在京不敷使用，向咱会借银三五千两，可否题来一笔。随封去钟佩贤老爷二千两收银回信一封，沈信一封，及报之事，谅早收照矣。再接金信云，京局借王大人之银，伊在金用过银五千两，每千两只贴过我号费银八两，似此让银四两实属不合，皆因恐失后交之语，弟阅信之下，诚难言矣。但此事原系京号有原议字据，与苏、金各有底据，今伊随便用银不依定规，我号即当推托，教伊仍在京用乃是理公，不失交情之见，熟料金伙如此让银，诚为经营中之软手，弟即与金有怨及之信云，假如后手再用，尚是仍该按八两乎？十二两乎？呈兄等知之。倘伊向咱苏兄要用，想兄等断不能不按定规让此无名之不合也。况且假如我号要格外多加，伊揩乎？不得不呈兄等知之。

今收会去高天和圆硪关批足纹银一千九百廿二两，与伊立去会票一张，注定在苏十月十五日无利交伊，付平照前，比我平每百（两）大三钱六分，合空伊期一月，每千两贴过我号费银六两。再，家隽于十五日回里，报知。刻下京利四厘五毫，让日七八天，松江色一两五钱，钱盘二钱四分五厘折八钱五分。

今封去许炜轩兄布理问封典旧监照各一张，沈信二封查收。此上。

十月初九日收接六十六次之信　九月十二日申

启者，于初八日托正大局捎去六十五次之信，内报收会去立成晋关批足纹银五百两，与伊立去漕平九八兑会票一张，注定十月初五日在苏见票无利交付，平比我平每百（两）小一两六钱二分；泰亨锦圆硂关批足纹银一千二百两，立去会票一张，注定十月初八日在苏见票无利交付，平比我平每百（两）大三钱八分。随封去练大老爷三百两、何照纶兄一百二十两收条各一纸，程祖诰老爷等信二封，及报一切之事，谅早收明矣。初十日收接百六十三次之信，会来庆恒钱店足纹银一百九十九两，常大人足纹银三百两、九八五银二百两，统来平、沈等信，内云一切皆已注明领悉矣。

今收会去立成惠漕平关批足纹银一百两，立去会票一张，注定在苏十月十一日无利交伊，比我平共大四钱，贴过我号费银六钱，至日妥交。

今封去钟佩贤老爷二千两收银回信一封，沈信一封，查收转致。今接口信云，彼地月息尚未开盘，大约短期不过三厘、三厘五毫之谱。又云日升、日新、晋长会过苏交巨和、太和西批银二万七千两，在苏十、冬、腊先交巨和等号，在口年标三号收，所迟日期按口十月标开利结算，每千两贴日升等银十两五钱，照此生意咱号诚难合算，定于不收。再，查大人于初十日引见，十二日召见，奉旨着军机处记名，仍以道员用，照此不免在京多住一二月，现在咱京号存伊银九千来两，倘伊在京不敷使用，向咱再会借银三五千两，可否题来一笔？刻下京利四厘五毫，松江色一两五钱。

今从卫收会去玉盛号关批足纹银二千两，在苏十一月初八日无利交伊，无硂，平照前比我平每百（两）小一两一钱四分，合空伊期二月，共贴过我号费银三两，俟后或立会票与否，再为详报。此上。

同日收接六十八次之信　九月廿日申

启者，于十六日托正大局捎六十七次之信，内报收会去高天和圆硂关批足纹银一千九百廿二两，与伊立去会票一张，注定十月十五日在苏见票无利交付，平照前比我平每百（两）大三钱六分。随封去许炜轩兄布理、封典旧监照各一张，沈信一封，及报之事，谅早收照矣。

今收会去泰亨锦圆硂关批足纹银一千三百两，立去会票一张，注定十月十九日在苏见票无利交付。又德润泰圆砝关批足纹银二千两，立去会票一张，注定十月廿日在苏见票无利交付，其平俱照前，比我平每百（两）均大三钱八分，合空伊等路期一月，每千两贴我号费银七两。又立成晋关批足纹银八百两，立去漕平九八兑会票一张，注定十月廿日在苏见票无利交付，平照前比我平每百（两）小一两六钱二分，合空伊期一月，共贴过我号费银五两二钱。又从卫收会去永立号关批足纹银三千两，无票砝，统去伊信一封，言明在苏十月十六日照信无利交乾丰号收，其平照前，比我平每百（两）大三钱二分，合空伊期一月，每千两贴我号费银六两，讨收条寄京，至祈均为妥交。随封去张印坦老爷加级照一张，永和公信一封，至日查收转致。刻下京利四厘五毫，让日七八天，松江色一两五钱。此上。

（十月）初十日托正大局捎去百七十五次之信

于初五日托天成局捎去百七十四次之信，内报收会去何照纶兄足纹银三百四十两，无票砝，随统去伊信一封，言定在京见信银信交付，其平比我平每百（两）大二两三钱，讨收条寄苏。随统去平铺等信四封，及报之事，谅早收照矣。初六、九日收接六十六、七、八次之信，会来玉盛号足纹银二千两，高天和足纹银一千九百廿二两，立成惠足纹银一百两，泰亨锦足纹银一千三百两，德润泰足纹银二千两，立成晋足纹银八百两，永立号足纹银三千两，均按期交付。并统来许炜轩兄封典等照三张，张印坦老爷加级照一张，沈局等信五封，钟佩贤老爷收银回信一封，及谕一切之事均已逐宗收明领悉，无须介意。至云恐查大人在京多会借银两之说，现在苏号借伊一宗六千八百两，月三厘行息，一宗一万三千二百两，月二厘行息，共银二万两，倘伊在京用时望为交付，至于会规贴费酌量是祝。

今统去平、沈等信三封，查收转致。刻下苏利四厘五毫，标金行情十四两四五钱，消［销］路甚少。此上。

（十月）十一日收接六十九次之信　九月廿三日申

　　启者，于廿日托天成局捎去六十八次之信，内报收会去泰亨锦记圆硃关批足纹银一千三百两，立去会票一张，注定十月十九日在苏见票无利交付；又德润泰圆硃关批足纹银二千两，立去会票一张，注定十月十九日在苏见票无利交付，其平俱照前，比我平每百（两）均大三钱八分。又立成晋关批足纹银八百两，立去漕平九八兑会票一张，注定十月廿日在苏见票无利交付，平照前比我平每百（两）小一两六钱二分。又从卫收会去永立号关批足纹银三千两，无票硃，统去伊信一封，言明在苏十月十六日照伊信无利交乾丰号收，其平照前，比我平每百（两）大三钱二分，交毕讨收条寄京。随封去张印坦老爷加级照一张，永和公信一封，及报之事，谅早收照矣。

　　今收会去义记圆硃关批足纹银二千一百两，与伊立去一千五百两、六百两会票各一张，均注定十月廿一日在苏见票无利交付，平比我平每百（两）大三钱八分，合空伊期一月，每千两贴我号费银七两。又德润泰圆硃关批足纹银二千两，立去会票一张，注定十月廿二日在苏见票无利交付，平照前比我平每百（两）大三钱八分，合空伊期一月，每千两贴过我号费银八两，至日均为妥交。兹有朱申菴二老爷经手，钱子密①官名应溥二老爷七月初二日在京借过我号京平九九松江银一百两，比我平共小三两八钱，有借帖一纸。此位系浙江拔贡，朝考以七品小京官用，伊已于八月间回里，明春转京路经苏郡，所借我号之银言及在苏归还之语，如伊将银送到，务必与其写收帖，注京之帐［账］，不必加利是妥，其借帖俟伊到京，在京两相更换可也。刻下京利四厘二毫五丝，松江色一两五钱。此上。

---

① "钱子密"，即钱应溥，字子秘，清浙江嘉兴人，拔贡出身，曾为曾国藩幕僚，并深受倚重。

（十月）十二日托正大局捎去百七十六次之信

于初十日托正大局捎去百七十五次之信，内报查大人恐在京多会借银两之事，现在苏号借伊一宗六千八百两，月三厘行息，一宗一万三千二百两，月二厘行息，共银二万两。倘伊在京用时望为交付，至于会规等情，祈兄等商酌而为。随统去平、沈等信三封，及报之事，谅早收照矣。十一日收接六十九次之信，会来义记足纹银二千一百两，德润泰足纹银二千两，均照票交付，并谕钱子密老爷还我号松江银一百两，照信办理，以及一切皆已领悉，无须介意。

今收会去正大协足纹银卅二两，比我平共大一钱，又吴次平老爷足纹银七百八十六两八钱八分，比我平每百（两）大四钱，贴过我号费银五两六钱三分，与伊等各立去会票一张，均注定在京见票无利交付，至祈妥交。再者，苏局明年正月到期之银不少，如有正月交项，望兄等竭力收会为祷。刻下苏利仍四厘五毫。此上。

（十月）十五日收接七十次之信　九月廿七日京申

启者，于廿三日托正大局捎去六十九次之信，内报收会去义记圆硊关批足纹银二千一百两，与伊立去一千五百两、六百两会票各一张，均注定十月廿一日在苏见票无利交付。又德润泰圆硊关批足纹银二千两，立去会票一张，注定在苏十月廿二日见票无利交付，其平均比我平每百（两）大三钱八分。并报朱申菴二少爷经手，钱子密官名应溥二老爷七月初二日在京借过我号原京平九九松江银一百两，比我平共小三两八钱，有借帖一纸。此位系浙江拔贡，朝考以七品小京官用，伊于八月间回里，明春转京路经苏郡，所借我号之银，言及在苏归还之语，如伊将银送到，务必与其写收据，注京之账，不必加利是妥，其借帖俟伊到京两相更换，及报之事，谅早收照矣。廿三、四日连接百六十四、五、六次之信，并百六十六次副信一封，会来戴洁如兄足纹银二百两，正大协足纹银一百两，符老爷足纹银一百四十一两四钱四分，德成堂足纹银九百卅两，俱照信票交付。统来苏局八月底结存银单一纸，平铺、汉局等信，内云诸事皆经逐宗收明领悉，无须计念。

今收会去兰台祝九爷京平关批足纹银八百两，无票砝，各以信为凭，言定在苏见信无利交付，比我平每百（两）小三两七钱，共贴我费银八两，此系继昌王五爷与伊会去之项，交毕讨收银回信寄京。又义记圆砝关批足纹银二千九百两，立去会票一张，注定在苏十月廿四日见票无利交付，比我平每百（两）大三钱八分，合共伊期一月，每千两贴过我号费银七两。又立成晋关批足纹银八百两，立去漕平九八兑会票一张，注定在苏十月廿四日见票无利交付，比我每百（两）小一两六钱二分，合共伊期一月，共贴我号费银六两四钱，至日均为妥交。

今统去平信二封，恒瑞庆等信二封，查收转致。刻下京利四厘，让日五七天，松江色一两五钱。此上。

（十月）十六日托正大局捎去百七十七次之信

于十二日托正大局捎去百七十六次之信，内报收会去正大协足纹银卅二两，比我平共大一钱；又吴次平老爷足纹银七百八十六两八钱八分，比我平每百（两）大四钱，与伊等各立去会票一张，均注定在京见票无利交付。并报苏局明正月内到期之银不少，至祈兄等如有正月交项，竭力收会。随统去汉局等信一总封，及呈一切，谅早收照矣。十五日收接七十次之信，会来兰台祝九爷足纹银八百两，义记足纹银二千九百两，立成晋足纹银八百两，均照票信交付。随统来平铺等信四封，所谕一切皆已收明领悉，勿须介意。

今统去平信一封，汉信一总封，又永立号三千两收条一纸，查收转致。刻下苏利四厘五毫，这两天显其活动。此上。

（十月）十八日托天成局捎去百七十八次之信

于十六日托正大局捎去百七十七次之信，内统去平信一封，汉信一总封。又永立号三千两收条一纸,及报之事,谅早收照矣。

今收会去庆大人漕平足纹银六百两,无票砝,随统去伊与孙石亭兄信一封,言定在京赶冬月半一准照信交付,其平比我平每百(两)大三钱四分,至祈妥交,交毕讨回信寄苏。今统去平、沈信二封,芜局等信四封【残】,苏地月息今天已涨至六厘,涨此利息【残】活动,皆因有数号往扬起镖办盐【残】好,此信到京,必须大众之信亦到,祈【残】苏利稍大,收会苏交之项能于多得贴费【残】会来以刻计之,即便会来,交期总在腊月【残】彼时之利,亦不能大快,报兄等知之。此奉上。

(十月)□□日收接七十一次之信　十月初二日申

【上残】月廿七日托天成局捎去七十次之信,内报收会去兰台祝【残】关批足纹银八百两,无票砝,各以信为凭,言定立苏见信无【残】比我平每百(两)小三两七钱,此系继昌王五爷与伊会去之项,交毕讨【残】或回信寄京。又义记圆砝关批足纹银二千九百两,立去会【残】张,注定十月廿四日在苏见票无利交付,平比我平每百(两)大三钱八分。【残】晋关批足纹银八百两,立去漕平九八兑会票一张,注定十月【残】见票无利交付,平比我平每百(两)小一两六钱二分,随封去平信二封,【残】二封,及报之事,谅早收照矣。

今收会去泰亨锦圆【残】八百两,又伊关批足纹银一千一百两,各立去会票一张,【残】在苏见票无利交伊八百两,月底交伊一千一百两,其平均【残】,合空伊期一月,共贴过我号费银十五两三钱五分,【残】去京局九月底结存银单一纸,庆恒钱店一百九十九两【残】条各一纸。又戴洁如兄二百两收条一纸,毓老爷【残】转致。刻下京利四厘,松江色一两五钱。此上。

(十月)□□□□□七十三次之信　十月初六日申

【上残】庆捎去七十二次之信,内报收会去伊号关批足【残】,十一月初五日在苏无利交付,其平照前年会过之平,【残】卫收会去永和公关批足纹银二千两，未立票砝，带去【残】一封，注定十月廿九日在苏见信无利交付，其平照前【残】东德成关批足纹银一千两，立去会票一张，注定【残】初一日无利交付，其平较去五十两钱砝一付［副］，系我号原平【残】足纹银三千两，在苏十二月初一日无利交付，其平照前，【残】一两一钱四分，及报一切之事，谅早收明矣。

今收会去泰亨锦【残】足纹银八百两，立去会票一张，注定十一月初六日在苏见【残】交付，平照前比我平每百（两）大三钱八分，合空伊期一月，共贴过我【残】银六两八钱，接口信云，与长发成定会苏交伊银三千两【下残】

（苏号致京号第一百七十九次信①）

【上残】交付，其平比我平每百（两）大三钱四分，交毕讨回信寄【残】至六厘，祈兄等乘此苏利稍好，收会苏交【残】贴费，望为陆续收会，即便会来，交期总在【残】彼时之利，亦不能大快。随统去平、沈等信六【残】早均为收照矣。再者会去庆大人之银，恐前信【残】，另封去伊交银地名条一纸，倘前信不到，至期将银【残】是祝。刻接七十一、三次之信，会来泰亨锦足纹银二【残】元庆足纹银七千两，永和公足纹银二千两，东德成【残】两，玉盛号足纹银三千两，长发成足纹银三千两，【残】足纹银三千五百两，均按期交付，随统来沈局等信二封，【残】九月底结存银单一纸，戴洁如兄等收条三纸，所谕【残】已收明领悉，无须介意。

今统去平信一封，汉寄京【残】泰丰长等信三封，查收转致。刻下苏地月息【下残】

（十月）□□日托正大局捎去百八十次之信

【上残】局捎去百七十九次之信，内统去平铺等信四封，汉【残】总封，

---

① 原信稿中该信前半部分残缺，结合上下文推断，应为苏号致京号第一百七十九次信。

又庆大人交银地名条一纸，恐前信在途不到【残】为交付是祝，并报之事，想早收照矣。今收会【残】纹银二百两，与伊立去会票一张，注定在京见票【残】其平票上批明，比我平每百（两）大二两二钱六分，又张应参【残】银二百两，无票砝，随统去伊信一封，至日【残】我平每百（两）小三两七钱，交毕讨收帖寄苏，至祈均【下残】

（京号致苏号第七十四次信①）

【上残】竟宝银，在苏二月廿五日无利交伊西批足纹银，如迟早交三五天，按苏时利扣加，刻下尚未立票较砝，俟后再报，此项已定平、苏过账，及报之事，随封去沈局等信二封，谅早均为收照矣。初八日收接百六十九次、百七十次信，随会来正大协足纹银五十两，练大老爷足纹银二百两，统来平、沈、汉、芜等信，并云一切之事俱已领悉矣。

今收会去同泰号圆砝关批足纹银五千两，立去会票一张，注定在苏见票无利交付，无砝，其平比我平每百（两）大三钱八分，每千两贴我号费银九两，至日妥交。今封去练大老爷二百两收条一纸查收。刻下京利四厘，松江色一两五六钱。此上。

（十月）廿七日收接七十五次之信　十月十二日申

启者，于十一日托同泰号捎去七十四次之信，内报收会去伊号圆砝关批足纹银五千两，立去会票一张，注定在苏见票无利交付，无砝，比我平每百（两）大三钱八分。随封去练大老爷二百两收条一纸，及报之事，谅早收照矣。十一日收接百七十一次之信，会来正大协九八五色银一百两，封来平铺等信，并云一切俱已领悉，无须介意。

今收会去叶恒泰关批足纹银一千两，立去会票一张，注定在苏十一月十一日见票无利交付，无砝，其平票上批明，比我平每百（两）大三钱二分，

---

① 原信稿中该信前半部分残缺，结合上下文推断，应为京号致苏号第七十四次信。

合空伊期一月，贴过我号费银八两二钱，至日妥交。

今封去平、沈、金、芜、庐信各一封，光泰信一封查收。刻下京利四厘，松江色一两五六钱。再，有六月十八日京寄苏四十五次信，内报苏会来正大协足纹银二百两，恒宅足纹银二百两，此二项之票二张在路被贼劫去，今正大与咱写来四百两收票一张，已将银如数交出，今将立来收票底据抄去一纸收阅。此上。

（十月）廿九日托正大局捎去百八十一次之信

于廿六日托正大局捎去百八十次之信，内报收会去正大协足纹银二百两，与伊立去会票一张，注定在京见票无利交付，其平票上批明，比我平每百（两）大二两二钱六分。又张应参老爷京平足纹银二百两，无票砝，随统去伊信一封，其平比我平每百（两）小三两七钱，至日照信交付，讨收帖寄苏。随统去平、沈信二封，汉信一总封，及呈之事，想早均为收照矣。同日收接七十四次之信，廿七日又收七十五次来札，会来同泰号足纹银五千两，叶恒泰足纹银一千两，均照票交付，并统来练大老爷二百两收帖一纸，平、沈等信六封，又正大协、恒宅二项收银底据一纸，所谕之事均已收明领悉，无须介意。

今收会去玉成美漕平足纹银五百八十两，无票信，言定在京见信无利交付，其平外较去我号五十两钱砝一付［副］，比我平每百（两）大三钱二分。此系伊伙刘、武二位会去之银，至日将银先交，俟砝到京，连今年三月内会去伊号漕平足纹银一百两，再为比兑。

今统去平信一封，汉信一总封，蔚盛（长）信一封，查收转致。苏利今天涨至八厘，银两仍缺。此上。

冬月初二日托天成局捎去百八十二次之信

于廿九日托正大局捎去百八十一次之信，内报收会去玉成美漕平足纹银五百八十两，无票信，言定在京见信无利交付，其平外较去我号五两钱砝一付［副］，比我平每百（两）大三钱二分。此系①伊伙刘、武二位会之银，至日将银先交，俟硁到京，连今年三月会去伊号漕平足银一百两之平一并比兑。随封去平信一封，汉信一总封，蔚盛（长）信一封，及报之事，谅早收照矣。

今收会去陞记漕平足纹银一千两，与伊立去会票一张，注定在京见票无利交付，无硁，其平票上批明，比我平每百（两）大二钱八分。又钟书舲老爷漕平足纹银一千两，无票硁，言定在京见信无利交伊少爷佩贤手收，讨收条寄苏，其平照前，比我平每百（两）大二钱八分，至祈均为妥交。

今封去苏号至十月底总结清折一个，平、沈信二封，汉信一总封。所有汉信内统黄傅绅兄信一封，因统为一封过厚，是以今托正大局另为捎去，至日均为查收转致。刻下苏利八厘，平和。此上。

广元庆带来　（冬月）初六日收接七十二次来札　十月初五日京申

启者，于初二日托正大局捎去七十一次之信，内报收会去泰亨锦圆硁关批足纹银八百两，又伊关批足纹银一千一百两，各立去会票一张，注定十月廿八日见票无利（交伊）八百两，月底交伊一千一百两，其平均比我平每百（两）大三钱八分，随封去京局九月底存银单一纸，庆恒钱店一百九十九两、符老爷一百四十一两四钱四分收条各一纸，毓老爷信一封，及报之事，谅早均为收照矣。初四日收接百六十七次之信，统来平铺等信，内云诸事俱已领明，无须计念。

今收会去广元庆关批足纹银七千两，无票硁，此信即系托伊号带去，言定十一月初五日在苏无利交付，其平照前年会过之平，比我平每百（两）小二两一钱，合共伊期一月，每千两贴我号费银七两五钱，其伊赴苏之伙，二位俱姓王，谅兄等亦该认识，至期妥交。又从卫收会去永和公关批足纹银二千两，未立票硁，带去咱无号信一封，注定在苏十月廿九日见信无利交

---

① 原信稿中此处有两个"系"字，应是误写，兹保留其一。

付，其平照前，比我号平每百（两）大三钱二分。又东德成关批足纹银一千两，与伊立去会票一张，注定在苏十一月初一日无利交付，其平较去五十两钱砝一付［副］，系我号原平，合共伊等路期一月，每千两贴我号费银六两。又玉盛号关批足纹银三千两，言定在苏十二月初一日无利交伊，其平照前，比我平每百（两）小一两一钱四分，合共伊期二月，共贴过我号费银四两五钱，立票与否，后首再报，至祈均为妥交。刻下京利四厘，松江色一两五六钱。此上。

（冬月）初七日托正大局捎去百八十三次之信

于初二日托天成局捎去百八十二次之信，内报收会去陞记漕平足纹银一千两，与伊立去会票一张，注定在京见票无利交付，其平票上批明，比我平每百（两）大二钱八分。又钟书舲老爷漕平足纹银一千两，无票砝，言定在京见信无利交伊少爷佩贤兄手收，讨收条寄苏，其平照前，比我平每百（两）大二钱八分。随统去苏局至十月底总结清抈［折］一个，平、沈信二封，汉信一总封，所有汉信内统黄傅绅兄信一封，同日托正大局另为捎去，并呈之事，谅早收照矣。

今收会去汪安记京平九八色银二百两，无票砝。与伊立去漕平九六兑九八色银二百两未封口无号信一封，注定在京腊月初十日见信无利交付，其平比我平每百（两）小三两七钱，至日妥交。

今统去平信一封，汉信一总封，查收转致。刻下苏地月利八厘，显迟。刻接七十二次之信，内情已领悉矣。此奉上。

同日收接七十六次之信　十月十五日京申

启者，于十二日托正大局捎去七十五次之信，内报收会去叶恒泰关批足纹银一千两，立去会票一张，注定在苏十一月十一日见票无利交付，无砝，其平票上批明，比我平每百（两）大三钱二分。并报六月十八日京寄苏四十五次信，内呈苏会来正大协足纹银二百两，恒宅足纹银二百两，此二项之票二张在路彼［被］贼窃去，今正大局与我号写来四百两收条一张，已将银如数交讫。随录去伊立来收据底稿一纸，平、沈、金、芜等信，及报之事，谅早收照矣。

今收会去同泰号圆砝关批足纹银二千五百两，立去会票一张，注定在苏见票一二天无利交付，平照前比我平每百（两）大三钱八分，每千两贴过我号费银九两。又从卫收会去莼香堂关批足纹银五百五十两，无票砝，统去伊信二封，言定在苏十一月十二日银信无利送交，其平即照前会过之平，比我平每百（两）小一两一钱，合共伊期一月，共贴过我号费银五两五钱，至祈均为妥交。

刻接卫信云，如荣于十二日顺抵天津，所带号信并用货，俟伊三二天到京，再报兄知。刻下京利四厘，迟。此上。

同日又收七十七次之信　十月十七日京申

启者，于十五日托天成局捎去七十六次之信，内报收会去同泰号圆砝关批足纹银二千五百两，立去会票一张，注定在苏见票一二天无利交付，平照前比我平每日大三钱八分。又从卫收会去莼香堂关批足纹银五百五十两，无票砝，统去伊信一封，言明在苏十一月十二日银信无利送交，其平即照前会过之平，比我平每百（两）小一两一钱，及报之事，谅早收照矣。十六日收接百六十八次，百七十二、三次之信，会来程覃叔兄足纹银廿两，又伊信一封，并还过京借爱日堂足纹银三万零五百两，又付过利纹银五百卅八两四钱五分，统来清单一纸，以及京收亨泰堂、李增荣兄足纹银卅两，封来伊未封口信一封，平铺、汉局等信，内云一切皆已收明领悉，无须介意。

刻下京利四厘，至于从口与长发成【下残】

《道光三十年五月至腊月蔚泰厚苏州与北京往来信稿》　79

（京号致苏号第七十八次信①）

【上残】银八两，至祈均为妥交，今统去平铺等信三封收阅。刻下京利四厘暗，有让日半月十天者。刻接百七十四次之信，统来蒋征蒲老爷实收照二张，蒋征陶老爷原贡照一张，实收照二张，苏局九月底存银扺［折］一个，松茂斋三百九十七两收条一纸，平、沈等信六封，以及诸事皆已收明领悉矣。

又统去沈信一封，茹益蕃兄信一封收转。所有沈信内封王荣晖兄之信，因其过厚，另托正大局捎去，至日查收。目下闻及户部有调议按二卯开指情形，大约廿四日即许奏，上准否未定，即便准时，年内恐赶不及上兑，自然是开春去了，尽有说冬月间上兑之语，预为报知。又统去文英用货单一纸，至日遇便陆续捎来。此上。

同日收七十九次之信　十月廿三日京申

启者，于廿日托正大局捎去七十八次之信，内报收会去同泰号圆砝关批足纹银二千两，立去会票一张，注定在苏见票一二天无利交付。又德润泰足纹银二千七百两，立去一千两、一千七百两会票各一张，注定十一月十九日在苏见票无利交一千两，廿日交一千七百两，其平俱照前，均比我平每百（两）大三钱八分。随统去平铺等信三封，沈局等信二封。另托正大局捎去王荣晖兄信一封，及报之事，谅早收照矣。

今收会去叶恒泰足纹银一千两，立去会票一张，注定十一月廿一日在苏见票无利交付，其平照前，比我平每百（两）大三钱二分，合共伊期一月，共贴我号费银八两二钱。又收会去兰台祝九爷关批足纹银九十二两，无票信，至日交伊亲收，平比我平共小三两四钱，此系王五爷与伊会去之项，念其相好，亦未贴费，至日均为妥交。

今统去沈信一封，敦和堂信一封收阅转致。刻下京利四厘迟，松江色一

---

① 原信稿中该信前半部分残缺，结合上下文推断，应为京号致苏号第七十八次信。

两六钱。此上。

（冬月）初九日托天成局捎去百八十四次之信

于初七日托正大局捎去百八十三次之信，内报收会去汪安记京九八色银二百两，无票砝，与伊立会去漕平九六兑九八色银二百两未封口无号信一封，注定在京腊月初十日见信无利交伊，其平比我平每百（两）小三两七钱。随统去平信一封，汉信一总封，及呈之事，谅早收照矣。同日收接七十六、七、八、九次之信四封，会来同泰号足纹银二千五百两，又伊足纹银二千两，莼香堂足纹银五百五十两，德润泰足纹银二千七百两，叶恒泰足纹银一千两，祝兰台兄足纹银九十二两，均按期交付。随统来平、沈等信八封，文英兄用货单一纸，并正大局另捎王荣晖兄之信一张，所谕前会来长发成之银已改过我号原平，以及诸事皆已照信逐宗收明领悉，无须介意。刻下苏地月息仍八厘，用主甚少。

今统去平、沈信二封，长芦贡局信一封，查收转致。再报目下苏地膘[标]金行情十四两四钱，虽是此价，概无买主，报兄等知之。此上。

（冬月）十三日托天成局捎去第吉次之信

于初九日托天成局捎去百八十四次之信，随封去平、沈等信三封，及报之事，谅早收照矣。

今收会去盛少老爷足纹银三千两，与伊立去会票一张，注定在京见票无利交付，外较去伊五十两钱砝一付[副]，比我平每百（两）大二两二钱。又德茂义我号平足纹银一百四十两，无票砝，随封去伊信一封，至祈均为妥交。今托联少爷捎去文英兄等用货油纸包二个，花名价值另统去一单，共用过我平足纹银四十六两八钱二分，注苏捎货账，其联少爷即是会去银三千两之盛少爷，至日查收。

今统去沈信、源益泰信、乐真堂信各一封，汉信一总封，查收转致。刻下苏利仍八厘迟。再，申甫仁台今天动身回里，报知。此上。

（冬月）十五日托正大局捎去二次之信

于十三日托天成局捎去吉次之信，内报收会去盛少老爷足纹银三千两，与伊立会去会票一张，注定在京见票无利交付，其平外较去伊五十两钱硪一付［副］，比我平每百（两）大二两二钱。又德茂义我号平足纹银一百四十两，无票硪，随封去伊信一封，至祈均照信票交付。并托联少爷捎去文英兄等用货油纸包二个，花名价值另统去一单，共用过号平足纹银四十六两八钱二分，注苏捎货账，其联少爷即是会去银三千两之盛少爷，至日查收。并统去沈局等信三封，汉信一总封，及报一切，谅早收照矣。

今收会去正大协漕平足纹银七十五两，与伊立去会票一张，注定在京见票无利交付，其平票上批明，比我平共大二钱五分。又魏大老爷（京）市平九九松江银三百一十五两，比我平每百（两）小一两七钱；又张大老爷京平九九松江银一百两，比我平共小三两七钱；又孟大老爷京平九九松江银八十五两，比我平共小三两一钱四分，随封去伊等信各一封，至祈均照信妥交，讨收帖寄苏，三宗共贴过我号费银五两。至于孟老爷之银，祈照伊信注地名妥交，倘无，顺便即着妥人与伊送去，所费酒资若干寄信题来，在苏与伊结楚。

今封去钟大老爷信一封，此信即系百八十二次信内会去伊银一千两之信，报知。又平铺、三益泰信各一封，查收转致。刻下苏利八厘，用主甚少。再者，今巨和源来苏安庄，闻及伊号亦未会来银两，倘后首可交接与否，祈台将伊号底业细为题来一笔。此上。

（冬月）十七日托正大局捎去三次之信

于十五日托正大局捎去二次之信，内报收会去正大协漕平足纹银七十五两，与伊立去会票一张，注定在京见票无利交付，其平票上批明，比我平共大二钱五分。又魏大老爷京市平九九松江银三百一十五两，比我平每百（两）小一两七钱；又张大老爷京平九九松江银一百两，比我平共小三两七钱；又孟大老爷京平九九松江银八十五两，比我平共小三两一钱四分，随统去伊等信各一封，俱在京见信交付，各讨收帖寄苏。至于孟大老爷之银，至祈照伊信注地名妥交，倘无，顺便即着妥人与伊送去，所需酒资若干寄信题来，在苏与伊结楚。并呈巨和源来苏安庄，闻及伊亦未曾会来银，倘后首可交接与否，祈再信题来一笔。随统去钟大老爷信一封，此系百八十二次信内会去伊银一千两之信，又平信、三益泰信各一封，以及之事，谅早收照矣。

今收会去正大协足纹银三百两，比我平每百（两）大二两，又伊我号平足纹银十九两七钱八分，又伊我号平杭饷银四十两五钱，与伊各立去会票一张，俱注定在京见票无利交付，其平票上批明，所有杭饷银京、苏以足纹银过账，至祈妥交。

今统去汉信一总封，鲁永兴兄信一封，查收转致。刻下苏利仍八厘，迟。此上。

（冬月）廿日收接八十次之信　十月廿九日申

启者，于廿三日托天成局捎去七十九次之信，内报收会去叶恒泰关批足纹银一千两，立去会票一张，注定在苏十一月廿一日见票无利交付，其平照前，比我平每百（两）大三钱二分；兰台祝九爷关批足纹银九十二两，无票信，至日交伊亲收，平比我平共小三钱四分。随封去沈局等信三封，及报之事，谅早收照矣。

今收会去泰亨锦圆砝关批足银一千两，与伊立去会票一张，注定十一月廿七日在苏见票无利交付，平比我平每百（两）大三钱八分，合空伊期一月，贴过我号费银八两，至日妥交。所有前报开捐之说，今有御史调奏，定于不开，报知。

今封去平、沈等信五封收转。刻下京利四厘，让日半月廿天，松江色一两六钱。此上。

同日收接八十一次之信　　冬日初二日申

启者，于前月廿九日托正大局捎去八十次之信，内报收会去泰亨锦圆砝关批足纹银一千两，立去会票一张，注定在苏十一月廿七日见票无利交付。随封去平、沈等信五封，及报之事，谅已收照矣。初一日连接百七十五次信二封，又百七十六、七次信，会来何照纶兄足纹银三百四十两，正大协足纹银卅二两，吴次平老爷足纹银七百八十六两八钱八分。统来平、沈、汉局等信，永立号三千两收条一纸，内云诸事皆已领明矣。

今收会去泰亨锦圆砝关批足纹银一千两，立去会票一张，注定十二月初一日在苏见票无利交付，平比我平每百（两）大三钱八分，合空伊期一月，贴过我号费银八两。又徐郁堂兄九九苏它银四十六两，比我平共小一两七钱，无票据，统去伊信一封，至日银信妥交。源盛号圆砝关批足纹银一百八十两，立去会票一张，注定在苏见票无利交付，平比我平每百（两）大三钱八分，共贴过我号费银一两五钱。又从卫收会去永顺号关批足纹银二千两，永立号关批足纹银四千两，永和公关批足纹银四千两，俱未立票砝，各带无号信一封，均注定在苏十一月底见信无利交付，其平照前会过之平，比我平每百（两）大三钱二分，合空伊等路期卅余天，每千两贴我号费银六两。所有前报从口与永兴玉定会祁收苏交伊银三千五百两，今从口与伊立去会票一张，注明在苏来年二月廿日无利交伊西批足纹银，如迟早交三五天，按苏时利扣加，较去伊五十两钱砝一付［副］，比口砝每百（两）大五钱四分，此宗则已平苏过账。再，百七十五次信二封，想是错次数，至日改正为是。①

今封去京局十月底结存银单一纸，沈局等信三封收阅。刻下京利四厘，让日半月廿天，松江色一两六钱。开捐之情，今天又闻及初六或初九日许有

---

① 信中所谓"百七十五次信二封"，实则不然，通览信稿后发现第一百七十五次信仅一封，第一百七十四次信有两封。

奏上之信，俟后果开，急报兄等知之，否则不需再报矣，其年内赶开情形，缘非转元年之声名也。此上。

（冬月）廿一日托天成局捎去四次之信

于十七日托正大局捎去三次之信，内报收会去正大协足纹银三百两，比我平每百（两）大二两，又伊我号平足纹银十九两七钱八分，又伊我号平杭饷银四十两五钱，与伊各立去会票一张，均注定在京见票无利交付，其平均票上批明，所有杭饷银京、苏以足纹银过账。随封去汉信一总封，鲁永兴兄信一封，及报之事，谅早收照矣。廿日收接八十次、八十一次之信二封，会来泰亨锦足纹银二千两，徐郁堂兄九九银四十六两，统来伊信一封，又源盛号足纹银一百八十两，永顺号足纹银二千两，永立号足纹银四千两，永和公足纹银四千两，均按期照信票交付，并与永兴玉兄立过票砝等情，随封来京号十月底结存银单一纸，平、沈等信八封，俱已照信收明领悉，勿须介意。

今接叶大人来信，云及教致信京号，有永春直隶州知州王光锷大老爷押贡进京引见，恐所带之银不敷使用，欲在我京号借用银三四百两，至日如伊不用则已，倘若用时，令伊讨来相熟之人再为交付，所有会费等银在京与伊言定立票，在苏还咱，此系【下残】

（京号致苏号第八十二次信①）

【上残】平无砝，系我号原平，共贴过我号费银三两，至日妥交。昨托日兴蔚捎去世德全托我号在苏代伊收皮票四张，共计元银一千一百三十八两，苏号用缙绅一部。又托立成晋王爷捎去广发成皮票三张，共元银二千五百二十二两，靳三爷布包一个，伊信一封，至日查收。所有世德全等之皮票，俟期照票与伊收存是妥。今封去何照纶兄三百四十两、庆大人六百两收各（条）一纸，平信一封，松二老爷信一封，查收转致。刻下京利四厘，

---

① 原信稿中该信前半部分残缺，结合上下文推断，应为京号致苏号第八十二次信。

让日半月廿天，松江色一两六钱。

今收会去同兴号圆砝关批足纹银二千一百两，无票砝，带去无号信一封，注定在苏十二月初六日无利交付，平比我平每百（两）大四钱，合空伊期一月，每千两贴我号费银十两五钱。又易顺昌关批足纹银一千五百两，立去会票一张【下残】

（苏号致京号第五次信①）

【上残】平、沈等信三封，及呈之事，谅早均为收照矣。同日收接八十二次之信，会来正和倪足纹银三百两，同兴号足纹银二千一百两，易顺昌足纹银一千五百两，均按期交付。随封来平铺等信两封，何照纶兄、庆大人收条各一纸，并谕诸事皆已收明领悉，无须介意。所有日兴蔚、立成晋捎之世德全、广发成皮票，以及苏号用缙绅尚未收到，俟收之日，再为奉报。

今统去平信一封，蔚盛（长）等信两封，又徐郁堂兄四十六两收条一纸，查收转致。刻下苏地月息明虽八厘，暗有七厘出者，用主仍少。此上。又封去东德成要信一封，至日祈台等与伊速转为祷，伊号今次来苏，带来哈咯廿余包，现因苏地行市不好，尚未卖出，于十四日借过我号足纹银四百两，在苏来年二月对日还，共扣过伊现利银十二两。又据伊云及，亦已在苏长住，所借我号之银现有伊哈咯存放，谅该无差，倘伊后首或借或会银两，致祈台等察听，或可交与否，寄信示明是祝。又及。

（冬月）廿八日托正大局捎去六次之信

于廿四日托正大局捎去五次之信，随封去东德成要信一封，并报伊今次来苏带来哈咯廿余包，现因苏地行市不好，尚未卖出，于十四日借过我号足纹银四百两，在苏来年二月对日还。又据伊云及，亦已在苏常住，所借我号

---

① 原信稿中该信前半部分残缺，结合上下文推断，应为苏号致京号第五次信。

之银，现有哈咯存放，谅该无错，倘伊后首再要借会银两，或可交与否，寄信示明。并封去平信一封，蔚盛（长）等信两封，徐郁堂兄四十六两收条一纸，及呈一切，谅早收照矣。

今收会去何照纶兄库平九九色银一百两，比我平共大二两四钱，随统去伊信一封，至祈照信交付，讨收条寄苏。又正大协漕平足纹银一百零四两，与伊立去会票一张，注定在京见票无利交付，其平票上批明，比我平共大三钱四分。又敦和堂漕平足纹银一千五百两，又伊号漕平足纹银四百七十两，瑞兴号漕平足纹银三百廿两，三宗俱无票砝，随统去伊等信三封，言定在京见信照信无利交付，其平均比我平每百（两）大三钱二分。又程覃叔老爷足纹银三百两，比我平每百（两）大三钱二分，随统去伊信一封，至祈照信交伊，讨收帖寄苏，至祈均为妥交。再，有钱子密兄在京会借过我号京平九九色银一百两，比我平共小三两八钱，今天亦如数收乞［讫］，与伊立去收帖一纸，俟伊到京，祈为更换，至日将此项作为苏收京交之银。随统去伊与仁台信一封，平信一封，汉信一总封，大德玉等信两封，查阅转致。刻下苏利六厘，用主仍少。此上。

腊月初二日托天成局捎去七次之信

于前月廿八日托正大局捎去六次之信，内报收会去何照纶兄库平九九银一百两，比我平共大二两四钱，程覃叔老爷漕平足纹银三百两，比我平每百（两）大三钱二分，统去伊等信二封，至祈照信交付，讨收条寄苏。敦和堂漕平足纹银一千五百两，又伊号漕平足纹银四百七十两，瑞兴号漕平足纹银三百廿两，三宗各有信一封，均在京见信无利交付，其平均比我平每百（两）大三钱二分。又正大协漕平足纹银一百零四两，与伊立去会票一张，注定在京见票无利交付，其平票上批明，比我平共大三钱四分。又钱子密兄在京借过我号京平九九银一百两，比我平共小三两八钱，亦已在苏照数收乞［讫］，与伊立去收帖一纸，俟伊到京祈为更换。随统去伊与仁台信一封，平信一封，汉信一总封，大德玉等信二封，并呈一切，谅早收阅矣。昨收天津寄来无号信二封，随会来永立号足纹银六千两，林大爷足纹银二百一十五两八钱，业经照信交乞［讫］矣。

今广元庆在苏会借过我号漕平足纹银一千两，无票砝，伊与我号立来未封口信一封，注定在京见信无利还我号，平比我平每百（两）大四钱，在苏共扣过伊利费银廿两，至祈收索。随统去伊立来一千两银信一封，苏号至冬月底结存银折一个，平、沈信两封，汉信一封，源益泰等信三封，查收转致。刻下苏利七厘，用主仍少。此上。

（腊月）初三日收接八十三次之信　冬月初九日申

于初六日托正大局捎去八十二次之信，内报收会去正和倪关批足纹银三百两，立去会票一张，注定十二月初五日在苏见票无利交付，如要早用三五天亦可交伊，其平无砝，系我号原平。同兴号圆砝关批足纹银二千一百两，无票砝，带去无号信一封，注定在苏十二月初六日无利交付，平比我平每百（两）大四钱。易顺昌关批足纹银一千五百两，立去会票一张，注定在苏腊月廿四日见票无利交付，无砝，其平票上批明，照去年会过之平，比我平每百（两）小一两六钱六分。并报托日兴蔚捎去世德全托我号在苏代伊收皮票四张，共计元银一千一百三十八两，苏号缙绅一部。又托立成晋王爷捎去广发成皮票三张，共元银二千五百二十二两，靳三爷布包一个，伊信一封，并报世德全等之皮票，俟期与伊收存苏号，及报之事，随封去何照纶兄三百四十两、庆大人六百两收条各一纸，平铺等信二封，谅已收照矣。是日收接百七十九次之信，统来平、汉等信，内云之事皆已领明矣。

今收会去同泰号圆砝关批足纹银七百两，立去会票一张，注定十二月初八日在苏见票无利交付，其平照前，比我平每百（两）大三钱八分，合空伊期一月，共贴过我号费银七两七钱。又从卫收会去永顺号经手林大爷关批足纹银二百一十五两八钱，永立号足纹银六千两，俱无票砝，各带去无号信一封，均注定在苏本月底见信无利交付，平比我平每百（两）皆大三钱二分，二号共贴过我号费银四十三两二钱，至日均为妥交。再，有前统去瑞兴号之信，如伊伙在苏即可交付，倘已出外，照伊信批速觅妥人与伊专送为妥，所费脚力计伊之账均可。刻下京利四厘，皆因会通源、日升昌借银往苏起标之故，所以暂时不让日期。其银数二号总在十几万两，大约三二天内即可动身，报知。

今封去丙常信一封收转。再者，耳闻苏州元宝每宝申色银五六钱，至会通等所去之银俱是在京炉房定化元宝，报知。今天会通源送去银八万（两）之谱。此上。

同日收接八十五次之信　冬月十二日申

启者，于初十日托正大局捎去八十四次之信，内报广元庆倘在苏要会用银一二千两，祈兄应承，会规利息在苏随时合算办理，教伊立票，在京见票交还。以及潘仁孚源记倘向我号会用银万数八千两，可否题来一笔，及报之事，随封去沈信一封，谅早收照矣。

今收会去谦祥号圆砝关批足纹银五千两，无票砝，带去无号信一封，注定在苏十二月十一日见信无利交付，平比我平每百（两）大四钱，合空伊期一月，每千两贴我费银十一两五钱。又从卫收会去玉盛号关批足纹银四千两，立去会票二张，注定在苏腊月初四、十五日见票无利各交伊银二千两，其平无砝，比我平每百（两）小一两一钱四分，共贴过我号费银二十八两。所有前从卫会过伊银五千两，今从卫按原日与伊立去会票二张，注定在苏十一月初八日无利交伊银二千两，腊月初一日无利交伊银三千两，至祈均为妥交。刻下京利四厘，松江色一两六钱。今收会去袁义兴号漕平足纹银四百七十两，立去会票一张，无砝；源馨号足纹银二百两，立去会票一张，较去伊五十两钱砝一付［副］，均注定在苏十二月初十日见票无利交付，其平均比我平每百（两）大四钱，共贴过我号费银七两三钱七分，至日妥交。又从口与汇圆庆定会苏收伊西批足纹银一万两，在口年标交伊银五千两，下余银五千两自来年正月初一日按口定开之利与伊行息，四月标在京还伊足纹银，我号在苏来年三月初五日无利收伊，合空我号期六十五天，每千两贴伊银二两，或立票砝否，俟后再报。又与正祥号定会银五千两，与伊立去无号信，注定在苏十二月廿五日无利交伊圆砝关批足纹银，平比我平每百（两）大四钱，伊在京十二月十五日交我号，每千两贴我费银十三两五钱，至日妥交。又封去奏折一纸收阅。此上。

（腊月）初四日托正大局捎去八次之信

于初二日托天成局捎去七次之信，内报广元庆在苏会借我过号漕平足纹银一千两，无票砝，立来会票未封口信一封，注定在京见信无利还我号，平比我平每百（两）大四钱。随统去伊与我号立来一千两信一封，苏号至冬月底结存银折一个，平、沈、汉局等信六封，并呈一切，谅早收照矣。初三日收接八十三、五次之信，会来同泰号足纹银七百两，谦祥号足纹银五千两，玉盛号足纹银四千两，袁义兴号足纹银四百七十两，源馨号足纹银二百两，正祥号足纹银五千两，又苏收汇圆庆西批足纹银一万两，均按期收交。随封来平信奏折，并云一切俱已领悉，无须介意。

今收会去正大协漕平足纹银五十三两九钱，与伊立去会票一张，注定在京见票无利交付，其平票【残】，比我平共大一钱八分，至祈妥交。所有前信呈报苏号正【残】之银不少，祈台等可收来年正月苏交之项，前信【残】，想台等亦已照信收会矣。至于源记会借银两【残】时即可交付，总教伊立票，在苏填号还咱。

今封去平信一封，蔚盛（长）等信二封收转。刻下苏利七厘、六厘五毫，用主仍少。此上。

（腊月）初六日收接八十四次之信　冬月初十日申

启者，于初九日托天成局捎去八十三次之信，内报收会去同泰号圆砝关批足纹银七百两，立去会票一张，注定十二月初八日在苏见票无利交伊，平照前比我平每百（两）大三钱八分。又从卫收会去永顺号经手林大爷关批足纹银二百一十五两八钱，永立号关批足纹银六千两，俱无票砝，各带去无号信一封，注定本月底在苏见票信无利交付，其平皆比我平每百（两）大三钱二分，及报之事，随统去丙常信一封，谅已收照矣。

今天户部奏开筹饷事例，已奉旨依议其条款，俟后议出即报兄等知之。再，有广元庆倘在苏要会用银一二千两，祈兄应承，会规利息在苏随时合算办理，教伊立票，在京见票交还可也。

今封去沈信一封收阅。刻下京利四厘，松江色一两六钱。再，潘仁孚源记倘向咱号会用银万数八千两，可否题来一笔。此上。

同日收接八十六次之信　冬月十六日申

启者，于十二日托天成局捎去八十五次之信，内报甚繁，随录去原底一纸收阅。

今收会去谢万祥圆砝关批足纹银二千两，立去会票一张，注定在苏十二月十六日，在苏见票无利交付，比我平每百（两）大四钱。此项于初三日存在我号，合空伊期四十余天，每千两贴我号费银八两。所有前与正祥号定会苏交伊银五千两，今改立德祥恒无号信一封，平码交期俱照前报，至祈均为妥交。刻接百八十一次之信，会来正大协足银二百两，张应参老爷足纹银二百两，统来伊信一封，平、沈、汉局等信，内云之事已领明矣。

今封去平信两封收阅。目下京利四厘、四厘二毫五丝。此上。

（腊月）初八日收接八十七次之信　冬月十九日申

启者，于十六日托正大局捎去八十六次之信，内报收会去谢万祥圆砝关批足纹银二千两，立去会票一张，注定在苏去十二月十六日无利交付，平比我平每百（两）大四钱。并报前与正祥号定会苏交伊银五千两，又改立德祥恒无号信一封，平码交期仍照前报，及报之事，随封去平信二封，谅已收照矣。十八、九日收接百八十二、三次信，会来玉成美足纹银五百八十两，陞记足纹银一千两，钟书舲老爷足纹银一千两，统来苏局十月底总结存银折一个，平铺、汉局等信，内叙之事，又另捎来黄傅绅兄信一封，皆已收明矣。

今收会去万全号关批足纹银一千两，无票砝，各以信为凭，言定腊月十八日无利交付，平照前比我平每百（两）大三钱八分，合空伊期一月，贴过我号费银十一两。源泰号圆砝关批足纹银五百两，无票砝，带去无号信一封，注定在苏腊月廿八日见信无利交付，平比我平每百（两）大三钱六分，合空伊期四十天，贴过我号费银五两，□日均为妥交。

今封去沈信一封，长芦贡局等信二封，查收转致。刻下京利四厘、四厘二毫五丝。此上。

（腊月）初九日托正大局捎去九次之信

于初四日托正大局捎去第八次之信，内报收会去正大协漕平足纹银五十三两九钱，与伊立去会票一张，注定在京见票无利交付，其平票上批明，比我平共大一钱八分。并呈源记会借银两之说，如伊用时，祈为交付，总教伊立票，在苏填号还咱。随统去平铺等信，谅早均为收照矣。初六、八日收接八十四、六、七次之信三封，随会来谢万祥号足纹银二千两，万全号足纹银一千两，源泰号足纹银五百两，均按期交付。统来平、沈等信六封，以及与正祥改立德祥恒无号信，并云一切俱已领悉，无须介意。

今封去平、沈信两封，汉信一总封，永和公等信两封，查收转致。刻下苏利六厘五毫、六厘，用主仍稀。再，源记如会借银一二万两，亦可交付。此上。

【上残】局捎去第十次之信

【上残】之信，随封去平、沈信二封，汉信一总【残】

今收会去觉常、罗常大【残】一张，注定在京【残】比我平【残】和永【残】讲明，伊与伊锦州号内寄信，嘱其准要挑选好宝送京，万不能以讲定成色而宝含糊交代，况王某之人住苏多年，时常与我号交往生意，其人之性亦最是爽直，谅无错谬，报台等知之。此上。

（腊月）十三日托正大局捎去十一次之信

于初十日托天成局捎去第十次之信，内报甚繁，今录去原底一纸收阅。

今收会去毓老爷漕平足纹银一千八百六十两，与伊立去一千五百两、二百两、一百两、三十两、三十两会票各一张，均注定在京见票无利交付，其平均票上批明，比我平每百（两）大三钱，至祈妥交。今托广元庆记捎去华峰闫记用货油纸包二个，今统去花名结价单一纸，共用过本平足纹银五十五两五钱二分，至日查收，望注苏捎货账。再，有日兴蔚捎世德全之皮票并摺绅均已收到，报知。

今封去平、沈信二封，汉信一总封，又沈玉庭兄信二封，查收转致。刻下苏地月息六厘，五厘五毫，用主仍少。此奉上。

（腊月）十六日收接八十八次之信　冬月廿三日申

启者，于十九日托正大局捎去八十七次之信，内报收会去万全号关批足纹银一千两，无票砝，各以信为凭，言定在苏腊月十八日无利交付，平照前比我平每百（两）大三钱八分。源泰号圆砝关批足纹银五百两，无票砝，带去无号信一封，注定在苏腊月廿八日见信无利交付，平比我平每百（两）大三钱六分，随封去沈局等信三封，及报之事，谅早收照矣。

今收会去同泰号圆砝关批足纹银三千两，立去会票一张，注定在苏腊月廿五日见票无利交付，平照前比我平每百（两）大三钱八分，合空伊期卅余天，每千两贴我号费银十两。又从口与广发成定会苏交伊银五千两，言定来年三月初一日无利交伊西批足纹银，伊月初一日按口定开之利，口规与我行息，在京、口四月标至五月节即便还，合空伊期二月，每千两贴我号费银四两，立会票与否，是何平码，俟后再报。至于筹饷事例，虽奉旨依议，旋有御史调奏，令查各省欠项，是以暂停部议，或是如何，总在明年定见，报兄知之。

今封去张应参老爷二百两收条一纸，王仁甫兄信一封收转。刻下京利四厘、四厘二毫五丝，松江色一两五钱。此上。

同日收接八十九次之信　　冬月廿六日申

启者，于廿三月托天成局捎去八十八次之信，内报收会去同泰号圆砝关批足纹银三千两，立去会票一张，注定在苏腊月廿五日见票无利交付，平照前比我平每百（两）大三钱八分。又从口与广发成定会苏交伊银五千两，言定来年三月初一日无利交伊西批足纹银，伊自正月初一日按口定开之利，口规与我号行息，在京、口四月标至五月节便还，立票砝与否，俟后再报，及报之事，随封去张应参老爷二百两收条一纸，王仁甫兄信一封，谅早收照矣。

今收会去全兴隆关批足纹银一千两，无票砝，各以信为凭，言定腊月底在苏无利交伊伙马泰兄亲收，平比我平每百（两）大三钱八分。据伊号言及，此位在苏多年，想兄等亦该认识，交毕讨收条寄京，合空伊期卅五天，贴过我号费银十二两，至日妥交。今封去平信一封收阅。刻下京利四厘，松江色一两五钱。今收会去玉盛号关批足纹银二千两，已定不立票砝，言定在苏来年正月十五日无利交付，其平照前，比我平每百（两）小一两一钱四分，合空伊期五十余天，共贴过我号费银十两，交毕讨收条寄京。颐生祝大爷关批足纹银一百九十两，与伊立去会票一张，注定在苏见票无利交付，平比我平每百（两）小三两八钱，贴过我号费银二两八钱五分。刻接百八十四、五次之信，会来汪安记九八银二百两，统来平、沈、汙［汉］局等信，内云之事已领明矣。此上。

同日收接九十次之信　　初三日申

启者，于前月廿六日托正大局捎去八十九次之信，内报收会去全兴隆关批足纹银一千两，无票砝，各以信为凭，言定在苏腊月底无利交伊伙马泰兄亲收，平比我平每百（两）大三钱八分，据伊言及，此位在苏多年，想兄等亦该认识，交毕讨收条寄京。又从卫收会去玉盛号关批足纹银二千两，已定不立票砝，言明在苏来年正月十五日无利交付，其平照前，比我平每百（两）小一两一钱四分，交毕讨收条寄京。颐生祝大爷关批足纹银一百九十两，立去会票一张，注定在苏见票无利交付，平比我平每百（两）小三两八钱，及报之事，随封去平信一封，谅已收照矣。初一日收接吉次之信，会来盛少老爷足纹银三千两，德茂义足纹银一百四十两，并联少爷捎之用货，统来沈、汉等信，结价花名折一个，所用之银已注苏账，以及一切皆已领明矣。

今收会去瞩远斋关批足纹银一百两，无票据，各以信为凭，言定在苏腊月廿五日无利交伊，平比我平共大四钱，贴过我号费银一两四钱。又从卫收会去永顺号关批足纹银四千六百两，无票砝，带去无号信一封，言明在苏十二月廿六日见信无利交付，平照前比我平每百（两）大三钱二分，共贴我号费银卅六两八钱。又与伊号定会银三千两，永立号定会银二千两，各立去会票一张，均注定在苏来年二月十五日见票无利交付，其平照前，比我平每百（两）大三钱二分，伊等在津来年正月十五日交我号，共贴我号费银卅三两二钱。又收会去高大老爷关批足纹银二百七十两，立去会票一张，注定在苏见票无利交付，无砝，其平照前，系我号原平，贴过我号费银二两七钱七分。莼香堂关批足纹银五百五十两，无票砝，统去伊信一封，言明在苏腊月底银信无利交付，平比我平每百（两）小一两一钱，贴过我号费银五两。

今封去京局冬月底结存银单一纸，沈信一封，广发成与兄等信一封。另托天津永顺号捎去春帆李大爷纸包一个，至日均为查收转致。刻下京利四厘，松江色一两五钱。今从口与三发永定会银四千两，言明在苏来年三月初十至十五日无利交伊西批足纹银，在口年四标收伊足宝银，所迟日期按正月初一日随市加息，每千两贴我号费银三两，立票砝与否，俟后再报。心纯与鳞修廿八日平顺抵京，询及兄等尊府各为清泰，勿须远念。又封去钟大老爷一千两收条一纸，查收。此上。

（腊月）十八日托正大局捎去十二次信

于十三日托正大局捎去十一次之信，内报收会去毓老爷漕平足纹银一千八百六十两，与伊立去一千五百两、二百两、一百两、卅（两）、卅（两）会票各一张，其平均票上批明，比我平每百（两）大三钱。并报托广元庆捎去华峰阁记用货油纸包二个，随统去花名结价单一纸，共用过号平纹银五十五两五钱二分，以及一切，并统去平、沈、汙［汉］局等信四封，谅早均为收照矣。十六日收接八十八、（八十）九次、九十次之信三封，随会来同泰号足纹银三千两，广发成西批足纹银五千两，全兴隆足纹银一千两，玉盛号足纹银二千两，颐生祝大爷足纹银一百九十两，瞩远斋足纹银一百两，永顺号足纹银四千六百两。又伊号足纹银三千两，永立号足纹银二千两，高大老爷足纹银二百七十两，莼香堂足纹银五百五十两，三发永西批足纹银四十两，均按期交付。随统来平、沈等信，并张应参老爷、钟大老爷收条各一纸，所谕诸事皆已收明领悉，无须介意。

今收会去正大协漕平九三兑足纹银二百两，与伊立去会票一张，注定在京见票无利交付，其平票上批明，比我平每百（两）小六两七钱。

今封去平、沈信各一封，武临泰信一封，查收转致。刻下苏利六厘、五厘五毫，用主甚少。此上。

（腊月）廿一日托正大局捎去十三次信

于十八日托正大局捎去十二次之信，内报去收会去正大协漕平九三兑足纹银二百两，与伊立会去票一张，注定在京见票无利交付，其平票上批明，比我平每百（两）小六两七钱，并呈一切，随封去平、沈等信三封，谅早均为收照矣。

今收会去翼南张大老爷京平足纹银五百两，比我平每百（两）小三两七钱；又伊京市平足纹银二百五十两，比我平每百（两）小一两七钱；又伊京平九九松江银六百七十五两，比我平每百（两）小三两七钱；又伊京平九九松江银四【下残】

《咸丰元年十月至二年八月日升昌清江浦致京师信稿》

信稿简介

  本信稿收录于《晋商史料集成》第 2 册第 104—201 页，外包土黄色布质封皮，打开封皮有蓝色封面和封底，封面有"咸丰元年九月吉记"和"合盛元京信稿"两个题签。正文共 94 页，187 面，近 4 万字。信稿由草书毛笔书写，字迹清晰，但部分文字识别难度较大。整册信稿共包括 75 封信，从清咸丰元年（1851）十月十六日天顺局寄去第五十二次信到咸丰二年（1852）八月廿四日专脚天元局送京第百廿四次信，其中编号清楚且内容完整者有 74 封，第五十二次信因纸张大面积破损，导致内容残缺较多，其余书信基本保存完整。

  《晋商史料集成》将其命名为《咸丰元年九月合盛元京信稿》，可是经过对该信稿的进一步整理和解读，我们发现其封面题签信息有误，主体并非合盛元票号，而是日升昌票号。

  首先，比较容易确定的是该信稿的收寄双方。信稿中每封信的标题均是"×月托××局寄京××次信"的结构，再根据信中内容出现大量"随会来浦""讨一收条寄浦""咱浦号""速寄来浦"等能够表明写信主体的语句，可以得知，该信稿收信方为北京分号，寄信方为浦号，即江苏清江浦。另外，第一百一十四次信中记录了平号对清江浦分号收庄的业务指令："再报，今接平铺来信云：与各马头均已有信，清江已定收庄，归于扬号，以今年年底为止。"① 因此，可以肯定该信稿的主体是一家平遥帮的票号。

其次，以"十一月廿一日天顺局寄京第六十次信"中的"浙江主考吕贤基大人"为突破口。据《清实录》载，咸丰元年六月，"以工部左侍郎吕贤基为浙江乡试正考官，翰林院编修沈桂芬为副考官"②。由此可断定此信稿为咸丰元年无误。又，《江苏票号史》载："在江苏清江浦曾开设分号的平遥帮票号只有日升昌和蔚丰厚。"③ 对同一时期日升昌和蔚丰厚两家票号的分号开设情况进行比对可以发现，该信稿中的河口、广州、开封、济南、张家口等5处分号，与蔚丰厚票号的分号分布不符，也就是说，蔚丰厚未曾在此5地开设分号，相反，与日升昌票号的分号分布基本一致，则判定该信稿的主体为日升昌票号。

综上所述，可将该信稿定名为《咸丰元年十月至二年八月日升昌清江浦致京师信稿》。

信稿录文

十月十六日天顺局寄京第五十二次信

于初十日天顺局【残】足宝银一百零三两五钱【残】在京见票无利交还【残】随统金景权五十两收条一纸，又浦【残】寄裕泰银号照信一封，谅该收阅矣。

---

① 《咸丰元年九月合盛元京信稿》，刘建民主编：《晋商史料集成》第2册《信函、信稿1》，商务印书馆2018年版，第185页。
② 王炜编校：《〈清实录〉科举史料汇编》，武汉大学出版社2009年版，第827页。
③ 高贯成主编：《江苏票号史》，中国金融出版社2007年版，第138页。

今收会过在扬见票交银五百五十两，会式①尚未结算。又收会广见信交番银五十两，在浦收足银，净得路期。随统浦寄平一信，又浦寄王宝晋一信，又黄师杰寄王宝晋一信，至祈收转②。专此。

十月廿二日天元局寄京第五十三次信

于十六日天顺局寄去第五十二次信，随统浦③寄平一信，又浦寄王宝晋一信，黄师杰寄王宝晋一信，谅该收阅矣。十九日收接第卅次信④，并陈立中两万两收条一纸。又信一封，李春礼一百两收条一纸，平寄浦一信，王允逊、赵作宾各一信，均已收明领悉。随会来浦见票交王名下⑤足纹银一百两，刻已照票交讫。聚发源捎浦高丽参等物，刻尚未到。

今收会过张少老爷漕平足纹银六百两，与伊立去会票一张，无利，其平比本合砝每百（两）【残】收过伊原色银，得路期外，贴过咱会费【残】照票交给，随统玉隆德托寄祁一信。又伍兰舫一信，又裕兴钱店寄天津益盛当一信，外粘附代伊赎当用钱花单一纸，至祈转捎天津为望。

再报，于昨日有一张君竹老爷执咱由京十月初八日与伊所立一百两漕平足银会票一张，注在浦见票无利交还，其平比本平共大四钱，此项尚未接京信，看笔迹图章不错，已当即支付。

十月廿四日正大局寄京（第）五十四次信

于廿二日天元局寄去第五十三次信，内报收会过张少老爷漕平足纹银六百两，与伊立去会票一张，注在京见票无利交还，无砝，其平比本合砝每

---

① "会式"，即汇兑的各项具体指标。
② "至祈收转"，即为希望京号接收转捎。
③ "浦"，指清江浦，现为江苏省淮安市清江浦区。
④ "第三十次信"，指的是从北京分号寄往清江浦分号的第三十次信。
⑤ "王名下"，特指王姓某人，通常是票号较为熟悉的主顾。

百（两）大四钱兑交。① 随统玉隆德托寄祁一信，又伍兰舫一信，又裕兴钱店寄天津益盛当一信，外粘附代伊赎当用钱花单一纸，至祈转捎天津为望，谅该收阅矣。

今收会过正太局漕平足色纹银卅两，与伊立去会票一张，注在京见票无利交还，无砝，其平比本平共大一钱五分，在浦收伊原色（银），得路期外，贴过咱银一钱五分。又收会过唐次功老爷足纹银一百四十七两，与伊立去会票一张，注在京见票无利交还，无砝，其平系咱本平，在浦收伊原色（银），得路期外，得费银一两五钱。票上又批：此票到京同工部正郎住宅人面交次功老爷为妥，以防遗失之故。又收会十二月初四日介交银六十五两，得期四十天。刻汴会来今月底浦收银一万一千五百两。交过江省会来银二千两。专此。成信后，收揽到代刘伯芙由附生加捐贡生一名，言定本平足纹银一百九十六两，附呈伊原履历一纸，又浦号复开履历一纸，至祈即按刘伯芙名字报捐为是。又及。

十月廿八日天顺（局）寄京（第）五十五次信

于廿四日正大局寄去第五十四次信，内报收会过正太局漕平足色纹银卅两，与伊立去会票一张，注在京见票无利交还，无砝，其平比本合砝共大一钱五分。又收会过唐次功老爷足纹银一百四十七两，与伊立去会票一张，注在京见票无利交还，无砝，其平系咱本平兑交。票上又批：此票到京同工部正郎住宅人面交次功老爷为妥，以防遗失之故。又统去代刘伯芙由附生加捐贡生履历一纸，至祈将其部照赶腊月内到浦为望，谅该收阅矣。

今收会过许金台老爷漕平足纹银五十五两，无票砝，随呈伊信一封，言定在京照信无利交伊，其平比本平共大二钱，在浦收过原色（银），得路期外，贴过咱会费银五钱五分。又收会过余荫堂京平足纹银五百两，与伊立去

---

① 这笔业务对于清江浦分号是"收会过"，对于北京分号则是"交会来"。

会票一张，注在京见票无利交还，其平照由京与伊公较钱砝①比兑，比本合砝每百（两）小三两一钱四分，在浦收伊原色（银），得路期外，得费银五两，至祈均照信票交给。又收会腊月初十日介交银一千四百两，合得期四十天。收会十一月卅日苏交银八百两，合得路期外，得费银六两四钱。随统寄平一信，收阅速转。专此。

十一月初四日天顺局寄京（第）五十六次信

于前月廿八日天顺局寄去第五十五次信，内报收会过许金台老爷漕平足纹银五十五两，无票砝，随呈伊信一封，言定在京照信无利交伊，其平比本平共大二钱。又收会余荫堂京平足纹银五百两，与伊立去会票一张，注在京见票无利交还，其平照由京公较钱砝比兑，比本平每百（两）小三两一钱四分。随统寄平一信，谅该收阅矣。廿九日收接第卅一次信，随会来浦见票交张君竹足银一百两，又名下退会八五兑本平足银一千二百两，浦接信之下，已将伊银原行退交，至日阅照裕泰知之。又李春礼代许秋沉办理请封，一共用过咱漕平足银二千二百七十八两七钱七分，并与咱立来收条一纸，又伊致许公一信。又徐上瀛八十两、师公五十两、施江林四十两收条各一纸，于大老爷一信，许秋沉摺绅一部，均已收明领悉。

今收会过吴大老爷漕平足色宝银五百两，与伊立去会票一张，注在京见票无利交还，无砝，其平比本平每百（两）大四钱四分，在浦收伊原色（银），得路期外，贴过咱会费银五两，至祈照票交给。随统寄平一信，收转。专此。又李树培托咱在部查领诰轴②，果用银若干，祈查明确数示知，以备托咱办理。再，张用熙之诰轴如已领出，速寄来浦为望。又及。

---

① "较"与"校"通，即为"校对"之意。"公较钱砝"即票号与顾客双方都在场，在天平上检查、检验。

② "诰轴"，为书写皇帝命令的卷轴。官品不同，诰轴尺寸大小也不同。

十一月初七日天元局寄京（第）五十七次信

于初四日天顺局寄去第五十六次信，内报收会过吴大老爷漕平足色宝银五百两，与伊立去会票一张，注在京见票无利交还，无砝，其平比本平每百（两）大四钱四分，随统浦寄平一信。又报李树培托咱在部查领诰轴，实用银若干，祈查明确数示知。张用熙之诰轴如已领出，速寄来浦，谅该收阅矣。

今收会过李竹记足纹银五百两，与伊立去二百两会票二张、一百两会票一张，均注在京见票无利交还，公较准咱备五十两连纸皮兑钱砝一付［副］，其平即系咱本平比兑，此钱砝票上未曾批注。又收会过丁寿昌老爷京平足纹银三百八十一两七钱五分，与伊立去会票一张，注在京见票无利交还，无砝，其平比本合砝每百（两）小三两五钱兑。二宗在浦均收过伊原色银，得路期外，得费银八两六钱八分，惟与丁寿昌所立之票上批注：此票到京寿昌老爷亲自面兑，如别人执票来取，不付。又收会过捷升堂漕平足宝银一千两，与伊立去会票一张，注在京腊月廿日外见票无利交还，公较去咱备五十两去纸皮兑钱砝一付［副］，比本合砝每百（两）大三钱，伊在浦腊月廿日外交咱原色（银）贴费，随后在浦酌给。扬会来冬月初浦交银五百两，成会来浦交银四十两。专此。

十一月初十日正太局寄京（第）五十八次（信）

于初七日天元局寄去第五十七次信，内报收会过李竹记足纹银五百两，与伊立去二百两会票二张、一百两会票一张，均注在京见票无利交还，公较准咱备五十两连纸皮兑钱砝一付［副］，其平即系咱本合砝比兑，此钱砝票上未曾批注。又收会过丁寿昌老爷京平足纹银三百八十一两七钱五分，与伊立去会票一张，注在京见票无利交还，无砝，其平比本合砝每百（两）小三两五钱兑，惟与伊所立之票上批注：此票到京寿昌老爷亲自面兑，如别人执票来取，不付。又收会过捷升堂漕平足宝银一千两，与伊立去会票一张，注在京腊月廿日外见票无利交还，公较去咱备五十两去纸皮兑钱砝一付［副］，比本合砝每百（两）大三钱兑，谅该收阅矣。

今收会过正太宝局漕平足纹银三十两，与伊立去会票一张，注在京见票无利交还，无砝，其平比本平共大一钱五分，得路期外，得费银一钱五分。专此。

十一月十三日天顺局寄京（第）五十九次信

于初十日正太局寄去第五十八次信，内报收会过正太宝局漕平足纹银卅两，与伊立去会票一张，注在京见票无利交还，无砝，其平比本平共大一钱五分兑交，谅该收阅矣。

今收会过辅增庆足纹银四十六两、王慎行足纹银卅两，二宗均无票砝，各随其信一封，言定在天津均各照信无利交伊，其平即系咱本平兑交，在浦收伊等原色（银），得路期外，共得费银一两，至祈由京信致津号，均各照信交付，向伊等讨收条寄浦为望，浦亦不与津寄信矣。又收会过张云峰先生漕平足宝银五百两，与伊立去会票一张，注在京见票无利交还，公封咱备五十两去纸皮兑钱砝一付［副］，比本合砝每五十两小二钱二分，此项本不敷漕平，因系由扬会来浦交伊未用之项，今照原样改京交伊，在浦贴过咱会费银二两，至祈照票砝交伊即是。随统浦寄平一信，至祈收转。专此。至京寄浦廿二次信，刻尚未收到。又及。

成信后，收接第卅二次信并平寄浦一信，赵作宾、徐大亨、侯维廉、章向葵各一信，均已收明领悉。至闻得清江捐级请封之说，即是有前月间由部内发在河工部银票五十万两，因其河工用银在急，抽调现银而已，如有在河工捐料者，计银若干，给予若干两部银票，仍归部核议，照例给予议叙，并不归河督奏请，但此等办法非官常［场］中在工人员不能办理，若以雇人买料交纳，吃亏甚大矣。据云，数月以来，并无人捐，甚不化［划］算，我号即不能办理，叙报示知。专此。

十一月廿一日天顺局寄京（第）六十次（信）

于十三日天顺局寄去第五十九次信，内报收会过辅增庆足纹银四十六两、王慎行足纹银卅两，二宗均无票砝，各随其信一封，言定在天津均各照信无利交伊，其平即系咱本平兑交，至祈由京信致津号，均各照信交付，向伊等讨收条寄浦为望。又收会过张云峰先生漕平足宝银五百两，与伊立去会票一张，注在京见票无利交还，公封咱备五十两去纸皮兑钱砝一付［副］，比本平每五十两小二钱二分，此项本不敷漕平，因系由扬会来浦，交伊未用之项，即不敷漕平，伊亦知之。随统浦寄平一信，谅该收阅矣。

自前报后，收会过西安见票交银一千两，得路期外，得费银六两。收会苏见票交银二百两，得路期外，得费银一两六钱。收会扬见信交银五百两，得路期外，得费银一两五钱。交过江会银一百七十两。今随信收会过李春礼老爷漕平足纹银一百两，无票砝，随呈伊信一封，言定在京照信无利交伊，讨一收条寄浦，其平比本平共大四钱，在浦收原色（银），得路期外，得费银七钱。又收揽到代陈德安由俊秀报捐从九品职衔一名，言定本平足纹银一百零八两五钱，附呈伊履历一纸，至祈与伊办理为妥。随统苏继贤、唐次功各一信，收转。专此。

再启，于九月间浦号接得苏号专脚来信，因有广东候补巡政厅吕陶村寄与浙江主考吕贤基大人又名行辕，砚台一个、表一个、象牙朝珠一挂、燕窝两匣。此物到苏时，吕大人已经动身，苏号又专脚送至浦号，嘱浦面交吕公，浦号等候数日，不料伊已从别路上京，并未走清江。今闻伊已经到京，其物仍在浦号，至祈京号先为向伊公馆告伊知之，不必计念其之物件，俟有妥人即为带京，大约腊月廿外可以到京矣。还祈吕公写信到广知覆，陶村以免计念也。又及。

十一月廿七日天顺局寄京六十一（次）信

于廿一日天顺局寄去第六十次信，内报收会过李春礼老爷漕平足纹银一百两，无票砝，随呈伊信一封，言定在京照信无利交伊，讨一收条寄浦，其平比本平共大四钱。又收揽到代陈德安由俊秀报捐从九品①职衔一名，言定本平足纹银一百零八两五钱，附呈伊履历一纸，至祈与伊办理为妥。又报咱浦号有存吕行辕大人朝珠、砚台以及信等件，至祈京号先为告知吕公不必计念其之信物，俟有妥人速为带京等情。随统苏继贤、唐次功信各一封，谅该收阅矣。

今收会过名下足纹银一千两，与伊立去会票一张，注在京十二月廿日见票无利交还，无砝，其平即系咱本平兑交，得路期外，得费银十两。又收会过周道治老爷漕平松江银一百四十两，其平比本平每百（两）大四钱，收会过汪廷儒大人漕平松江银十二两，其平比本平共大五分，二宗均无票砝，各随其信一封，言定在京均各照信无利交伊，各讨收条寄浦，会式尚未结算，至祈均各照信票交给。定收会泾明年正月底交银一千两，在浦腊月廿日交咱，合得期四十天，随统李春礼一信。专此。又统去孟景堂一信，收转。又及。

另启，今随信捎去浙江主考吕行辕大人信一封并端砚一个、（象）牙朝珠一挂、燕窝二匣八件、表一个，共计装小木箱一只，至祈将箱拆开，照伊信交伊，讨一收条寄浦为望。在浦佃［垫］付脚力钱三千文，又小木箱用钱五百文，至日向伊一并收给可也。

十一月卅日天顺局寄京（第）六十二次（信）

于廿七日天顺局寄去第六十一次信，内报收会过名下足纹银一千两，与伊立去会票一张，注在京十二月廿日见票无利交还，无砝，其平系咱本平兑交。又收会过周道治老爷漕平松江银一百四十两，其平比本平每百（两）大四钱；又收会过汪廷儒大人漕平松江银十二两，其平比本平共大五分，二宗

---

① "从九品"，是古代的官职品级，是九品十八级官制中的第十八等级，此外还包括未入流官职，即不在十八级以内的官职，在级别上附于从九品。

均无票砝，各随其信一封，言定在京均照信无利交伊，各讨收条寄浦。随统去李春礼一信，又孟景堂一信。又外托天顺局捎去浙江主考吕行辕大人端砚一个、（象）牙朝珠一挂、燕窝二匣八件、表一个，共计装小木箱一个。至日将箱拆开，照伊信交付，讨一收条寄浦。在浦咱佃［垫］付过脚力钱三千文，又木箱用钱五百文，至日向伊收给可也。此皆前信之事，谅该收阅矣。

今收会过沈林亭大太爷京平松江纹银一百两，无票砝，随呈其信一封，言定在京照信无利交伊，其平比本平共小四两，在浦收伊原色银，净得路期，惟此项不敷京平，即令伊收条上注明比咱平小四两亦可。又收会过苏见票交银二千三百两，净得路期，此皆应得之事。随统许秋沅寄李春礼一信，其信内即因前者李公与伊代办请封之事所开用银，花单内有开补色银一宗。许公云，既由清江出过色银，何以上兑又要补色，所以许公信问李公果系如何。又统姚大人一信，至祈各转。专此。

十二月初四日天顺局寄京（第）六十三次信

于前月卅日天元局寄去第六十二次信，内报收会过沈林亭大太爷京平松江纹银一百两，无票砝，随呈伊信一封，言定在京照信无利交伊，其平比本平共小四两，交银讨一收条寄浦。随统许秋沅寄李春礼一信，又姚大人一信，谅该收阅矣。

今收揽代郑曰方由俊秀报捐监生一名，言定本平足纹银一百四十一两，附呈伊履历一纸，至祈年内与伊上兑为望。济南中记会来腊月廿日浦交银一千三百两。汴会来浦见信交银二千三百六十两。扬会来浦见票交银四千两。

再，前者由户部发在河工部银票银五十万两，今闻所用无多，惟是此宗部票不知在户部上兑有化［花］费与否。屡有人托咱执部票代伊上兑，浦号不敢应承，但凡应承，必须要浦号交出现银。至祈在部谈问，如果靠实，将来不得吃苦，或京号有各处揽来之捐银，亦可以部票上兑，更为截［捷］便。速着浦号收部票亦可，随统寄平一信，收转。专此。

十二月初九日天顺局寄京（第）六十四次（信）

于初四日天顺局寄去第六十三次信，内报收揽代郑曰方由俊秀报捐监生一名，言定本平足纹银一百四十一两，附呈伊履历一纸，至祈年内与伊上兑为望。又报前者户部发在河工部银票银五十万两，今闻所用无多，惟是此宗，部票不知在户部上兑有化［花］费与否，屡有人托咱执部票代伊上兑，浦号不敢应承，但凡应承，必须要浦号交出现银。至祈在部谈问，如果靠实，将来不能吃苦，或京号有各处揽来之捐银亦可，以部票上兑，更为截［捷］便，速着浦号收部票亦可，随统浦寄平一信，谅该收阅矣。初五日收接第三十三次信，随会来浦交金景权足纹银卅两，并伊会银信一封。又许金台五十五两收条一纸，口寄浦一信，又统来因开捐另启一纸，并条款一扺［折］，均已收明领悉，勿须计念。

自前报后，定收会过汴明正月底交银五百两，在浦对期①交咱，外贴咱费银五两。收会扬腊月十一、十六日各交银一千两，得期外，得费银一十二两。收会泾明二月底交银一百两，在浦现收其银，合得期二两二钱三分，言扣去咱利银五钱。收会济南中记腊月廿七日交银二百两，得路期外，得费银二两。今收会过名下京平足纹银一百两，与伊立去会票一张，注在京见票无利交还，无砝，其平比本平共小四两。收会过曹子平四老爷漕平足宝银一百两，无票砝，随呈其信一封，言定在京年内照信无利交伊，讨一收条寄浦，其平比本平共大四钱，惟伊信上写：系足纹银，在浦言明在京总交伊宝银为是。收会刘国桢漕平足纹银十两零四钱八分，无票砝，言定在京照信无利交伊，讨收条寄浦，其平比本平共大四分。以上三宗在浦均收原色（银），得路期外，得费银二两二钱，至祈均各照信票交给，将此数宗均作明年之事为望。随统寄平一信，收转。专此。又查捐单一纸，至查明速寄来浦。又及。刻又收会过名下京平足纹银六十两，与伊立去会票一张，注在京见票无利交

---

① "对期"，也称为顶期、丁期、相顶，即相对应的同一时间。

还，其平系照由京公较之平，比本平共小一两八钱八分，得路期外，得费银六钱，至祈照票交给。又及。

十二月初十日天元局寄京（第）六十四次信①

于初九日天顺局寄去第六十四次（信），内报收会过名下京平足纹银一百两，与伊立去会票一张，注在京见票无利交还，无硖，其平比本平共小四两。收会过曹子平四老爷漕平足宝银一百两，无票硖，随呈其信一封，言定在京年内照信无利交伊，讨一收条寄浦，其平比本平共大四钱，惟伊信上写系足纹银，在浦言明在京总交伊宝银为是。收会刘国桢漕平足纹银十两零四钱八分，无票硖，随呈伊信一封，言定在京照信无利交伊，讨一收条寄浦，其平比本平共大四分。收会过名下足纹银六十两，与伊立去会票一张，注在京见票无利交还，其平照由京公较钱硖比兑，比本平共小一两八钱八分，至祈均各照信票交给，均作为明年之事为望。随统浦寄平一信，查捐单一纸，此皆前信所报，谅该收阅矣。

今随统查捐单一纸，查明速寄来浦为望。刻收会过余荫堂足纹银一千两，与伊立去会票一张，注在京见票无利交还，其平照由京公较钱硖比兑，比本平每百（两）小三两一钱四分，得路期外，得费银十两。又及。

腊月十二日张养泉专脚送京（第）六十五次信　此信限廿六日到京

于初十天元局寄去第六十四次信，内报收会过余荫堂足纹银一千两，与伊立去会票一张，注在京见票无利交还，其平照由京公较钱硖比兑，比本平每百（两）小三两一钱四分兑，至祈照票交给。随统查捐单一纸，谅该收阅矣。

自前报后，定收会过泾明三月底交银一千两，合得期四十天。收会过苏见票交银二百五十两，得路期外，得费银二两。今收会过晋德荣老爷京平松

---

① 该信稿出现两封六十四次信，具体原因参见"新正初十日天顺局寄京第七十次信"。

江纹银二十五两，无票砝，随呈伊信一封，言定在京照信无利交伊，讨一收条寄浦，其平比本平共小一两。收会过陈慈荫少老爷京平足纹银二百二十两，无票砝，随呈伊信一封，言定在京照信无利交伊，讨一收条寄浦，其平比本平每百（两）小三两六钱。收会过张养泉大老爷京平九七色银二百廿两，无票砝，随有伊信一封，言定在京照信无利交伊，讨一收条寄浦，其平比本平每百（两）小三两五钱。以上在浦均（收）原色银，得路期外，共得费银四两，至祈均照信交付。此信系张养泉专脚送京，至祈将伊所会之银并信即速交付为望。

十二月十五日天顺局寄京（第）六十六次信

于十二日正大局带去六十五次信，限廿六日到京，内报收会过张养泉老爷京平九七色银二百廿两，无票砝，随统伊会银信一封，言定在京照信无利交伊，讨一收条寄浦，其平比本平每百（两）小三两五钱，至祈将伊所会之银并信速为交付为望。又收会晋德荣京平松江纹银廿五两，无票，随有伊信一封，言定在京照信无利交伊，其平比本平共小一两，交银讨一收条寄浦。又收会陈慈荫少老爷京平足纹银二百廿两，无票砝，随呈伊信一封，言定在京照信无利交伊，讨一收条寄浦，其平比本平每百（两）小三两六钱兑交，谅该收阅矣。十四日收接第卅四次信，并李树棠查请诰轴之事，另字一纸，均已收明领悉。随会来浦见票交天顺局足银一百五十两，又松江银六十两，刻已照票交讫。至济南会来浦程大老爷足银一千三百两，俟期交过出注京账为是。又统来许秋沅照信一封，平寄浦一信，弟之家信，均已收明，一并无须计念。

今收会过李虞臣老爷漕平足色宝银一百五十四两，与伊立去会票一张，注在京见票无利交还，无砝，其平比本平每百（两）大四钱二分，在浦收过伊好宝三定［锭］，得路期外，贴过咱会费银一两八钱，至祈在京亦按好宝三定［锭］交伊为望。又收会天顺局京平足纹银六十两，与伊立去会票一张，注在京见票无利交伊，无砝，其平比本平共小二两一钱六分，在浦收伊原色（银），得路期外，贴过咱会费银六钱。收会扬见信交银二百五十六两六钱，会式在扬算。扬会来今月十五日交银五百两。

再报，浦号之账已按冬月底总结一应除讫，净得余利银三千零卅二两八钱七分。随呈结账单一纸，收阅。又浦寄平一信并结账单、流水各一本，又辅增庆一信、弟家信一封，均祈转捎。专此。

十二月廿日正大局寄京（第）六十七次信

于十五日天顺局寄去第六十六次信，内报收会过李虞臣老爷漕平足色宝银一百五十四两，与伊立去会票一张，注在京见票无利交还，无砝，其平比本平每百（两）大四钱二分。又收会过天顺局京平足纹银六十两，与伊立去会票一张，注在京见票无利交伊，无砝，其平比本平共小二两一钱六分。随统结账单一纸，浦寄平一信，并结账单、流水各一本。又辅增庆一信，弟家信一封，谅该收阅转致矣。

自前报后，收会过苏见票交银一千三百两，得路期外，得费银十两四钱，又见票交六十七两，得费银一两。收会汴见信交银一百五十两，会式尚未结算。今收会过陈以源京平松江纹银二百两，无票砝，随呈伊信一封，言定在京照信无利交伊，讨一收条寄浦，其平比本平每百（两）小三两五钱六分。又收会过天成宝局漕平足纹银九十七两，与伊立去会票一张，注在京见票无利交还，无砝，其平比本平共大五钱。又收会过吴名下漕平足宝纹银一百廿两，与伊立去一百两、廿两会票各一张，均注在京见票无利交还，无砝，其平比本平每百（两）大四钱。以上在浦均收原色（银），得路期外，共得费银一两七钱，至祈均为照信票交给，附呈贺柬一纸。专此。随统浦交过金景权卅两收条一纸。

十二月廿九日天顺局寄京（第）六十八次信

于廿日正大局寄去第六十七次信，内报收会过陈以源京平松江纹银二百两，无票砝，随呈伊信一封，言定在京照信无利交伊，讨一收条寄浦，其平比本平每百（两）小三两五钱六分。又收会过天成宝局漕平足纹银九十七两，与伊立去会票一张，注在京见票无利交还，无砝，其平比本平共大五钱。又收会过吴名下漕平足宝银一百廿两，与伊立去一百两、廿两会票各一张，均注在京见票无利交还，无砝，其平比本平每百（两）大四钱，至祈均各照信票交给。随统金景权卅两收条一纸，（谅）该收阅矣。廿三日收接第卅五次信，并另启二纸。又复抄前信，另启一纸，筹饷例、印结各一本，均已收明领悉。

自前报后，收会过扬见票交银二千两，得路期外，得费银一十二两。收会泽明二月半交银七百一十两，得期五十天外，得费银三两五钱。收会汴明正月底交银五百两，得期三十二天外，得费银二两。交过汴会银四百九十六两。汴会来明正月初十日浦交银五百两。又汴会来见票交银六百两。今收会过沈雨畔二老爷京平足纹银一百两，无票砝，随呈伊信一封，言定在京照信无利交伊，讨一收条寄浦，其平比本平共小三两六钱。又收会过娄亦梅先生漕平足纹银四百两，与伊立去会票一张，注在京见票无利交还，无砝，其平比本平每百（两）大三钱四分。又收会过天顺局京平足纹银五十两，与伊立去会票一张，注在京见票无利交还，无砝，其平比本平共小一两七钱八分。以上在浦均收原色（银），得路期外，共得费银一两一钱，至祈均各照信票交给。随统浦寄平一信，又赵作宾托寄天津信二封。专此。

至南河捐工、捐料之事，浦号屡屡察听，在工办捐者甚是稀少，现在浦号有由扬州会来银数宗，共有四五千两，伊等即系买料，在工办捐银，至今尚未取去。据云，亦不甚便宜，至于部银票，现在均在大工存放，今问各厅，果抵银若干，伊云，至少总要顶九百七八之数，现在顶多与少，尚未定规。叙报台知，如有八折之数出售者，浦号即收一、二千两寄京为是，如每千（两）部银票顶九百二三十两，可否收的［得］，祈示知之。又及。

（二年）正（月）初七日天顺局寄京（第）六十九次信

于去腊月廿九日天顺局寄去第六十八次信，内报收会过沈雨畔二老爷京平足纹银一百两，无票砝，随呈伊信一封，言定在京照信无利交伊，讨一收条寄浦，其平比本平共小三两六钱。又收会娄亦梅先生漕平足纹银四百两，与伊立去会票一张，注在京见票无立交还，无砝，其平比本平每百（两）大三钱四分。又收会天顺局京平足纹银五十两，与伊立去会票一张，注在京见票无立交还，无砝，其平比本平共小一两七钱八分。又统浦寄平一信，又赵作宾托寄津二信，谅该收阅矣。同日收接第卅六次信，并口寄浦一信，又王慎行卅两收条一纸，辅增庆四十六两收条一纸，又沈林亭一百两收条回信一封，又黄师杰一信，均已收明领悉。随会来正月初四日浦交文秀堂足银二百两，刻已交讫，勿须计念。

今收会过三月底东口交大顺雷足宝银二千两，其平比本平每百（两）大八钱，在浦现收过伊银五百两，下余佟［尽］顶期交咱，除空伊期①四十天，月六厘算息。又收会过吴名下漕平足色纹银五十两，与伊立去会票一张，注在京见票无利交还，无砝，其平比本合砝共大二钱，在浦收过原色银，得路期外，得费银四钱，至祈照票交给。又收会过汴见票交银五十两，得费银三钱。又定收会二月底泾交银二千两，三月底泾交银三千两，五月底泾交银三千两，六月底泾交银一千两，苏会来浦见票交银九百卅两。随统浦寄平、口二信，又李春礼一信，收转。

再报，今闻部银票在工捐纳者甚少，又不愿打折扣使用，今议欲发给江南属各州县卅万之谱，着各州县先解钱到大工使用，至于部银票，等将来顶地丁钱粮归部，叙报台知。专此。

新正初十日天顺局寄京（第）七十次信

于新正初七日天顺局寄去第六十九次信，内报收会过吴名下漕平足色纹银五十两，与伊立去会票一张，注在京见票无利交还，无砝，其平比本合砝大二钱，随统浦寄口、平二信，又李春礼一信，谅该收阅矣。同日收接

---

① "空期"，即异地汇兑所产生的时间差，票号可利用这段时间开展借贷业务。

第卅七次信，并另启信一封，张用熙诰轴两捲［卷］，又平寄浦一信，陈德安从九照，刘伯芙贡监照三张，曹子平一百两，汪廷儒一十二两，周道治一百四十两，陈慈荫、张养泉各二百二十两，刘国桢十两四钱八分，晋德荣二十五两收条各一纸。又杨公、赵作宾、李凤鸣信各一封，均已收明领悉。随会来浦见票交天顺局足银一百两。又叙中记由济会来二百半，浦交张玉环足银一百两，俟交出注京账为是。至浦寄之信，京号已收两次第六十五次信。

今浦号细查封底，按京号复报浦号之事，种种相对。浦收京交余荫堂一千两之项，已属不错，只此一宗并无二宗。至祈勿疑，惟次数错乱之故。十二月初十日浦寄京之第六十五次信，浦号前底错办为第六十四次信，复又将余荫堂一千两之项，虽已落书稿，然抄信寄京时遗笔未抄，所以有复［副］信无正信也。至十二月十二日浦寄京之六十五次信，挨次该六十六次信，日期既久，亦无用更改次数也。自是京号多第六十五次信一封，浦号多第六十四次信一封。浦乃宗宗粗率，心难自问也。

自前报后，收会过苏见信交银九百两，得路期外，得费银七两二钱。收会扬见票交银五百两，此系扬会浦交未用之项，未贴费银。又收会苏见票交银二千两，又三月初十日交银二千两，合得路期外，每千（两）得费银八两。今收会过候补内阁中书吴稼轩漕平足色纹银二百两，无票砝，随呈伊信一封，言定在京照信无利交伊，讨一收条寄浦，其平比本合砝每百（两）大四钱四分，在浦收过原色银，得路期外，得费银二两，随统浦寄平、口二信，又大顺雷托寄东口一信，祈收各转。专此。

新正十九日天顺局寄京（第）七十一次信

于初十日天顺局寄去第七十次信，内报收会过候补内阁中书吴稼轩漕平足色纹银二百两，无票砝，随呈伊信一封，言定在京照信无利交伊，讨一收条寄浦，其平比本合砝每百（两）大四钱四分，随统浦寄平、口二信，又大顺雷托寄东口一信，谅该收阅矣。

自前报后，定收会过泾五月底交银一千两，在浦兑期收伊外，贴咱费银七两五钱。收会介三月初三日交银三百两，得期四十天。出会苏见信收银二百两，净贴路期。扬会来浦交银四百两，交过汴会银一百四十两。又汴会来三两天浦交银一千五百两。苏会来浦交银一千六百六十两一钱八分。今收会过曹子平四老爷漕平足宝银一百零二两三钱，无票砝，随呈伊信一封，言定在京照信无利交伊，讨一收条寄浦，其平比本平每百（两）大四钱，在浦收原色（银），得路期外，得费银一两二钱，至祈照信妥交为望。随统浦寄平一信，张七老爷一信，收转。

正（月）廿四日天顺局寄京（第）七十二次信

于十九日天顺局寄去第七十一次信，内报收会过曹子平四老爷漕平足宝银一百零二两三钱，无票砝，随呈伊信一封，言定在京照信无利交伊，讨一收条寄浦，其平比本平每百（两）大四钱兑交。随统浦寄平一信，张七老爷一信，谅该收阅矣。廿日收报第卅八次信，并平寄浦一信，均已收明领悉。

自前报后，收会过三月初五日介交银一千零四十九两，得期四十天。收会长见信交银一千零卅两零三钱六分，得路期外，得费银八两。今收会过义昌永漕平足宝银一百两，与伊立去会票一张，注在京三月廿四日见票无利交还，无砝，其平比本平共大五钱，在浦收过原色（银），得期六十天外，贴过咱会费银一两，至期祈照票交给。又收会三月初五日在介交银四百八十四两，得期四十天。

再报，于廿三日张宗毅老爷在浦会借过咱京平足纹银廿两，无票，言定在京二月廿（日）前后将银送咱京号，至祈照收注浦会账为是，此项系伊令兄张丙照老爷经手，代伊借的进京路费使用，倘其到二月廿（日）外不送咱号，祈赴后孙公园西头路北户部梁元桂宅内催问收给为望。随统寄平一信，收阅转捎。专此。

再启，浦号向收各处之项，总是弟书票据，惟今番收会三月廿四日京交义昌永一百两之项，同时有收会介交裕泰典之项时，弟因有事外出，系王克远写立票据。弟回号时，裕泰（典）之票虽已写好，尚未送去，弟看票书经手错写为许裕永，跟问与义昌永之票系如何立法，渠亦计［记］不确实，会票人业已带票去矣。至祈到期验票交银时，如书弟之名不错，不必言矣。倘仍书为许裕永经手字样，亦万祈勿疑，将银交付为望。又及。

正（月）廿七日天顺局寄京（第）七十三次信

于廿四日天顺局寄去第七十二次信，内报收会过义昌永足宝银一百两，与伊立去会票一张，注在京三月廿四日见票无利交还，无矻，其平比本合砝共大五钱兑交。又报，于廿三日张宗毅老爷在浦会借过咱京平足纹银廿两，其平比本平共小七钱，无票，言定在京二月廿日前后将银送咱京号，至祈照收注浦会账为望。倘其二月廿日外不送咱号，祈赴后孙公园西头路北户部梁元桂宅内催问收给为望。随统寄平一信，谅该收阅矣。

今收会过鲁通甫先生漕平九八色松江纹银一百两，与伊立去会票一张，注在京见票无利交还，无矻，其平比本平共大四钱。在浦收原色（银），得路期外，贴过咱会费银一两。又收会名下足纹银一百四十两，与伊立去会票一张，注在京见票无利交还，无矻，其平系咱本平，在浦收原色（银），得路期外，得费银一两四钱。又收会吴名下漕平足色纹银九十两，与伊立去会票一张，注在京见票无利交还，无矻，其平比本平共大三钱六分。又收会吴稼轩漕平足纹银八十五两七钱，无票，随有伊信一封，言定在京照信无利交伊，讨一收条寄浦，其平比本平共大三钱八分，在浦收原色（银），得路期外，贴过咱会费银八钱七分，至祈均照信票交给。又收会过苏继贤本平足银一十两、周启宇本平足银六十两，均无票，各随其信一封，言定在天津照信无利交伊，各讨一收条寄浦，在浦收伊原色（银），贴过咱会费银一两，至祈由京转报津号交给为望，又统余盛功一信，收转。专此。

正（月）卅日天顺局寄京（第）七十四次信

于廿七日天顺局寄去第七十三次信，内报收会过鲁通甫先生漕平九八色松江纹银一百两，与伊立去会票一张，注在京见票无利交还，无硃，其平比本平共大四钱。又收会名下足纹银一百四十两，与伊立去会票一张，注在京见票无利交还，无硃，其平系咱本平。又收会吴名下漕平足纹银九十两，与伊立去会票一张，注在京见票无利交还，无硃，其平比本平共大三钱六分。又收会吴稼轩漕平足纹银八十五两七钱，无票，随有伊信一封，言定在京照信无利交伊，讨一收条寄浦，其平比本平共大三钱八分，至祈均照票信交给。又收会过苏继贤本平足纹银十两，又收会周启宇本平足纹银六十两，二宗均无票，各随其信一封，言定在天津均照信无利交伊，各讨一收条寄浦，至祈由京转报津号交给。随统余盛功一信，谅该收阅矣。

今收会过三月初十日泽州交银一千两，得期四十天，得费银七两。西安会来浦随信交银二百两。随统浦寄平一信，又辅增庆一信，收阅速转。再，京城开大捐①已数月，浦号无有一名，皆是南河官员。近来本属无力办理，兼之全赴大工办工，均望合龙②之后得一保举，看将来办理者亦稀少。随统查捐单一纸，至祈查明，开一细单，速寄来浦。专此。

另启，成信后，收会过余荫堂京平足纹银一千两，与伊立去会票一张，注在京见票无利交还，其平照由京公较钱硃比兑，比本合硃每百（两）小三两一钱四分。在浦收伊原色（银），得路期外，得费银十两，至祈照票交给。又收会三月廿日泽交银一千两，得期五十天，得费银五两。收会汉见信交银四十两，得路期外，得费银六钱。收会苏见信交银三百八十四两二钱八分，得路期外，得费银三两。发去扬标银五千一百两。刻又收接第廿四次信，并曹联圻九两收条一纸，梁大人一信，均已收明领悉。又及。

---

① "开大捐"，是朝廷急需巨额资金时采取的应急办法，多是遇到重大的军事行动，或是河工、赈灾等需要巨额经费而限期特开的捐例。

② "合龙"，亦称"合拢""合龙门"。修筑堤坝、围堰或桥梁时从两端开始施工，最后在中间接合的工程称为合龙。

二月初一日托葛纯如随票带京（第）七十五次信

　　于三十日天顺局寄去第七十四次信，内报收会过余荫堂京平足纹银一千两，与伊立去会票一张，注在京见票无利交还，其平照由京公较钱砝比兑，比本合砝每百（两）小三两一钱四分，至祈照票交给。随统浦寄平一信，又辅增庆一信，查捐单一纸，谅该收阅矣。

　　今收会过葛纯如老爷足纹银三百零五两五钱六分，与伊立去会票一张，注在京见票无利交还，无砝，其平即系按咱本合砝兑交，在浦收原色（银），得路期外，得费银三两，至祈照票交给。此公在京系办理验看，在浦言及要在京托咱办理，至祈与伊商酌可也，惟不可教伊借用银两。专此。

二月初八日天顺局寄京（第）七十六次信

　　于初一日托葛纯如带去第七十五次信，内报收会过葛纯如老爷京平足纹银三百零五两五钱六分，与伊立去会票一张，注在京见票无利交还，无砝，其平即系按咱本合砝兑交，至祈照票交给。又报此公系在京办理验看，在浦言及要在京托咱办理，至祈与伊商酌，惟不可教伊借用银两，谅该收阅矣。初一日收接第卅九次信，并结账单一纸，陈以源二百两收条一纸，平、口寄浦各一信，梁大人、恒吉德信二封，又李春礼致许菘信一封，外捎来纸包、浦包各一个。初七日收接第四十次信，并平寄浦一信，沈雨畊一百两收条一纸，均已收明领悉。

　　自前报后，收会过在汴见票交银二百两，得路期外，得费银二两。收会济南中记二月廿六日交银八百廿两，得期二十天，得费银九两六钱。交过汴会银七百八十两。今收会过丁寿昌老爷京平足纹银三百五十两，与伊立去会票一张，注在京见票无利交还，无砝，其平比本平每百（两）小三两五钱。又收会过延名下京平足纹银一百五十两，与伊立去一百两、五十两会票各一张，注在京见票无利交还，无砝，其平比本平每百（两）小四两。惟与丁寿昌所立之票，票上又批：此票到京，系寿昌老爷亲自面兑，如别人执票来取，不付。二宗在浦收原色（银），得路期外，得费银五两。又收会过名下足纹银四百两，与伊立去三百两、一百两会票各一张，均注在京见票无利交还，无砝，其平均比本平每百（两）小四两兑交，在浦收伊原色（银），得路期外，得费银四两，至祈均照票交给。又于初二日出会过东口①四月标收永顺利足宝银九百一十四两四钱，同日收恒顺成足宝银四百零六两四钱，其平均比本平每百（两）大六钱，在浦交过伊等原色银，贴期七十二天，共得费银二十两零八钱。随统浦寄平、口二信，至祈收阅转捎。专此。

又查捐单一纸，口信内有会票二纸，信面上假写捐照一名，（至）祈勿疑。又及。

二月十六日天顺局寄京（第）七十七次（信）

于初八日天顺局寄去第七十六次信，内报收会过丁寿昌老爷京平足纹银三百五十两，与伊立去会票一张，注在京见票无利交还，无砝，其平比本平每百（两）小三两五钱，与伊所立之票，票上又批：此票到京，系寿昌老爷亲自面兑，如别人执票来取，不付。又收会过延名下京平足纹银一百五十两，与伊立去一百两、五十两会票各一张，均注在京见票无利交还，无砝，其平比本平每百（两）小四两。又收会过名下足纹银四百两，与伊立去三百两、一百两会票各一张，均注在京见票无利交还，无砝，其平均比本平每百（两）小四两，至祈均照票交给。随统查捐单一纸，浦寄平、口二信，口信内有会票二纸，信面上假写捐照一名，至祈勿疑，谅该收阅矣。

自前报后，出会过②汴见信收银二百两，贴伊路期，得费银三两。随统浦寄平、口二信，李春礼一信，至祈收转。专此。再，前由浦捎去浙江主考吕行辕大人之信物，系何日交过，向伊讨一收条，回信寄浦，以俻［备］③

---

① "东口"，即张家口。

② "出会过"，相当于"交会去""交会过"。

③ "俻"与"备"古时通用，后文统一为"备"，不再随文更正。

交代。

二月廿五日天顺（局）寄京（第）七十八次信

于十六日天顺局寄去第七十七次信，随统浦寄平、口二信，李春礼一信，谅该收阅矣。廿四日收接第四十一次信，并捐款一单，吴稼轩二百两、曹子平一百零二两三钱收条各一纸。平寄浦一信，崇读堂一信，金文煜一信，均已收明领悉。随会来浦见票交天顺局京平足银一百四十两，已于十五日照票交给矣。

自前报后，收会过扬见票交【残】与伊立去三百两、二百两会票各一张，均注在京见票无利交还，无砝，其平系咱本平兑交，此系库道署经手，其银随后交咱外，每百（两）贴咱会费银一两。又收会津交孙爱轩老爷足纹银一百五十一两七钱，与伊立去会票一张，注在天津三月底见票无利交还，无砝，其平系咱本平兑交，在浦收过原色（银），得期四十一天外，贴过咱会费银二两二钱五分，至祈由京通报津号备交为望。又收揽到代邵云轩由俊秀捐监生一名，言定本平足纹银一百卅七两，附呈伊履历一纸，至祈速为上兑。再报，今闻丰北大工于廿日业已合龙，所有部内发在河工银票所用无几，已全行仍归回部，叙报台知。专此。

再启，今闻由捐输出身人员官照上有准作监生字样，无监生照者，据云，在新例加捐，即无用补捐监生，止［只］用出一层印结银，部内即给与监生照。不确果否，祈示知为感。

另启，成信后，收会过陈德斋老爷库平足纹银八百两，与伊立去会票一张，注在京见票无利交还，无砝，其库平比本合砝每百（两）大二两二钱八分兑交。票上又批：此银在京务要包定上兑银色。此项即系由苏会来浦交伊未用之项，未贴会费，今改会至京交伊，至祈照票交给为望。又及。

二月廿八日天顺局带京（第）七十九次（信）

于廿五日天顺局寄去第七十八次信，内报收会过吴名下漕平足纹银一百两，与伊立去会票一张，注在京见票无利交还，无砝，其平比本平共大四钱。又收会过梁蒲贵老爷京平松江纹银六十两，无票砝，随有伊信一封，言定在京照信无利交伊，讨一收条寄浦，其平比本平共小二两一钱六分，至祈将此项速交为望。又收会过名下足纹银五百两，与伊立去三百两、二百两会票各一张，均注在京见票无利交还，无砝，其平系咱本平。又收会津交孙爱轩老爷足纹银一百五十一两七钱，与伊立去会票一张，注在天津三月底见票无利交还，无砝，其平系咱本平兑交，至祈由京通报津号备交为望。又收揽到代邵云轩由俊秀捐监生一名，言定本平足纹银一百卅七两，附呈伊履历一纸，至祈与伊上兑。又收会过陈德斋老爷库平足纹银八百两，与伊立去会票一张，注在京见票无利交还，无砝，其库平比本合砝每百（两）大二两二钱八分兑交。票上又批：此银在京务要包定上兑银色。至祈均照信票交给。又报，由捐输出身人员官照上有准作监生字样，无监生照者，据云，在新例加捐即无用补捐监生，止［只］用出一层印结银，部内即给与监生照，不确果否，祈示知。此皆前信之事，谅该收阅矣。

今收会过云叙侯老爷漕平足纹银一百五十一两五钱七分，与伊立去会票一张，注在京见票无利交还，无砝，其平比本合砝每百（两）大四钱五分，在浦收原色（银），得路期外，贴过咱会费银一两五钱，至祈照票交给。收会介四月十七日交银八十五两，得期五十天。

再报，浦寄京七十五次信，内报收会过葛纯如老爷足纹银三百零五两五钱六分，与伊立去会票一张，注在京见票无利交伊，无砝，其平系咱本合砝兑。今伊在浦将票退讫，定于在京不用，至祈将账注消［销］，作为无事为是。伊所带浦寄京七十五次信亦已退讫，今随此信附呈，至祈收阅。随统浦寄平一信，又伍兰舫一信，收转。专此。

三月初三日天顺局寄京（第）八十次信

于前月廿八日天顺局寄去第七十九次信，内报收会过云叙侯老爷漕平足纹银一百五十一两五钱七分，与伊立去会票一张，注在京见票无利交还，无砝，其平比本合砝每百（两）大四钱五分兑交。

又报，有浦寄京第七十五次信，内报收会过在京见票交葛纯如老爷本平足纹银三百零五两五钱六分，此项在浦业已退讫，已定在京不用，至祈将账注消［销］，作为无事为是。随统去浦寄京第七十五次信，又浦寄平一信，伍兰舫一信，谅该收阅矣。

今收揽到代德林由现任两淮庙湾场大使，今遵筹饷事例加捐知府，不论双单月归部选用，言明按一万一千二百八十两上兑外，每百两加兑费等银四两五钱，共结收京号本平足纹银一万一千七百八十七两六钱。附呈伊原捐监照一张，又履历一纸，银数单一纸，至祈与伊速为上兑，归入头卯，万不可归于二卯，至祝至祷。惟捐离任一层，伊暂时不捐，随后再捐，谅该可否？倘部内定要教［叫］捐，非捐不行，即祈京号挡承办理。应加银若干，结来浦号为是。再，至捐免保奉银数，如能按盐大使保奉银数更为妙矣。或一千二百两之数，亦不对，亦祈京号应该若干两办妥为是。

三月初五日托云叙侯带京第八十次副信一封 ①

三月初五日天顺局寄京第八十一次信

于初三日天顺局寄去第八十次（信），初四日托云叙侯老爷带去第八十次副信一封，谅该收阅矣。初五日收接第四十二次信，并查捐单，又口寄浦一信，郑曰方部、监照各一张，吴稼轩八十五两七钱，苏继贤十两、周启宇六十两收条各一纸。又丰北分府一信，树三堂、大顺雷各一信，均已收明领悉。

自前报后，收会过汴见票交银二百两，净得路期。收会苏见信交银廿九两六钱。兹启者，缘刻接京号开来捐单，如由现任人员捐升归部，选用者即可在任候升，半年后开缺。惟前信内报揽去代德林由两淮庙湾场大使今加捐

---

① 因为第八十次正信先于副信到达，并已誊抄，所以该信稿仅录副信标题，不录具体内容。

知府，不论双单月归部选用，祈递呈时务声明，在仨候选已定，无用捐免离任一层，听候半年后开缺为是。专此。再，浦寄京第八十次信尚未捎起，今随此信并封，至日一并收阅。又及。

三月初八日随德林老爷专脚寄京（第）八十二（次）（信）

于初五日天顺局寄去第八十一次信，并统去浦寄京第八十次信，内报收揽到代德林由现任盐大使加捐知府，不论双单月归部选用，随呈伊原捐监照一张，又履历一纸，又银数花单一纸，谅该收阅矣。

惟是今日原经手者来号云，此德林老爷因有别事相碍，又已定不捐。今伊特（派）专脚送此信到京，至祈将伊之原捐监照并履历一纸一并封于咱号信内，交与原脚带浦，作为无事为是。万不可与伊捐出，倘伊监照尚未到京，着脚子等候数日。随统寄平一信，收转。专此。随统大德常寄东口一信，收转。又及。

再报，丰北口岸现在又有卅余丈，现在水涨底深，据云，难以合龙。德林老爷不捐亦因此有碍，如果平安合龙，将来亦要办理也，仍将伊所应捐之银数开示浦知，倘伊一时要捐，浦号有底。又及。

三月初八日天顺局寄京（第）八十三次（信）

今日早晨随德林老爷专脚寄去第八十二次信，内报德林由现任盐大使加捐知府，不论双单月归部选之事，原经手者来咱浦号云，此德林老爷因有别事相碍，已定不捐，今伊特（派）专脚送信到京，至祈将伊原捐监照并履历各一纸一并封于咱号信内，交与原脚带浦，作为无事为是，万不可与伊捐出，倘伊监照尚未到京，着脚子等候数日。又报丰北口岸现在又有卅余丈，现在水涨底深，据云，难以合龙。德林老爷不捐者，亦因此有碍，如果平安合龙，将来亦要办理，仍将伊所应捐银数开示浦知，倘伊一时要捐，浦号有底。随统浦寄平一信，又大德常寄东口一信。此皆前之事，谅该收阅矣。

今收会过德亨和宝号苏漕平足纹银六十两，与伊立去会票一张，注在京见票无利交还，无砝，其平比本平共大二钱，在浦收原色（银），净（得）路期，至祈照票交给。收会汴见票交银五十两，净得路期。交过汴会银一百两。

再报，有去年十二月廿九日浦寄京六十八次信，内报有收会过在京见票交娄亦梅先生漕平足纹银四百两，立有会（票）一张，注在京见票无利交还，无砝，其平比本平每百（两）大三钱四分，今已在浦退讫，定于在京不用，至祈将账注消［销］，作为无事为是。收揽到代赏礼由俊秀在常例报捐监生，由监在部加捐从九品，至不论双单月归部选用并注册，并声明亲老告近，将伊监照单另领出，然后加捐，统共言定本平足纹银四百七十一两，附呈伊履历、银数单各一纸，至祈与伊速为上兑，归入头卯，万不可归于二卯，领得部照，速为寄浦。再，倘浦号结去之银稍有不敷，祈京号垫出，注浦会账为是，总与伊在头卯办出为是。专此。

三月十四日天顺局寄京（第）八十四次信

于初八日天顺局寄去第八十三次（信），内报收会过德亨和宝号苏漕平足纹银六十两，与伊立去会票一张，注在京见票无利交还，无砝，其平比本平共大二钱。又收揽到代赏礼由俊秀在常例报捐监生，由监生在部加捐从九品，至不论双单月归部选用并注册，并声明亲老告近，将伊监照单另领出，然后加捐，统共言定本平足纹银四百七十一两，附呈伊履历、银数单各一纸，至祈与伊上兑归入头卯，万不可归于二卯，领得部照，速为寄浦。再，倘浦号结去之银稍有不敷，祈京号垫出，注浦会账为是，总与伊在头卯办出为是。

又报，有去年十二月廿九日浦寄京六十八次信，内报有收会过在京见票交娄亦梅先生漕平足纹银四百两，立有会票一张，注在京见票无利交还，无砝，其平比本平每百（两）大三钱四分，今已在浦执票退讫，定于在京不用，至祈将账注消［销］，作为无事为是，谅该收阅矣。

今收会过陈辅廷大老爷京平松江纹银一百两，无票砝，随呈伊信一封，言定在京照信无利交伊，讨一收条寄浦，其平比本平共小三两六钱，在浦收原色（银），得路期（外），贴过咱会费银一两。又收会过李赋棠老爷漕平足色宝银四百两，无票砝，随呈伊信一封，言定在京照信无利交伊，其平比本平每百（两）大四钱，在浦收原色（银），得路期外，贴过咱会费银四两，在浦经手者系伊胞兄李茂棠，俟李赋棠老爷在京收银时，务祈询问确实。此公现年廿四岁，系直隶冀州武邑县人，如其相对，将伊银并信交付，讨一收条寄浦，务交伊包上兑元宝，此是在浦言明之事。随统徐立昌一信，收转。专此。

再启，又收会过苏见信票交银一千六百五十一两四钱，在浦收原色（银），得路期外，得费银一十二两五钱。苏会来见票交银二十四两。又及。

三月十九日天顺局寄京（第）八十五次（信）

于十四日天顺局寄去第八十四次信，内报收会过陈辅廷大老爷京平松江纹银一百两，无票砝，随呈伊信一封，言定在京照信无利交伊，讨一收条寄浦，其平比本平共小三两六钱。又收会过李赋棠老爷漕平足色宝银四百两，无票砝，随呈伊信一封，言定在京照信无利交伊，其平比本平每百（两）大四钱，在浦经手者系伊胞兄李茂棠，俟李赋棠老爷在京收银时，务祈询问确实。此公现年廿四岁，系直隶冀州武邑县人，如其相对，将伊银并信交付，讨一收条寄浦，务交伊包上兑元宝，此是在浦言明之事。随统徐立昌一信，谅该收阅矣。

自前报后，收会过长沙随信交银一百四十两，得路期外，得费银一两一钱二分。收会扬见票交银一千五百两，得路期外，得费银七两五钱。收会汴见票交银一百零二两一钱五分，得路期外，得费银八钱。收会五月初八日介交银五百两，得期五十天。定会泾四月底交银一千五百两，在浦现收五百两，合得期四十天，下欠一千两，在浦对期收伊外，贴咱费银八两。汴会来浦交银七十四两，随统浦寄平一信，收转。专此。

三月廿日天元局寄京（第）八十六次信

于十九日天顺局寄去第八十五次信。随统浦寄平一信，谅该收阅矣。

今收会五月初八日介交银九十二两二钱。随统浦寄平一信，收阅转捎。专此。

三月廿三日天顺局寄京（第）八十七次（信）

于廿日天元局寄去第八十六次信。随统浦寄平一信，谅该收阅矣。廿二日收接第四十三次信，并郎冠英一信，捐款一单，吕贤均老爷一信，均已收明领悉。至吕贤均[①]寄与吕行辕大人之物件，伊云，实不认识送物之人，其物伊亦不收等情。惟吕大人处亦无有人在浦，此公之物系去年由广寄苏，由苏寄浦，嘱浦妥为交付。今伊既不受，至祈京号将伊之物件寄于苏号或寄广号，还祈将不收之情信知苏、广为望。至吕大人寄吕贤均[②]之信，已由浦寄苏矣。

今收会过孔海菴老爷南市平足纹银三百两，与伊立去会票一张，注在京见票无利交还，无砝，其平比本合砝每百（两）小一两五钱六分兑交。又收会过沈雨畊二老爷京平足纹银一百六十两，无票砝，随有伊信一封，言定在京照信无利交伊，讨一收条寄浦，其平比本平每百（两）小三两六钱兑交，在浦均收原色（银），得路期外，共得费银四两六钱。随统赵作宾托寄天津一信，又唐鄂寄甘石安、姚太平二信，内即因查捐之事，至祈速转。随统浦寄平、口二信，收阅转捎。专此。

---

① 据上下文判断，此处"吕贤均"应为"吕陶村"，参见该信稿"十一月廿一日天顺局寄京第六十次信"。

② 此处"吕贤均"亦为"吕陶村"之误。

三月廿八日天元局寄京（第）八十八次（信）

于廿三日天顺局寄去第八十七次信，内报收会过孔海菴老爷南市平足纹银三百两，与伊立去会票一张，注在京见票无利交还，无砝，其平比本合砝每百（两）小一两五钱六分兑交。又收会过沈雨畔二老爷京平足纹银一百六十两，无票砝，随有伊信一封，言定在京照信无利交伊，讨一收条寄浦，其平比本平每百（两）小三两六钱兑交。随统赵作宾寄天津一信，唐鄂寄甘石安、姚太平二信，内即因查捐之事，至祈速转。又浦寄平、口二信，谅该收阅矣。

自前报后，收会过苏见票交银一百两，得路期外，得费银一两。收会五月十七日介交银六百两，合得期五十天。济南中记会来四月初六日浦交银四百两，又见票交银五十五两。今收会过伍辅祥漕平足色纹银四十四两，无票砝，随呈伊信一封，言定在京照信无利交伊，讨一收条寄浦，其平比本平共大一钱八分，在浦现收伊原色银，得路期外，贴过咱会费银四钱。如伍辅祥老爷出差，即将伊银信交与辅祥老爷之太太亦可，祈不可交与伊少爷。随统寄平一信，又吴稼轩一信、张大枏一信，至祈转捎。

再报，清江有开捐之信，即因部内每年应拨河工岁料银一百五十万两，今止［只］拨六十万（两），下短九十万（两）。着河台收捐收够九十万数，即行停止。所收之项仍归部内，归入大捐给奖，至一切章程尚未议定，俟议妥如何办法，再为详报。专此。

三月廿九日随张小浦（会）票带京（第）八十九次（信）

于廿八日天元局寄去第八十八次信，内报收会过伍辅祥漕平足色纹银四十四两，无票砝，随呈伊信一封，言定在京照信无利交伊，讨一收条寄浦，其平比本平共大一钱八分兑交。如伍辅祥老爷出差，即将伊银信交与辅祥老爷之太太亦可，祈不可交与伊少爷。随统寄平一信，又吴稼轩、张大枏各一信，谅该收阅矣。

今收会过张小浦老爷漕平九八色松江纹银二百零四两，与伊立去会票一张，注在京见票无利交还，无砝，其平比本平每百（两）大四钱四分兑交，在浦收原色（银），得路期外，贴过咱会费银二两四钱，至祈照票交给。专此。

四月初四日卯刻专脚天元局寄京（第）九十次信　此信限本月十三日到京

于前月廿五日随张小浦会票带去第八十九次信，内报收会过张小浦老爷漕平九八色松江纹银二百零四两，与伊立去会票一张，注在京见票无利交还，无砝，其平比本平每百（两）大四钱四分兑，至祈照票交给，谅该收阅矣。

今收揽到代唐鄂由南河遇缺前通判，今遵筹饷事例报捐过班，仍留南河归分缺先补用，共正项银二千八百一十三两，连加库平、伙耗，共言定本平足纹银二千九百六十两，随呈伊原履历一纸，又浦号复开履历一纸，又银数花单一纸，又伊原监照一张、部照二张，至日与伊速为上兑，归入头卯，万不可归于二卯。如赶不上头卯，即不必办或头卯后因捐不踊跃，有停止之说，亦不必办理。再，伊有代父赔项银两，恐部内要扣除，务祈京号打听确实。如果部内要扣，即不必与伊办理为是。伊今寄与甘石菴①之信，亦因打听赔项之事，至祈递呈时与甘石菴商量。如果部内不扣，再为递呈上兑，领得部照速为寄浦。再，唐鄂老爷现年卅六岁，但核其监照算至捐遇缺前之年少两岁，祈递呈时应该声明之处，祈台酌量，勿致部内驳出，反害大事。再，新例内有捐免补额一层，如其不用更妙，倘非捐不行，即教甘石菴老爷佃［垫］银与伊办理。如甘石菴老爷实在不能佃［垫］银，祈由京号将银（垫）出，结来浦号亦可。专此。再，至日将唐鄂寄甘石菴之信，祈京号细阅面交为妥。又及。

----

① "甘石菴"，即前文之"甘石安"。

四月初五日库署寄京（第）九十一次（信）

　　于初四日专脚天元局送去第九十次信，内报收揽到代唐鄂由南河遇缺前通判，今遵筹饷事例报捐遇班，仍留南河归分缺先补用，共正项银二千八百一十三两，连加库平、伙耗共言定本平足纹银二千九百六十两，随呈伊原履历一纸，又浦号复开履历一纸，又银数花单一纸，又原监照一张，部照二张，至日与伊速为上兑，归入头卯，万不可归于二卯。如赶不上头卯，即不必办，或头卯后因捐不踊跃，有停止之说，亦不必办理。再，伊有代父赔项银两，恐部内要扣除，务祈京号打听确实。如果部内要扣，即不必与伊办理为是，伊今寄与甘石菴之信，亦因打听赔项之事，至祈速呈时与甘石菴商量，如果部内不扣，再为速呈上兑，领得部照速为寄浦。再，唐鄂老爷现年卅六岁，但其监照算至捐遇缺前之年少两岁，祈递呈时应该声明之处，祈台酌量，勿致部内驳出，反害大事。再，新例内捐免补额一层，如其不用更妙，倘非捐不行，即叫甘石菴老爷佃[垫]银与伊办理。如甘石菴老爷实在不能佃[垫]银，祈由京号将银佃[垫]出，结来浦号亦可。再，至日将唐鄂寄甘石菴之信，祈京号细阅，面交为妥，此皆前信之事，谅该收阅矣。

　　自前报后，收会过介五月十七日交银四百两，得期四十三天。收会四月十一日扬交银二千两，四月廿五日、（四）月底各交银一千两，合得路期外，每千（两）得费银六两。今收会过名下足纹银一千六百两，与伊立去会票一张，注在京见票无利交还，无砝，其平比本平每百（两）大三钱六分兑交，在浦收原色（银），得路期外，贴过咱会费银一十六两，至祈照票交给。专此。

　　另启，刻收接第四十四次信一封，并德林原监照一张，梁蒲贵六十两收条一纸，平寄浦一信，又赵公信二封，均已收明领悉。至赏礼之捐短双单月印结银二十二两六钱六分，又告近费银十二两，浦已补收京账。至德林老爷加捐之事，今伊仍要办理，惟捐免保举一层，伊暂时不捐，今将伊原捐监照一张，又履历一纸，仍寄来京，又复开银数花单一纸，至祈速为递呈上兑，领得部照速为寄浦，所共用银一万零五百卅三两六钱，浦已注收京会帐［账］矣，此信系伊专脚送京，所脚力若干，与咱无干，惟收到此信时，着伊带回信寄浦为望。

四月初七日随曹联圻会票带京（第）九十二次（信）

于初五日托库署转寄去第九十一次信，内报收会过名下足纹银一千六百两，与伊立去会票一张，注在京见票无利交还，无砝，其平比本平每百（两）大三钱六分。随统寄平一信，谅该收阅矣。

今收会过曹联圻大老爷漕平足宝银五百两，与伊立去会票一张，注在京本月廿五日见票无利交伊，无砝，其平比本平每百（两）大四钱，在浦收原色（银），得路期外，贴过咱会费银五两，至祈照票交给。专此。

四月初十日天元局寄京（第）九十三次信

于初七日随曹联圻会票带去第九十二次信，内报收会过曹联圻大老爷漕平足宝银五百两，与伊立去会票一张，注在京本月廿五日见票无利交还，无砝，其平比本平每百（两）大四钱兑交，谅该收阅矣。

自前报后，收会过苏五月初二日交银五百两，廿日交银四百两，得路期外，得费银七两二钱。收会泾六月底交银一千两，合得期四十天。出会苏六月初十至廿五日收银二千两，在浦交其现银，不定期，按月六厘五毫与咱加息。随统寄平一信，收转。

再报，丰北大工今各大员商议已定，停工不做，待下半（年）再为堵合。专此。再，唐鄂捐过后用引见与否，祈来信示知。又及。

四月十一日随名下（会）票带京（第）九十四（次信）

于初十日天元局寄去第九十三次信，随统寄平一信，内报唐鄂捐过后用引见与否，祈来信示知，谅该收阅矣。

今收会过名下九六兑漕平大锭足纹银一百两，与伊立去会票一张，注在京见票无利交还，无砝，其漕平比本合砝扣实共大二钱三分，净合兑咱本平足银九十六两二钱三分即是，在浦收过伊原色银，贴过咱会费银五钱，至祈照票交给。专此。

四月十五日天元局寄京（第）九十五次（信）

于十一日随名下会票带去第九十四次信，内报收会过名下九六兑漕平大锭足纹银一百两，与伊立去会票一张，注在京见票无利交还，无砝，其漕平比本平合砝扣实共大二钱三分，净合兑咱本平足银九十六两二钱三分即是，至祈照票交给，谅该收阅矣。

自前报后，收会过在泾五月底交银二百三十（两），合得期四十五天，收会重庆随信交银十两，收会汴见票交银廿两，均净得路期。今收会过梁巍大老爷京平松江纹银二十两，无票砝，随有伊信一封，言定在京照信无利交伊，讨一收条寄浦，其平比本平共小七钱，在浦收原色（银），净得路期。又收会过吴名下漕平足纹银四十两，与伊立去会票一张，注在京见票无利交还，无砝，其平比本平共大一钱六分，在浦收原色（银），得路期外，贴过咱会费银三钱二分，至祈均各照信票交给。专此。

四月廿二日天元局寄京（第）九十六次信

于十五日天元局寄去第九十五次信，内报收会过梁巍大老爷京平松江纹银廿两，无票砝，随有伊信一封，言定在京照信无利交伊，讨一收条寄浦，其平比本平共小七钱。又收会吴名下漕平足纹银四十两，与伊立去会票一张，注在京见票无利交还，无砝，其平比本平共大一钱六分兑交，谅该收阅矣。十七日收接第四十五次信，并陈辅廷一百两收条一纸，赵作宾、金文煜、要清扬信各一封。随会来浦见票交吕华宾老爷足纹银二百两。又会来浦随信交英大老爷足纹银一百两，候交过讨来收条再为妥寄上。廿一日收接第四十六次信，并沈雨畊一百六十两收条一纸，又邵云轩部、监照二张，平、口寄浦二信，张达勋一信，均已收明领悉。

今收会过余荫堂京平足纹银六百两，与伊立去会票一张，注在京见票无利交还，其平照由京公较钱砝比兑，比本合砝每百（两）小三两一钱四分，在浦收原色（银），得路期外，得费银六两。又收会王名下足纹银二百卅两，与伊立去会票一张，注在京见票无利交还，无砝，其平系咱本平兑交，在浦收过伊足宝银，得路期外，过贴咱会费银一两八钱四分，至祈均照票交给。又收会平见信交银廿五两五钱，净得路期。又收会六月十五、廿四日苏各交银一千两，合得路期外，每千（两）得费银八两。随统浦寄平、口二信，收阅转捎。专此。

四月廿六日天顺（局）寄京（第）九十七次（信）

于廿二日天元局寄去第九十六次信。内报收会过余荫堂京平足纹银六百两，与伊立去会票一张，注在京见票无利交还，其平照由京公较钱砝比兑，比本合砝每百（两）小三两一钱四分兑交。又收会王名下足纹银二百卅两，与伊立去会票一张，注在京见票无利交还，无砝，其平系咱本平兑交，随统浦寄平、口二信，谅该收阅矣。

今收会过吴稼轩大老爷足纹银一百两，无票砝，随有伊信一封，言定在京照信无利交伊，讨一收条寄浦，其平系咱本合砝兑交，在浦收会过伊原色银，得路期外，贴过咱会费银一两。又揽代李鹤鸣由俊秀报捐监生一名，附呈伊履历一纸，至祈信到之日，与伊速为上兑，此系库道署门政李均才之令郎，在浦言定连免报京号用过银若干，结来浦号，注浦会帐［账］为望。既如此办法，必须要省些，祈京号开实数，务将免报一层说明，即不必报为是。

再报，前任开归道浙江盐运司庚大人由浙回京，执有咱汴号去年与伊所立一万两会票一张，注在京见票迟三五天交还，伊路过苏州，在咱苏号用过银六千两。今来浦又要借用银一千两，浦号看汴号票据，以及在苏用过之银批注笔迹图章，均属不错。浦号当即应承，于今月廿五日交过伊漕平足纹银一千两，言定在京扣除，公较去咱备五十两去纸皮兑钱砝一付［副］，比本合砝每五十两大二钱二分，均批注汴梁一万两票据上。至祈在京交伊银时，将此银扣除，收注浦会帐［账］为是。在浦亦未扣伊会费银，念与苏、汴均属相厚，叙报知之。随统寄平一信，收转。专此。再，李鹤鸣之部照、监照领出之日，速为寄浦。又及。

五月初四日天元局寄京（第）九十八次信

于前月廿六日天顺局寄去第九十七次信，内报收会过吴稼轩大老爷足纹银一百两，无票砝，随有伊信一封，言定在京照信无利交伊，讨一收条寄浦，其平系咱本平兑交。又揽代李鹤鸣由俊秀捐监生一名，附呈伊履历一纸，祈信到之日，与伊速为上兑，言定连免报在京用过银若干，结来浦号，领部照寄浦为是。又报前任开归道浙江运司庚大人由浙回京，执有咱汴号去年与伊所立一万两会票一张，注在京见票迟三五天交还，伊路过苏州，在咱苏号用过银六千两。今伊来浦，又要借银一千两，浦号看汴号票据，以及在苏用过之银批注笔迹图章，均属不错。浦号当即应承于四月廿六日交过伊漕平足纹银一千两，公封去咱备五十两去纸皮兑钱砝（一副），比本合砝每五十两大二钱二分，均批注汴梁一万两票据上，至祈在京交伊银时将此项扣除，注浦会账为是。统随寄平一信，谅该收阅矣。廿九日收接第四十七次信，内云领悉，随会来浦见票交张君竹漕平足纹银一百两，俟伊来取，照票交付。

自前报后，收会过汴随信交银二百两，得路期外，得费银一两二钱。收会苏交银廿两。出会六月底苏收银二千两，在浦交伊原色银，月六厘五毫，与伊行息不定期。扬会来浦交银一百零一两。苏会来浦交银二百两。

今收会过张宗毅老爷京平足纹银二十两，无票，随有伊信一封，言定在京照信无利交伊，讨一收条寄浦，其平比本平共小七钱，在浦收伊原色（银），净得路期。又收会过叶杏庄四老爷京平足色纹银一百两，无票，随有伊信一封，言定在京照信无利交伊，讨一收条寄浦，其平比本平共小三两六钱，在浦收过原色（银），净得路期外，贴过咱会费银一两。随统南河开捐章程，另启二纸，祈寄天津一纸，至日照单揽办，惟揽办时说话些。又统浦寄平、口二信，又伍大人一信，收转。专此。

再，有浦寄京七十二次信，内报张宗毅老爷在浦会借过咱京平足纹银廿两，其平比本平共小七钱，无票，言定在京二月廿（日）前后将银送咱京号，至今未知京号收与否，如尚未收给，今即可将浦会京交伊，廿两之项在京扣除。又及。

五月十二日天元局寄京（第）九十九次（信）

于初四日天元局寄去第九十八次信，内报收会过张宗毅老爷京平足纹银廿两，无票，随呈伊信一封，言定在京照信无利交伊，讨一收条寄浦，其平比本平共小七钱。又收会过叶杏庄四老爷京平足色纹银一百两，无票，随呈伊信一封，言定在京照信无利交伊，讨一收条寄浦，其平比本平共小三两六钱。随统南河开捐章程，另启二纸，祈寄天津一纸，又统浦寄平、口二信，伍大人一信，谅该收阅矣。初七日收接第四十八次信，随统来唐鄂之原照履历，并甘石菴致其一信，又赏礼部、监照二张，捐银从九贡照一张，续纂例一本，均已收明领悉。至唐公之捐，接信之下，浦已致覆，唐公已定不办，作为无事矣。

自前报后，收会过在苏见票交银六十七两四钱，净得路期。又收会苏六月底交银五百一十三两二钱九分，净得期五十天。收会扬交银六百五十两，会式在扬结算。收会广随信交番银四十两，在浦收足银，净得路期。定收会七月底泾交银一千八百五十两，在浦陆续交咱，除空伊期三十五天，迟半月六厘算息。江省会来浦见票五天内交银一千四百两。今收揽到代陈克谐由俊秀报捐监生一名，言定本平足纹银一百四十二两，附呈伊履历一纸，至祈与伊速为上兑，领得部照，赶七月初三、四日到浦为望，愈早愈妙，伊要考遗之故。又收会过天津交名下京平足色纹银一百两，与伊立去会票一张，注在天津六月廿五日见票无利交还，无砝，其平比本平共小三两六钱，在浦收过伊原色银，净得空期四十三天，至祈由京转达天津交结为望，浦号定不寄信知照天津矣。随统赵佩棻、章香圃托寄天津各一信。又浦交过英大老爷银一百两收条一纸，并伊回信一封。又沈彦士老爷一百两收条一纸，此即系京会去扬交伊之项，扬阅此公信面上注系在板闸居住，离浦十余里，是以扬将伊信寄浦，嘱浦照信交给，注扬会账，讨得收条由浦寄京可也，至祈阅转。

再，至代赏礼由俊秀报捐监生，由监（生）加捐从九，不论双单月归部选用，并注册声明亲老告近之款，今阅伊部照上并无注册，以及亲老告近字样，因何不注之处，祈查明示知，以备答覆，赏公知之。专此。

五月十七日天顺局寄京（第）一百次（信）

于十二日天元局寄去第九十九次信，内报收揽到代陈克谐由俊秀报捐监生一名，言定本平足纹银一百四十二两，附呈伊履历一纸，至祈与伊速为上兑，领得部照，赶七月初三、四日到浦为望，愈早愈妙，伊要考遗之故。又收会过天津交名下京平足色纹银一百两，与伊立去会票一张，注在天津六月廿五日见票无利交还，无硋，其平比本平共小三两六钱，至祈由京转达天津交给为望，浦号定不寄信知照天津矣。随统赵佩棻、章香圃托寄天津各一信。又浦交过英大老爷一百两收条一纸，并伊回信一封。又沈彦七老爷一百两收条一纸。又报代赏礼由俊秀报捐监生，由监（生）加捐从九，不论双单月归部选用，并注册声明亲老告近之款，惟京来伊部照上并无注册，以及亲老告近字样，因何不注之处，至祈查明示知，谅该收阅矣。

今收会过梁福谦、梁福康、梁福衍三位少老爷漕平足纹银三百两，比本平每百（两）大四钱四分，又收会伊京平足纹银三百两，比本平每百（两）小三两五钱六分，在浦收过伊原色银，得路期外，贴过咱会费银六两。此三公即系候补道①梁佐中大人之少君，广东人进京乡试，恐带票担心，未立票硋，言定伊等到京之日，不拘其三位，何位到咱京号取银，祈盘问确实，即将银照信交付为望。今将伊原开名字、银数单一纸随信统上，以备在京交银

---

① "候补道"，清朝官名。道，为正四品官；候补道，即是道无缺额时的候补官职。

时盘问其底。再报，广东南韶连道祥大人之少君恒明二少爷，字熙廷，由广回京路费不足，于十五日在浦会借过咱漕平松江银三百两，比本平每百（两）大四钱，未较砝码，伊立来收条一纸，言定伊回京之日将银无利交咱，至祈照收，注浦会帐［账］，此系遵广信而为，念与广相厚，亦未扣伊会费银，叙报台知。今发去扬标银八千二百两。专此。随封去乾裕魁、复生长、乾亨永、泉盛涌托寄东口、祁邑各二信，至祈转捎。又及。

另启，刻收揽到代张壎由俊秀报捐从九职一名，言定本平足纹银一百十三两五钱，附呈伊履历一纸，至祈上兑领得部照，速寄来浦。又及。

五月十九日托梁福康带京（第）百零一次信

于十七日天顺局寄去第百次信，内报收会过梁福谦、梁福康、梁福衍三位少老爷漕平足纹银三百两，比本平每百（两）大四钱四分，又收会伊京平足纹银三百两，比本平每百（两）小三两五钱六分。此三位即系候补道梁佐中大人之少君，系广东人，进京乡试，恐带票不便，未立票砝，言定伊等到京之日，不拘其三位，何位到咱京号取银，祈盘问的确，即将伊所会之银，照信交付为望。今将伊原开名字，并银数单一纸随信统上，以备在京交银时盘问其底。又报有广东南韶连道祥大人之少君，恒明二少爷，字熙廷，由广回京路费不足，于十五日在浦会借过咱漕平松江纹银三百两，比本平每百（两）大四钱，未较砝码，伊与咱立来收条一纸，随信统上，言定伊回京之日将银无利交咱，至祈照收注浦会账，将伊收条退还。又收揽到代张壎由俊秀捐从九职一名，言定本平足纹银一百十三两五钱，附呈伊履历一纸，至祈上兑，随统乾裕魁、复生长、乾亨永、泉盛涌托寄东口、祁邑各二信，至祈收转。此皆前信之事，谅该收阅矣。

今逢梁福康等三位赴京之便，顺带此信，祈将伊所会之银，即凭此信交付为望。专此。

五月廿五日天元（局）寄京（第）百零二次（信）

于十九日托梁福康等带去第百零一次信，谅该收阅矣。廿四日收接第四十九次信，并平寄浦一信，梁巍先生廿两、伍辅祥四十四两收条各一纸，均已收明领悉。至前由浦会去京交李赋棠四百两之项，其胞兄住淮域，俟浦号问明送于何处，或仍候伊来取，再为信知京号为是。

今收会过余荫堂京平足纹银五千两，言定在京六月廿五日无利交伊二千两，廿八日交伊二千两，廿九日交伊一千两，与伊各立去会票一张，均注在京见票无利交还，其平照由京公较钱砝比兑，比本合砝每百（两）小三两一钱四分兑交，伊在浦六［陆］续交咱，合得路期外，每千（两）收贴咱会费银十两。又收会过名下足纹银三百两，与伊立去二百两、一百两会票各一张，均注在京见票无利交还，无砝，其平按咱本平兑交，此亦是河库道署之项，会式照前，至祈均照票交给。又收会汉见票交银一百两，收会苏见票交银二百两，二宗得路期外，得费银二两。随统杨培堃库收一纸，至祈交代裕泰银号。又统恒瑞庆一信，又乾亨永托寄东口、祁邑各一信，又德巨生寄东口、天津各一信，又乾裕魁寄东口、祁邑、天津各一信，又生旺德寄东口三信，泉盛湧寄东口一信，至祈各转。专此。

五月廿九日天顺局寄京（第）百零三次（信）

于廿五日天元局寄去第百零二次信，内报收会过余荫堂京平足纹银五千两，言定在京六月廿五日无利交伊二千两，六月廿八日无利交伊二千两，六月廿九日无利交伊一千两，与伊各立去会票一张，均注在京见票无利交还，其平照由京公较钱砝比兑，比本合砝每百（两）小三两一钱四分。又收会过名下足纹银三百两，与伊立去二百两、一百两会票各一张，均注在京见票无利交还，无砝，其平系咱本平兑交。随统杨培堃库收一纸，至日交代裕泰银号为是。又恒瑞庆一信，又乾亨永寄东口、祁邑各一信，德巨生寄东口、天津各一信，乾裕魁寄东口、祁邑、天津各一信，生旺德、泉盛湧寄东口四信，谅该收阅矣。

今收会过宋小墅三老爷宝银一百五十两，无票砝，随有伊信一封，言定在京照信无利交伊，讨一收条寄浦，其平即系咱本合砝兑交，在浦收原色（银），得路期外，贴过咱会费银一两八钱，至祈速为照信交给，此项系熊存泰托宋公在京赶办捐监之事。又收会过前湖南福安县师漕平足纹银一百两，无票砝，随呈伊信一封，言定在京照信无利交伊，讨一收条寄浦，其平比本合砝共大四钱兑交，在浦收原色（银），会式未讲。随统浦寄平、口二信。再报，清江捐输已准报捐职衔，今另开一单呈电，又寄天津一纸，收转。专此。

六月初三日天元（局）寄京（第）百零四次信

于前月廿九日天顺局寄去第百零三次信，内报收会过宋小墅三老爷宝银一百五十两，无票砝，随有伊信一封，言定在京照信无利交伊，讨一收条寄浦，其平系咱本合砝兑交，至祈速为交给。又收会过前湖南福安县师漕平足纹银一百两，无票砝，随呈伊信一封，言定在京照信无利交伊，讨一收条寄浦，其平比本合砝共大四钱。随统浦寄平、口二信。又清江捐输准捐职衔，另启二纸，寄天津一纸，谅该收阅矣。

初一日收接第五十次信一封，并平寄浦一信，均已收明领悉。随会来浦见票迟三五天交喻咸宁足银三百两，交协成正足银三百两，交元丰义足银二百两，交胡协春足银二百零一两一钱，交胡协泰足银二百零一两八钱四分，交张吉太足银一百五十（两），交徐万利足银五十两四钱六分，俟来均各照票砝交给，无须计念。至如升大、李天直、东如升、渠源广等号带咱天津不列次凭信，如其来浦要银两，照信应付为是。惟今来信云李鸣鹤捐监之事，现在托友找结。此公即是李鹤鸣，勿祈捐错为望。随统逢原泰寄口一信，又复生长寄口一信，浦寄平一信，又众托寄祁邑信六封，其等均系要信，万祈速转。专此。

另启，刻收会过袁名下漕平足纹银二百两，与伊立去会票一张，注在京见票无利交还，无砝，其平比本合砝每百（两）大四钱四分，在浦收过伊原色（银），得路期外，贴过咱会费银二两零四分，至祈照票交给。又及。

六月十一日天顺局寄京（第）百零五次信

于初三日天元局寄去第百零四次信，内报收会过袁名下漕平足纹银二百两，与伊立去会票一张，注在京见票无利交还，无砝，其平比本平每百（两）大四钱四分兑交。随统复生长、逢原泰托寄口各一信，浦寄平一信，又众托寄祁邑信六封，谅该收阅矣。

今收会过苏见票交银六百两，得路期外，得费银四两八分。收会七月底泾交银八百两，合得期四十天。随统源茂卉一信，又唐郁一信，又生旺德、德丰厚寄口各一信，日兴昌、德巨生寄津各一信，其等均系要信，至祈各转。专此。又统浦寄平一信，又逢原允、乾裕魁、德丰厚寄祁各一信，均祈转。又及。

六月十四日天元局寄京（第）百零六次信

于十一日天顺局寄去第百零五次信，随统源茂卉一信，又唐郁一信，又生旺德、德逢厚①寄口各一信，日兴昌、德巨生寄津各一信，又浦寄平一信，又逢原允、乾裕魁、德丰厚寄祁各一信，谅该收阅矣。

今收揽到代陈遐庆由附生②加捐贡生一名，言定本平足纹银一百九十六两四钱，附呈伊原履历一纸，至祈与伊上兑，领得部照，速寄来浦。随统浦寄平一信，又谦泰兴、乾亨永、乾裕魁寄东口各一信，又乾亨永、大德兴寄祁邑各一信，又东如升、如升大寄津各一信，至祈各转。专此。刻收会过八月底泽交银一千两，得期七十五天，外贴咱会费银二两。又及。

---

① "德逢厚"，即"德丰厚"。
② "附生"，科举制度中生员的名目之一，"附学生员"的简称。

六月十九日天顺局寄京（第）百零七次信

于十四日天元局寄去第百零六次信，内报收揽到代陈遐庆由附生加捐贡生一名，言定本平足纹银一百九十六两四钱，附呈伊原履历一纸，至祈与伊上兑，领得部照速寄来浦。随统浦寄平一信。又谦泰兴、乾亨永、乾裕魁寄东口各一信。又乾亨永、大德兴寄祁邑各一信。又东如升、如升大寄津各一信，至祈各转，谅该收阅矣。十五日收接第五十一次信，并李鹤鸣原履历一纸，二卯开兑加平另字一纸。又叶杏庄一百两、张宗毅二十两收银条各一纸，唐大老爷、生旺德等众信七封，许公一信。至全升李用银之事，如其用时，遵信应付。十三日收接第五十二次信，并吴稼轩一百两收条一纸，平寄浦一信，均已收明领悉。李鹤鸣不能取结之情，已达伊知。

今收会过许应镍大老爷京平松江纹银四十两，无票硙，随呈伊信一封，言定在京照信无利交伊，讨一收条寄浦，其平比本平共小一两四钱四分，在浦收原色（银），净得路期，至祈交伊银时，将伊之信外面用红签写祝敬二字为望。收会扬见票交银七百五十两，得路期外，得费银九两。交过苏会银二百两。随统全升李一信，又生旺德托寄通州一信，至祈如转通州不便，即寄天津转捎亦可。专此。

六月廿六日天顺局寄京（第）百零八次（信）

于十九日天顺局寄去第百零七次信。内报收会过许应镍大老爷京平松江纹银四十两，无票硙，随呈伊信一封，言定在京照信无利交伊，讨一收条寄浦，其平比本平共小一两四钱四分兑交。随统去全升李一信，又生旺德托寄通州一信，谅该收阅矣。

自前报后，收会过扬见票交银一千两，得路期外，得费银六两。收会泾八月底交银四千两，得期三十五天。收会七月底泾交银六百两，其银早存咱号，合得期二月。收会汴见票交银九十九两七钱，得路期外，得费银一两。汴会来浦交银五百九十七两。扬会来捐项银一千五百五十七两六钱七分。今收会过王慎行足色纹银五十两，无票砝，随呈伊信一封，言定在天津照信无利交伊，讨一收条寄浦，其平即系咱本平兑交，至祈由京转达天津为是。在浦收过伊原色银，得路期外，得费银六钱。随统全升李一信，又赵作宾、永信蔚、如升大、谦裕魁托寄津各一信，生旺德、德巨生寄东口各一信。逢原泰、福盛诚、谦裕魁、泉盛湧、德丰厚、复生长寄祁邑各一信，至祈各转。

刻，接第五十三次信，随统来常捐加平另字一纸，唐次功一信，均已收明领悉。至生旺德、全升李二号用银之事，遵信斯理。至谦泰兴李兄所带布包、缙绅等物，刻尚未收到，俟伊抵浦，照信收转。专此。

六月廿八日天顺局寄京（第）百零九次信

于廿六日由天顺局寄去第百零八次信，内报收会过王慎行足色纹银五十两，无票砝，随呈伊信一封，言定在天津照信无利交伊，讨一收条寄浦，其平即系咱本平兑交，至祈由京转达津号为是。随统众寄东口等处之信，谅该收阅矣。

今收会过在苏见票交银一百两零九钱，得路期外，得费银一两。出会东昌收银五百两，贴期四个月，共扣伊费利银一十七两。出会东口十月初三日，无利收十二家茶庄字号竟宝银一万二千七百五十两，咱在浦现交过伊等元宝合足纹银，贴期三个半月，共扣过伊费利银四百二十九两零九分，其十二家之字号，浦与口信内呈明，其平即系咱本平。

再报，浦寄京第百零四次信，内报有收会过京见票交袁名下漕平足纹银二百两，无砝，其平比本平每百（两）大四钱四分，惟此项原系松江银色，浦号错报为足纹银，至祈将账更正为望。再，头卯何日掣千，祈开单示浦。随统复抄前信另启一纸，并浦寄平一信，收转。又祝德舆托查请封单一纸，祈查明示知。

七月初二日天元局寄京第百十次信

于前月廿八日天顺局寄去第百零九次（信），随统复抄前信另启一纸，并浦寄平一信。又祝德舆托查请封单一纸，祈查明示知，谅该收阅矣。

今收会过丁寿昌老爷京平足纹银三百四十六两，与伊立去会票一张，注在京见票无利交还，无砝，其平比本合砝每百（两）小三两五钱兑交。票上又批：此票到京系寿昌老爷亲自面兑，如别人执票来取，不付。在浦收原色（银），得路期外，贴过咱会费银三两四钱六分。随统东如升、复生长、德巨生托寄天津要信各一封，至祈速转。专此。刻，苏会来浦交银一千一百两。又及。

七月初七日天顺局寄京（第）百十一次信

于初二日天元局寄去第百十次信，内报收会过丁寿昌老爷京平足纹银三百四十六两，与伊立去会票一张，注在京见票无利交还，无砝，其平比本合砝每百（两）小三两五钱兑交。票上又批：此票到京系寿昌老爷亲自面兑，如别人执票来取，不付。随统东如升、复生长、德巨生托寄天津要信各一封，谅该收阅矣。

今收会过名下足纹银二千两，与伊立去会票一张，注在京见票无利交还，无砝，其平比咱本合砝每百（两）小四两兑交，在浦系库道署经手其银，随后交咱处，每千（两）贴咱会费银十两，至祈照票交给。又定收会八月底泾交银四千两，在浦六[陆]续交咱，除空伊期四十天，月六厘算息。随统浦寄平、口二信，又伍宅一信，全升李一信，永兴蔚一信，如升大一信，至祈速转。又统唐鄂、张庆安托查换照用银若干单一纸，祈查明示知。

再报，前者会去京交李赋棠四百两之项，今伊胞兄云此项仍候李赋棠自行来咱京号收取，不必找寻交给，叙报台知。专此。

再启，前代赏礼报捐从九，注册亲老告近之事。今伊云接得京中友人来信云，亲年在六十以上，家有次丁，不准报捐告近，且咱京号递呈时亦未办理。此层，今伊嘱浦再在部查问果否，再将递呈原稿捎浦为望。又及。

七月十四日天元局（寄）（京）（第）百十二次信

　　于初七日天顺局寄去第百十一次信，内报收会过名下足纹银二千两，与伊立去会票一张，注在京见票无利交还，无砝，其平比本合砝每百（两）小四两兑交。又报前者浦会去京交李赋棠四百两之项，今伊胞兄来浦云此项仍候伊自行来咱京号收取，不必寻找交给。又报前者代赏礼报捐从九注册，亲老告近之事。今伊云接得京中友人来信云，亲年在六十以上，家有次丁，不准报捐告近，且咱京号递呈时亦未办理。此层，今伊嘱浦再在部查问果否，再将递呈原稿捎浦为望。随统浦寄平、口二信，又伍宅、全升李、永信蔚、如升大各一信，又唐鄂、张庆安托查换照用银若干单一纸，祈查明示知，谅该收阅矣。初十日收接第五十四次信，并陈克谐部、监照二张，师法舟一百两收条一纸，张大老爷一信，均已收明领悉。

　　今于十二日收会过王石生老爷京平松江纹银一百七十两，与伊立去会票一张，注在京见票无利交还，无砝，其平比本合砝每百（两）小三两五钱兑交，在浦收原色（银），得路期外，贴过咱会费银一两三钱六分。再，全升李在浦会借过咱号足纹银三百五十两，无票砝，各以信为凭，言定伊在京十月十五日无利交咱，其平即系咱本合砝兑收，咱在浦交过伊原色（银），今贴伊期三个半月，共扣过现利银八两九钱二分，至祈按期收给，随统伊会银底信一封，至祈转交。又出会过天津收东如升头白宝银一千五百两，未立票砝，各以信知，言定伊在天津八月底无利交咱，其平即系咱本合砝兑收，咱在浦交过伊足宝银，合贴伊期两个半月，共扣过伊现利银二十三两七钱三分。又出会过天津收如升大头白宝银二百六十两、永信蔚头白宝银三百廿两、天福永头白宝银三百一十两，以上三号，伊等与咱各立来收条一纸，均注在天津十月十五日照条无利收伊，无砝，其平均系咱本合砝兑收。咱在浦现交过伊等足宝银，合贴伊期三个半月，共扣过伊等现利银二十一两七钱七分，念其与咱同东亦有相厚者，未扣伊等会费银，至祈由京转达津号，按期收给为望。收会汴随信交银十两，净得路期。苏会来浦交银五百七十两。交过苏会办捐银二千二百一十八两。随统乾裕魁、大德兴寄祁各一信，又谦泰兴、逢原泰寄东口各一信，赵作宾、东如升寄津各一信，伊等均系要信，至祈速转。

刻，收揽到代师世振由俊秀在常例报捐监生，同日在筹饷大捐内由监加捐未入流，至不论双单月归部选用，共言定本平足纹银四百一十五两六钱八分。又收揽到代师受熙由俊秀在常例报捐监生，同日在筹饷大捐内由监加捐未入流，至不论双单月归部选用，亦系共言定本平足纹银四百一十五两六钱八分，至祈各照此数，注浦会账，与伊等速为上兑，务祈赶入二卯为望。惟祈将二公之部、监照均要单另领出，领得速为寄浦。附呈二公履历各一纸，又银数单一纸，外面假写捐照一名，祈勿疑。专此。随统赵紫垣托捐金顶单一纸，祈买好遇便寄浦。又及。

七月十九日天顺局寄京（第）百十三次（信）

于十四日天元局寄去第百十二次信，内报于十二日收会过王石生老爷京平松江纹银一百七十两，与伊立去会票一张，注在京见票无利交还，无砝，其平比本合砝每百（两）小三两五钱兑交。又报全升李在浦会借过咱足纹银三百五十两，无票砝，各以信为凭，言定伊在京十月十五日无利交咱，其平按咱本合砝兑收，在浦交过伊原色（银），贴伊期三个半月，扣过伊利银八两九钱二分。随统伊会银底信一封，至祈按期收给。又报收揽到代师世振、师受熙二公由俊秀在常例各报捐监生，同日在大捐内加捐未入流，至不论双单月归部选用各一名。每名言定本平足纹银四百一十五两六钱八分，附呈伊等履历各一纸，又银数单一纸，至祈与伊等速为办理，赶入大捐二卯，领得部照，速为寄浦，伊要办理赴选等事，惟将伊等部监照单另领出为望。随统赵紫垣托捎金顶单一纸，又乾裕魁、大德兴托寄祁二信，又谦泰兴、逢原泰寄东口二信，赵作宾、东如升寄津二信，其等均系要信，至祈各转，谅该收阅矣。

今出会过十一月半东昌收银二百两，贴伊期四个月，月六厘，扣伊现利外，扣过伊会费银二两。随统浦寄津一信，又浦寄平信一封，又大德常寄通州一信，又大德常、富盛诚、谦泰兴、生旺德、泉盛湧寄东口信七封，文秀堂一信，伊等均系要信，至祈速转。专此。刻，交过苏会来捐项银二千二百一十八两。又及。

七月廿三日天元局寄京（第）百十四次信

于十九日天顺局寄去第百十三次信，随统浦寄平、津二信，又大德常寄通州一信，又大德常、富盛诚、谦泰兴、生旺德、泉盛湧寄东口信七封，又文秀堂一信，伊等均系要信，至祈速转，谅该收阅矣。廿日收接第五十五次信，并张壎从九照一张，平寄浦二信，克远、义聚昌各一信，宋小墅一百五十两收条一纸，均已收明领悉。

至前报后，收会过九月初十泽交银六百两，得期五十天，得费银四两。收会苏见票交银二百两，净得路期。收会八月底河口交银一千三百两，得期五十天，得费银八两四钱。苏会来七月十七日浦交银三百两，廿五日交银四百五十两，廿七日交银三百五十两，八月初七日交银五千九百两。今收会过许金台老爷九九色纹银一百两，无票砝，随有伊信一封，言定在京照信无利交伊，讨一收条寄浦，其平比本平共大四钱，在浦收过伊原色银，得路期外，贴过咱会费银一两，惟伊信面上未写明九九色，即令其写明九九色收条为是。又收会过名下漕平足色纹银一百五十两，与伊立去一百两、五十两会票各一张，均注在京见票无利交还，无砝，其平比本平每百（两）大四钱，在浦收伊原色（银），得路期外，贴过咱会费银一两二钱。又收会过余荫堂京平足纹银六百两，与伊立去会票一张，注在京见票无利交还，其平照由京公较准钱砝比兑，比本合砝每百（两）小三两一钱四分，在浦收伊原色（银），得路期外，得费银六两，至祈均照票信交给。又揽到代李鹤鸣由俊秀报捐监（生）一名，附呈伊履历一纸，此即系前因不能取结未办。今伊有致王敬熙之信，即是因托伊取结之事，至祈收阅封口交付，与伊面商。如果伊找到出结之人，即为与伊上兑办理，用银若干，注浦会账，此公系库道署门工之子，祈以实数结浦为望。随统浦寄平、口、津三信，又周鬓泽一信，协成正一信，侯照玉一信，至祈速转。

再报，今接平铺来信云，与各马［码］头均已有信，清江已定收庄归于扬号，以今年之底为止等情，谅该收阅矣。专此。

另启，成信后，收会过名下足纹银二百两，与伊立去会票一张，注在京见票无利交还，无砝，其平系咱本平，在浦收过伊原色银，得路期外，贴过咱会费银二两，至祈照票交给。又及。

七月廿九日天顺（局）寄京（第）百十五次信

于廿三日天元局寄去第百十四次信，内报收会过许金台老爷九九色纹银一百两，无票，随有伊信一封，言定在京照信无利交伊，讨一收条寄浦，其平比本平共大四钱兑交，惟伊信面上未写明九九色银，即令其写九九色收条为是。又收会过名下漕平足纹银一百五十两，与伊立去一百两、五十两会票各一张，均注在京见票无利交还，无砝，其平比本平每百（两）大四钱兑交。又收会过余荫堂京平足纹银六百两，与伊立去会票一张，注在京见票无利交还，其平照由京公较准钱砝比兑，比本合砝每百（两）小三两一钱四分。又报收揽到代李鹤鸣由俊秀报捐监生一名，附呈伊履历一纸，此即系前因不能取结未办。今伊有致王敬熙之信，即是因托伊取结之事，至祈收阅，封口交付，与伊面商。如果伊找到出结之人，即为与伊上兑办理，用银若干，注浦会帐［账］。此公系库道署门公之子，祈以实数结浦为望，领得部、监照，速为寄浦。又收会过名下足纹银二百两，与伊立去会票一张，注在京见票无利交还，无砝，其平系咱本平兑交。随统浦寄平、口、津三信，周鬓泽一信、协成正一信、侯照玉一信，此皆前信之事，谅该收阅矣。

今收会过天顺局漕平足宝银二百零二两，与伊立去会票一张，注在京见票无利交还，无砝，其平比本平共大五钱兑交，在浦收过伊原色银，得路期外，贴过咱会费银二两，至祈照票交给。随统唐蕴生一信，又乾裕魁托寄津、口、祁各一信，又谦泰兴托寄口一信，又大德兴托寄祁一信，至祈各转，伊等均系要信。专此。

另启，刻收会过张澍老爷漕平九九色银卅两，无票，随有伊信一封，言定在京照信无利交伊，讨一收条寄浦，其平比本平共大一钱二分，在浦收原色（银），得路期外，贴过咱会费银二钱，至祈照信交给。又及。

八月初二日天顺局寄京（第）百十六次信

于前月廿九日天顺局寄去第百十五次信，内报收会过天顺局漕平足宝银二百零二两，与伊立去会票一张，注在京见票无利交还，无砝，其平比本平共大五钱兑交。又收会过张澍老爷漕平九九色银卅两，无票，随有伊信一封，言定在京照信无利交伊，讨一收条寄浦，其平比本平共大一钱二分兑交。随统唐蕴生一信，又乾裕魁寄津、口、祁各一信，又谦泰兴寄口一信，又大德兴寄祁一信，谅该收阅矣。卅日收接第五十六次信，许应鑅老爷四十两收条一纸，乾泰兴一信。同日收接第五十七次信，并祝德舆查捐单一纸，口寄浦一信，乾亨永一信，筹饷例、头卯官生录一本。王慎行五十两收条一纸，均已收明领悉。随会来浦见票交永泰号足银一百六十两，又凭信交英大老爷足银一百两，俟交讨来收条，再为寄上。至景圆庆捐浦摺绅，刻尚未到，俟收再复。

今收会过名下京平足纹银五百两，与伊立去会票一张，注在京见票无利交还，无砝，其平比本平每百（两）小三两六钱，在浦收原色（银），得路期外，贴过咱会费银四两，惟其票上未注明足纹银，止［只］写纹银，至祈即按足纹银交伊为是。又收会过马名下京平足纹银一百两零二钱，又收会王名下京平足纹银二百两零八钱三分，又收会王名下京平足纹银一百九十四两一钱二分，与伊等各立去会票一张，均注在京见票无利交还，均无砝，其平均比本平每百（两）小三两六钱兑交，在浦收过原色（银），得路期外，贴过咱会费银四两，至祈均照票交给。随统大德常等号在浦会借过咱银花单一纸，又许应鑅一信，辅增庆一信，朱问渔一信，浦寄平一信，至祈各转。

再报，今梁佐中大人虑其子梁福谦、梁福康、梁福衍等年幼，恐其等出场后回浦盘费不足，无处挪借，嘱浦信知京号，如其等回浦路费不足，在咱京号借银数十两至一百两，祈为交付，令其立一收条寄浦，向伊收给为望。

八月初九日天元局寄京（第）百十七次信

于初二日天顺局寄去第百十六次信，内报收会过名下京平足纹银五百两，与伊立去会票一张，注在京见票无利交还，无砝，其平比本平每百（两）小三两六钱，惟其票上未注明足纹银，止［只］注纹银，至祈即按足纹银交伊为是。又收会马名下京平足纹银一百两零二钱，又收会王名下京平足纹银一百九十四两一钱二分，又收会王名下京平足纹银二百两零八钱三分，与伊等各立去会票一张，均注在京见票无利交还，均无砝，其平均比本平每百（两）小三两六钱兑交。随统大德常等号在浦会借过咱银花单一纸，又许应鏪一信，辅增庆一信，朱问渔一信，浦寄平一信。又报梁佐中大人虑其子梁福谦、梁福康、梁福衎等年幼，恐其等出场后回浦盘费不足，无处挪借，嘱浦信知京号，至祈如其等回浦路费不足，在咱京号会借银数十两至一百两，祈为交付，注浦会帐［账］，令其写一收条寄浦，向伊收给为望，谅该收阅矣。初五日收第五十七次副信一封，并湖广茶庄寄浦号一信，又大德常等信七封，均已收明领悉。

今收会过苏见票交银一千两，得路期外，得费银八两，苏去扬标银五千一百余两。

再报，东如升李振寰兄今月初九日在浦会借过咱本平头白宝银三百两，未立票砝，各以信凭，言定在津见信将银交咱，至利银会费，言明在津酌量结算，至祈信知津号收给，注浦会帐［账］为望。随统伊会银底信二封，又大德常等号由口来原信六封，至祈将其等之信转挡天津为是，无挡口，其等俱已动身跟粮船北上矣。随统浦交过英大老爷一百两收条一纸，又浦寄津一信，收转。又及。

八月十二日亥刻天顺局专脚送京（第）百十八次信

于初九日天元局寄去第百十七次信，随统浦交过英大老爷一百两收条一纸，浦寄津一信，东如升津会银底信二封，大德常等号寄津六信，谅该收阅矣。十一日收接第五十八次信，随会来浦凭信交吴爱荣老爷市平足色纹银七十八两九钱，并伊信一封。又赏礼递呈底稿一纸，平寄浦二信，大德常一信，陈遐庆部、贡照两张，均已收所领悉。

今于十一日收会过黄大老爷足纹银四百五十两，又收会过伊净松江纹银二百两，与伊各立去会票一张，均注在京九月十一日见票无利交还，公封去咱备五十两去纸皮兑钱砝一付［副］，比本合砝每五十两小八钱二分，在浦收过伊原色银，得期卅天，外贴过咱会费银三两，至祈照票砝交给。又揽到代德林老爷在部换领部照一名，至祈在京用银若干，结来浦号，此公系镶黄旗汉军春明佐领下人，似乎无用印结。倘非出印结不行，亦祈与伊更换，好在大行大市，所用之银开一花单为望。附呈伊库收各一纸，收阅，领得部照速寄来浦为望。随统浦寄口、津二信，口信内有一万二千七百五十两会票一张，又浦寄口钱砝一付［副］，又谦泰兴寄口一信，乾裕魁、大德兴寄祁二信，又乾裕魁寄口一信，又大德常（寄）口来原信一封，其号人已动身，至祈将伊信寄津为是，无用转口矣。随统浦交过吴爱荣银七十八两九钱收条一纸，收阅。专此。

另启，刻收会过张大枘老爷京平松江纹银三百两，未立票砝，随有伊信一封，言定在京照信无利交伊，讨一回信收条寄浦，其平比本平每百（两）小三两六钱，在浦收伊原色（银），得路期外，贴咱会费银二两四钱，至祈照信速为交付。此信即系咱代伊专脚送信到京，言定今月廿七日一准到京，脚力在浦付讫不欠。又收会过天成宝局漕平足色纹银三百八十五两二钱，与伊立去会票一张，注在京见票无利交还，无砝，其平比本平每百（两）大五钱，在浦收过原色（银），得路期外，贴过咱会费银一两九钱，至祈照票交给。又及。

八月十四日随名下会票带京（第）百十九次（信）

　　于十二日亥（刻）专脚天顺局送去第百十八次信，内报于十一日收会过黄大老爷足纹银四百五十两，又收会过伊净松江纹银二百两，与伊各立去会票一张，均注在京九月十一日见票无利交还，公较封咱备五十两去纸皮兑钱砝一付［副］，比本平每五十两小八钱二分。又揽到代德林老爷在部换领部照一名，至祈在京用银若干，结来浦号，此公系镶黄旗汉军春明佐领下人，似乎无用印结。倘非出印结不行，好在大行大市，亦祈与伊更换，所用之银，开一花单为望。随呈伊库收一纸，收阅，领得部照速寄来浦。又收会过张大枬老爷京平松江纹银三百两，未立票砝，随有伊信一封，言定在京照信无利交伊，讨一收条回信寄浦，其平比本平每百（两）小三两六钱，至祈照信速为交付，此信即系咱代伊专脚送京，言定今月廿七日一准到京，脚力在浦付讫不欠。又收会过天成宝局漕平足纹银三百八十五两一钱，与伊立去会票一张，注在京见票无利交还，无砝，其平比本每百（两）大五钱。随统浦寄口、津二信，口信内有一万二千七百五十两会票一张，又浦寄口钱砝一付［副］，又谦泰兴、乾裕魁、大德常等寄津、口、祁等处之信，又浦交过吴爱荣银七十八两九钱收条一纸，谅该收阅矣。

　　今收会过名下九八色松江纹银一百两，与伊立去会票一张，注在京见票无利交还，无砝，其平系咱本平兑交，在浦收过伊原色银，得路期外，贴过咱会费银一两。今托伊随票顺带此信。专此。

八月十五日天顺局寄京（第）百廿次信

　　于十四日随名下会票带去第百十九次（信），内报收会过名下九八色松江纹银一百两，与伊立去会票一张，注在京见票无利交还，无砝，（其）平系咱本平兑交，谅该收阅矣。

　　今收会过继德堂赵足色宝银三千三百两，又收会过伊足色纹银一千七百两，按八月初十日与伊共立去会票一张，注在京见票无利交还，公较封咱备五十两去纸皮兑钱砝一付［副］，即系咱本平比兑，在浦收原色（银），得路期外，贴过咱会费银六十两，至祈照票砝交给。随统东如升寄天津一信，伊系要信，至祈速转，又孙大老爷一信，收转。专此。

八月十八日天元局寄京（第）百廿一次信

于十五日天顺局寄去第百廿次信，内报收会过继德堂赵足色宝银三千三百两，又足色纹银一千七百两，按八月初十日与伊共立去会票一张，注在京见票无利交还，公封去咱备五十两去纸皮兑钱砝一付［副］，即系咱本平兑交，此项系赵作宾老爷之项，大约是办理捐升使用。随统东如升寄天津一信，又孙大老爷一信，谅该收阅矣。

今收会过江省交银一百两，得路期外，得费银一两。收会扬交银六十八两，得路期外，得费（银）六钱。出会东昌十一月半收银四百两，贴期三个月，得利银一十一两二钱。随统浦寄平一信，收阅转捎。专此。

八月十九日随陈少南专脚带京（第）百廿二次（信）

于十八日天元局寄去第百廿一次信，并浦寄平一信，谅该收阅矣。

自前报后，收会过在扬见票交银六十八两，得路期外，得费银六钱。收会十一月初间苏交银三百六十两零六钱七分，净得期七十来天。收会汴见票十五天交银二千五百五十两，得路期外，得费银廿两。今收会过陈少南老爷京平松江纹银四十两，与伊立去会票一张，注在京见票无利交还，无砝，其平比本平共小一两四钱二分，在浦收原色（银），净（得）路期，至祈照票交给，此信系随陈少南老爷专脚信带京。专此。

八月廿一日天元局寄京（第）百廿三次信

于十九日随陈少南专脚带去第百廿二次信，内报收会过陈少南老爷京平松江纹银四十两，与伊立去会票一张，注在京见票无利交还，无砝，其平比本平共小一两四钱二分兑交，谅该收阅矣。

今收会过林文津老爷京平九八色松江纹银一百两，与伊立去会票一张，注在京见票无利交还，无砝，其平比本平共小三两五钱，在浦收过原色银，得路期外，贴过咱会费银一两，至祈照票交给。又定收会十月底泾交银四千两，在浦早卅五天交咱。随统浦寄平一信，至祈转捎。

再报，有前年由咱成号揽来，张庆安系云南人，由贡生在南河捐输加捐县丞，指省分发，四川遇缺，即补一名。彼时成号按在浦换照结来换照银十两，嘱浦代伊换领，不料部内因伊无捐贡年月日驳出。至后，河督已经复奏在案，其部照仍未发来清江。张庆安屡次催问其照，并不说银在何处归咱，浦号明知其尚欠咱成号银一千之多，不当与伊再为多佃［垫］银两。今张庆安与浦号之信云，换照并不用印结银，止［只］用银十余两，又云，伊胞弟张沄卿现在京都，至祈与其商量。如果用银十余两或廿余两，亦祈京号与伊佃［垫］银，将照换出。所用银若干，由京计［记］成号之账，无用过浦号之账。一面信知成号、浦号为是，换得部照暂存京号，候张庆安赴京时必须带浦号取照之凭信也。随统伊实收一纸，又伊与浦原信一封，又复抄成号与浦之另启一纸，祈一并收阅。专此。再，张庆安换照银，如张沄卿能佃［垫］更好。又及。

八月廿四日专（脚）天元局送京（第）百廿四次信

于廿一日天元局寄去第百廿三次信，内报收会过林文津老爷京平九八色松江纹银一百两，与伊立去会票一张，注在京见票无利交还，无砝，其平比本平共小三两五钱兑交。又报有前年由咱成号揽来，张庆安系云南人，由贡生在南河捐输加捐县丞，指省分发，四川遇缺，即补一名。彼时成号按在浦捐输局换部照，结来换照银十两，嘱浦代伊换领，不料部内因伊无原捐贡年月日驳出，着河台查明复奏，至后已经复奏，准予给照，奈部照至今仍未发来清江。张庆安屡次催问换照，并不说银在何处交咱，但在部换照与捐局大不相同，浦号明知其尚欠咱成号银一千余两，不当与伊再为多佃［垫］。今张庆安与浦之信云，换照并不用印结银，止［只］用银十余两即可换出，又云伊胞弟现在京城，嘱浦信知京号，与伊胞弟商量换照。今将伊实收一纸，随信统上，至祈与伊胞弟张沄卿商量换领。如果用银十余两或廿余两，祈京号与伊佃［垫］银，将照换出所用银两，计［记］成号之账，无用过浦号之账。一面速信知照成号、浦号两处为望，换得部照暂存京号，候张庆安赴京时，伊必须带浦号取照之凭信也，随统去张庆安致浦原信一封，又复抄成号致浦之另启一纸。再，张庆安换照用银若干，如张沄卿佃［垫］银更好，此皆前信所叙，谅该收阅矣。再，张庆安换照之事，如用银卅来两，不能换领，将伊原实收速寄来浦为是。又及。

今收会过名下纹银二千二百两，与伊立去一千二百两、一千两会票各一张，均注在京见票无利交还，无砝，其平比本平每百（两）小四两五钱兑交，至祈即按九八色松江银交伊为是。此系库署门政钱春圃经手之项，伊云，系送人之项，因票上写明九八色松江（银），不甚好看，所以票上未曾注明，且其平亦不够京平，票上亦未注明京平之故。伊在浦交过咱原色银，得路期外，贴过咱会费银廿两，至祈照票交给。又收会过吴昆田老爷京平足纹银一百八十两，未立票砝，随呈伊信一封，言定在京照信无利交伊，讨一收条寄浦，其平比本平每百（两）小三两五钱，在浦收过伊原色（银），净得路期。此项系唐鄂老爷托伊在部换领部照使用，至祈信到之日，速为将银交付，万祈勿迟。此信即系唐鄂老爷专脚送京，限定九月初七日一准到京，脚力付清不欠。随统乾裕魁寄祁一信，收转。专此。

《同治九年腊月至十年冬月蔚盛长京师致福州信稿》

信稿简介

  《同治九年蔚盛长票号信稿》收录于《晋商史料集成》第 2 册第 276—373 页，原件由刘建民收藏，现存于晋商博物院。信稿封皮为红色麻布，其封面上没有题名。本册信稿包括封皮在内共 50 页，每页 22 列，每列约 40 字，竖排格式，楷书书写，字迹清晰，但并不统一。依据扫描影印图片对其进行整理录入后发现，该册信稿共包含 42 封信，从清同治九年（1870）腊月十七日起到同治十年（1871）冬月二十四日结束，其编号信（第一次至第三十三次）均以"×月×日由×转去第×信"为题；未列次信 9 封均以"×月×日由×转去众信友单"为题。经录入整理统计共有约 4.3 万字。该册信稿的第二十四次信有残缺，残缺原因不详。

  本册信稿的归户主要分为两个方面，一是时间问题，二是是何票号。关于时间问题，该册信稿中的信件书写应是从清同治九年（1870）腊月十七日起到同治十年（1871）冬月二十四日止。理由如下：该信稿中的第四封信有时间记录，即"辛未正月十七日由申转去第四次信"，查阅可知辛未年为 1811 年或者 1871 年，在整理信稿时发现，第六次信中提到了"厦门厅刘"，指文中的刘良荃，查阅资料得知，刘良荃任职厦门厅在 1866 年[①]，即同治五年，可以确定这份信稿的书写年代在同治五年以后，而该信的第一

[①] 厦门市图书馆编：《厦门人物辞典》，鹭江出版社 2003 年版，第 625 页。

封写于上一年的腊月十七日，即可以确定这份信稿开始书写的时间为同治九年（1870）。基于此，我们可以进一步断定，本册信稿的书写时间应该是从清同治九年（1870）腊月十七日起到同治十年（1871）冬月二十四日结束。

关于是何票号的问题，《晋商史料集成》中将该信稿定名为《同治九年百川通票号信稿》，据考证，该票号应该是蔚盛长。有以下几点原因：其一，根据信稿可知，本册信稿为北京分号与福建分号之间通过由天津或上海转寄完成的书信业务往来。信稿中涉及的其他分号还包括：平遥、北京、天津、上海、南昌、张家口、广州、汉口、成都。该册信稿中与平遥的业务往来较为密切，而平祁太作为票号的发源地，故可确定这份信稿的主体为平遥帮票号。其二，据《山西票号史料》记载，平遥帮在福建地区开设分号的有蔚泰厚、蔚盛长、新泰厚、协同庆、蔚长厚等5家。该信稿中提到了"蔚泰厚"和"新泰厚"，即"至蔚泰（厚）由沈转京，会闽交瑞大人之项，其内诸多不周情形，京已转述"。"定交会过谷夏标收新泰厚银一万两"，故可以将二者排除在外。信稿中提到了"东口"，即张家口，而上述票号在张家口开设分号的只有蔚盛长和协同庆。此外，信稿中还多次提到"江"，即指江西南昌，而在南昌开设分号的有蔚盛长和蔚长厚。在使用排除法后，上述票号满足在南昌和张家口开设分号的只有蔚盛长一家。

综上所述，将其信稿重新定名为《同治九年腊月至十年冬月蔚盛长京师致福州信稿》。

信稿录文

腊月十七日由申转去第吉次信

敬启者，前月三十日由申转去第四十次信，内报一切，今复抄去原底一纸附呈玉览。

兹报，收会过陈次廷公库平①足纹银六十两，比咱合砝共大一两三钱二分，无票砝，有伊会银信一封，限闽②随信无利交，交毕务讨收据寄京③，此系天成亨托会，无贴费，至祈注录照交是荷。

附报，收会过平交外银五百余两，得过费银六两六钱。收克过④津交外银四千余两，得过费银二十二两七钱。交会过平收外银一百零两，利费平议。遵江信交会过江收外银九百余两，得过费银六十两零四钱五分。接口来信，内叙交会过广收外银五百两，扣过色费银六十五两，交会过平明春标收外银一千两，得过费银二十二两，交会过谷明春标、夏（标）各收外银一千两，共得过费银六十两，口年标交。接城⑤来信会来京交外银一千三百两。接平来信，会来京交外银一千八百余两。接津（信）收外银一千余两。接津信发来京标银一万两，其作过别处之项，想津早信佈[布]⑥闽矣。

随械[缄]⑦去京号冬月清册一扻[折]，通年总结扻[折]一个，年柬一纸，陈次廷会银信一封，福建巡抚部院王大人、盐道裕大人、王佐周公、陈德安公、纶焕堂李、漳州府正堂杨、赵世恩、林祖培公、郭五老爷、振声堂郑、孙寿祺公、王冕南公、福州军将文大人、刘良荃公、孙芝泉公、同拱辰公、高源公、朱纲公、朱祖培公、潘大人、长存公、林幼泉公各一信，至检祈转是妥。刻下都门钱盘八分半折一两，松江色一两五钱，标金十五两六钱五分。余再呈，专此奉。

附上王懋功监生部、监照各一张，原部照一张，行文底一纸，邓宗焜公

---

① "库平"，清代部库征收租税、出纳银两所用衡量标准，康熙时制定，取金属的立方寸为衡量标准，库平一两等于37.301克。
② "闽"，指福州。
③ "京"，指京师，即今北京。
④ "收克过"相当于"收会过"，一般用于北京、天津、张家口等分号之间。
⑤ "城"，指归化城，即今呼和浩特。
⑥ "佈"与"布"古时通用，后文统一为"布"，不再随文更正。
⑦ "械"与"缄"古时通用，后文统一为"缄"，不再随文更正。

贡照一张，训导分发照一张，分缺先照一张，新班遇缺先照一张，金廷澜公典史凭照一张，派单全付，曾良材公巡检凭照一张，派单全付，应需之银，前信业已结闽去矣，至祈检转是妥。

昨据殷萼［萼］庭君云及福建学台黄大人虽经丁忧，幸而到省与未到省者有别，明年正二月间必须就闽□吊，可得奠金三几千两，有此进项，亦应还些外债，惟该外之欮［款］①不独我号，方有阜康②二竿③多金，因而知照前来恳为预设方法收结，勿让阜康收去为要。再，该公前此之项是否收过，多寡示悉为盼。十三日叶大老爷抵都验过闽号。闰十月二十日立给伊会票一纸，计闽海关④解部京饷⑤五万两，察其笔迹尚属相符，惟无闽信，数目成重，未免受些张忙。刻下业已备齐，准于十八日交纳。此布。

腊月二十日由申转去第二次信

敬启者，月之十七日由申转去第吉次信，内报一切，今复抄去原底一纸附呈玉览。十八日收接第二十七、八次二信，会来京交闽海关解部京饷库平足纹银五万两；又京交吴佩之大老爷闽库平足纹银八百两，杨紫垣老爷闽库平足纹银一百八十两，林植园老爷闽库平足纹银一百两，忻恩圃大人闽库平足纹银二十四两，吏部左堂胡京平足纹银一百两，管欣芝公京平足纹银一百两，沈乙青公京平足纹银六十两，刘锡廷三老爷足公砝平松江银五十两，高大爷京市平松江银三两。缄来大捐履历一名，复抄大捐履历一名，袁鸣九公同知实收一张，再启二纸，写给吴佩之公未列次信底一纸，林植园公等会银信七封，刘觉岸公致张球公开口信一封，又信一封，戴友梅公等信二十一

---

① "欮"与"款"古时通用，后文统一为"款"，不再随文更正。
② "阜康"为南帮票号，由胡雪岩创立。
③ "竿"，山西商人称呼白银的数量单位，每竿为一千两。
④ "闽海关"，指康熙二十四年（1685）清政府在漳州设立的海上贸易管理机构。
⑤ "京饷"，指清代各省上缴朝廷之饷项。依清制，除陕西、甘肃、云南、贵州等布政使司因赋税收入较少而不必上缴外，其余各省均由户部按巡抚所报之实存册收缴。

封，刘俨公描写履历二纸。又会来津随信交树德堂涂闽库平足纹银五十两；缄来复抄大捐履历一名，闽号闰十月清册一挶［折］，马晋公等二信，张雄才公描写履历二纸。两函所示均经聆悉，祈勿计念。

接东口来信，克来京收外银三千余两。接广来信，会来京交外银九百余两，津收外银三千两。接申来信，会来京交外银八十两，京收外银二万两。接江来信，会来京收外银二百余两，交外银五千七百五十两，又转通州交外银三百两，又津交外银一千八百余两，又津收外银二千两。随缄去汀州府正堂延、王宜亭、吴敦礼公、同拱辰公各一信，至祈检转。刻下都门钱盘与前信同。余再呈，专此奉。

刘良荃公之件遵谕照办，叶普肯公所带殷莩［尊］庭公药匣刻已收到转明，李丹轩公会假之件用时遵示给付。成信后，交会过丁鼎臣公闽库平足纹银一十五两，比咱合砝共大三钱三分，无票信砝，有伊立来会借字据一纸，限闽执据收结，无费，至祈注录照收是荷。又收会过申交伊银四十两，布知。附上伊立来会借字据一纸检阅。又交会过冯蓉生大人库平足纹银二百两，比咱合砝每百（两）大二两二钱，无砝，立来会借字据一纸，限闽按京交银立票之日期至两个月归还，共得过利费银一十四两，至祈注录照收是荷。又附冯大人致义和洋行陈栋臣兄一信，即系招呼还我此会款之信并望检转。又交会过叶秀川公解闽海关京饷五万两，上费库平足纹银七百一十两，比咱合砝每百（两）大二两三分六钱，至祈照收注帐［账］是荷。

腊月二十四日由申转去第三次信

敬启者，月二十日由申转去第二次信，内报一切，今复抄去原底一纸附呈玉览。二十二日收接第二十九、三十次信各一封，会来京交刘锡廷三老爷足公砝平松江银五十两，振声堂郑京市平松江银一百六十两，特授福建汀州府正堂延闽城新议平足纹银三百两，邹筱春老爷京平足纹银二十两，管欣芝老爷京平足纹银五十两，丁子和二老爷闽库平足纹银三十两。又津明年二月初五日收裕泰信台新议平足宝银一千三百两。缄来闽通年总结挶［折］一个，刘锡廷公等会银信六封，单懋谦公等信二十一封，裕三老爷一信，又信一包，再启一纸。又会来京交章倬庭四老爷京平足纹银四十两，饶憬老爷京市平松江银二十九两，文焕堂陈京市平松江银三十两。缄来再启一纸，章倬庭公等会银信三封，殷大老爷等二信。两函所示均经聆明，统祈勿念。

兹报，遵闽信交会过翁兰畦公新议平足纹银六十四两，比咱合砝共小三钱二分，此系该公函托李润九公代领诰轴之费，扣过伊费银二两一钱一分，至祈注录照收是荷。

附报，交会过谷明春标收外银一千余两，得过费银三十六两。交会过江收外银一千三百两，利费江议。收会过江交外银二百两，得过费银三两。收克过东口交外银四百余两，得过费银八两零九分。收克过津交外银三千余两，得过费银二两。接江来信，会来京交外银七千余两。接平来信，会来京收外银五十余两。接汉来信，会来京收外银一万两，京交外银三千余两。接申来信，会来京交外银四百余两，京收外银一万三千两，津交外银二百余两。接广来信，会来京交外银七百余两，京交库项银一万五千两，津收外银一万两。接城来信，会来京交外银三千余两。均此布知。

随缄去林植园公一百两、高大爷三两、忻恩圃公廿四两、沈乙青公六十两收条各一纸，高大爷三两、沈乙青公六十两收银回信各一封，兴化府正堂林大老爷、施照公各一信，至祈检转是妥。刻下都门钱盘八分半折一两零五分，松江色一两五钱，标金十五两七钱。余再呈，专此奉。又统去世盛森一信，并乞转致。李应春公之件俟查确再覆。附上曾良材公巡检本班尽先兼小四成照各一张，至祈阅转，所需之银前信结闽去矣。周卡［荻］芸君欠我会款久未归结，从前在京清苦异常，迩时虽有广西左江道缺，决不肯还外债，其人心术早坏并不顾及声明，所有五年会去闽收该君库足五百三十两只可原券寄京。此覆。前会去闽收殷鸿畴公京平足纹银四十两，票注系向殷心斋公收楚承示，心翁已经回籍暂难收结，昨日曾与殷鸿畴公叮咛。据云，伊兄虽经回家，尚有一兄在南台大同油铺管事，亦可还帐［账］，乞即向收可也。

辛未正月十七日由申转去第四次信

敬启者，去腊二十四日由申转去第三次信，内报一切，今复抄去原底一纸附呈玉览。二十九日收接第三十一次信，会来京交林祖培老爷闽库平足纹银二百两、特授福建汀州府正堂延新议平足纹银三十两、孙钰田十老爷京平足纹银一百两、海锟大爷京市平松江银一百二十两。又津三月初十日收黄天利漕平足宝银一千两。缄来海锟公等会银信四封，裕三老爷等四信，汪曾公等原信三封。十四日收接第三十二次信，会来京交郑少福老爷京平足纹银二百五十两，忻恩圃大人闽库平足纹银三十两，海宅闽库平足纹银一十两，广渊四老爷库平足纹银六十两。又津交张春元二老爷新议平足纹银五十两。缄来大捐履历一名，闽号冬月清册一扺［折］，立给郑少福凭信底一纸，忻恩圃大人等会银信三封，张镜清公等四信。

兹报，定收会过恒大成号会平大白宝银一万两，无砝，定写会票，言定期限在闽见票十天交伊银五千两，三、四、五、六、七月半照色各交伊银一千两，咱京现收足银五千两，三、四、五、六、七月半各收伊足银一千两，满得伊费银一百八十两。定收会过德义号会平大白定［锭］银五百两，无砝，定写会票一张，言定在闽三月半交伊，京二月半收伊足银，共贴伊费银五两。定收会过汪正大号会平大白定［锭］银六千两，无砝，定写会票或凭信，期限在闽见票十天交伊银三千两。五、六、七月初十日照色各交伊银一千两，京现收伊足银三千两，四、五、六月初十日各收伊足银一千两，共得伊费银九十六两。交会过汪以仁公京平足纹银二百零三两，比咱合砝每百（两）小三两六钱，无票砝，此系去岁闽会来京闽海关二批银十万零一千五百两，上二成费限在闽结楚，至祈注录，俟期收交是荷。

附报，交会过祁（夏标）、谷夏标各收外银一万两，京正、二、三、四月底各交五千两，满得伊利费银二百五十二两。交会过江收外银三百八十两，扣过费银二十六两六钱。交会过汉收外银一百两，得过费银四两。收会过广交外银三百两，无费。收会过平交外银五百余两，得过费银八两零九分。定收会过平春标交外银六千两，京二月底收四千两、四月底收二千两，共得费银九十二两。接口来信，克来京收外银一千两。接平来信，会来京收外银六千零两。接城来信，会来京交外银二千九百两。接汉来信，会来京交外银六千余两。接江来信，会来京收外银七百余两，京交外银二千九百余两。接申来信，会来京收外银二千两，京交外银四百余两。接广来信，会来津收外银二千两。一并奉知。

随缄去吏部左堂胡一百两，刘锡廷公一百两，丁子和公卅两，饶憬公二十九两，林祖培公二百两，邹筱春公廿两，海锟大老爷一百二十两，特授汀州府正堂延三百两、卅两，管欣芝公一百两、五十两，文焕堂陈卅两，振声堂郑一百六十两，孙钰田公一百两收条各一纸；京号腊月清册一挝［折］；林祖培公二百两，文焕堂卅两收银回信各一封；部堂英大人、部院王大人、布政司邓大人、王冕南公、刘澍覃公、马腾骏公、王佐周公、杨聿湘公、孙寿祺公、纶焕堂李、刘恩第公、张元禄公、谢藩周公、马申公、郭五老爷、特授汀州府正堂延、倪际清公、南靖县正堂英各一信，裕大人一信，纸包一个，刘二爷二信，管欣芝致潘文豹公开口信一封，文底一纸，至祈检转是妥。刻下都门钱盘八分半折一两一钱。余再呈，专此奉。

丁鼎臣公所带漳纱袍料原属带京，由京仍托该公带申矣，勿念。万顺东标局五十两收据于去岁冬月三十日第四十次信内统去矣。司徒伯芬早经出京，屈指计算早当到闽，乞台不时探听，待其到时将京兑去闽款收回，为祷。

正月二十五日由申转去第五次信

敬启者，月之十七日由申转去第四次信，内报一切，今照抄去原底一纸呈览。

兹报，定收会过元裕号大白锭银六千两，比咱合砝每百（两）小二两七钱八分，言定在闽三月初十日交伊银二千两、三月二十五日交伊银一千两、四月初锭银十日及二十五日并五月二十日各交伊银一千两，咱京对期收，共合得伊费银一百八十两，无票砝，与伊立去三千两凭信二封。定收会过德义号会平大白锭银五百两，比咱合砝每百（两）小三两七钱二分，无砝，连前五百两共写去一千两凭信一封，限闽三月半交伊，咱京二月半收，共得伊费银五两。至祈注录，俟期照交缴信是荷。

附报，收会过平交外银六百余两，得过费银七两零七分。收克过津交外银一千两，得过费银四两。定收会过江三月初十日、四月半、六月二十日各交外银二千两，京现收四千两，四月底收二千两，共得过伊利费银九十六两。又江交外一宗银一千三百两，得过费银二十二两。定交会过祁（夏标）、谷夏标各收天成亨竟宝银一万两，京正、二、三、四、五月底各交伊足银四千两，满得伊利费银一百八十两。又祁、谷同期各收谦吉升银二千五百两，京正月底一期交伊满得伊利费银一百零七两二钱五分。交会过江收外银二百余两，得过费银二十两。接津来信，叙及收会过闽二月半交乾源甡库平大白锭银一千一百两，其会式一切以及作过别处之项，想津早信布闽矣。接东口信，内叙收会过平交外银一百余两，得过费银一两。接平来信，会来京收外银一千两。接城来信，会来京交外银二百两。接广来信，会来京交外银四千六百余两，津收外银一万四千两。接申来信，会来京收外银一万两，京交外银一万四千两。接江来信，会来京收外银六百余两，京交外银二千余两。接汉来信，会来京交外银一千五百余两，津收外银一千两，一并奉闻。

随缄去忻恩圃公卅两、海宅十一两收条各一纸，立给德义号一千两，恒大成五千两、五千两，汪正大三千两、三千两，元裕号六千两凭信底各一纸，钟大老爷一信，纸包一个，二太太、邵亮年公、白希李公、振声堂郑、杨淑仁公、吴锡庆公、沈志尚公、吴敦礼公、世盛森、王佐周公、唐建镛公、郭五老爷、陈寿宣公各一信，刘锡廷公一百两收银回信一封，至祈检转。刻下都门钱盘八分半折一两二钱，松江色一两五钱，标金十五两八钱。余再呈，专此奉。

外托元裕号带去闽用摺绅二部，结去本平足银一两二钱，检收注帐［账］。又带署沙县正堂钟大老爷纸包一个，到望检转。附上户部议奏捐项酌增章程二本，停止会兑京饷底稿一纸，检阅。前信所报恒大成一万两一项，票砝未定，今已定准无票砝，立给伊五千两凭信二封，其平比咱合砝每百（两）小三两七钱二分。德义号五百两亦无票砝，立去一千两凭信一封，其平与恒大成一律。汪正大六千两亦已定准无票砝，立给伊凭信二封，其平比咱合砝每百（两）小五钱，至祈各为添注前帐［账］是妥。

成信后，收会新利号会平大白锭银五百两，比咱合砝每百（两）小一两八钱五分，当立给伊凭信一封，限闽三五月半各期交伊银二百五十两，外较伊备五十两钱砝一付［副］，京现收，得过伊费银十两，至祈注录照交缴信是荷。倘该号向闽会借银二三百金，依数付给利费，由闽结楚。缄去立给该号凭信底一纸，查李应春公之件捐指项典史，俟在注册之先，应按奏准指项捐案行文。此覆。附上该公原行文底查单各一纸，检转。

二月初九日由津申转去第六次信

敬启者，前月二十七日由津申转去第五次信，今复抄去原底一纸呈览。初三日收接第吉次并未列次信各一封。会来京交方珙公库平足纹银三十两，蒋大人京平足纹银八十两，恽大人京平足纹银四十两，庄大老爷京平足纹银二十两，钟大人京平足纹银一十二两，刘顺兄闽库平足纹银一百两，李秀峰兄京市平足纹银二十两，倪梦臣先生京平足纹银七十两，忻恩圃大人闽库平足纹银四十两。又津随信交海蕙田公京平足纹银五十两。缄来再启二纸，闽号腊月清册一折，大捐履历一名，复抄大捐履历一名，刘达勋公从九底照一张，咨文二角，照抄立给，方珙公凭信底一纸，蒋大人等会银信八封，邵亮年公一百两收条一纸，钟筱溪公捎物单一纸，邵鸿章公等收条回信共六件，赵习之公二百两收银回信一封，白希李致管欣芝、遵五兄各一信，潘星符致东生兄一信，云泽堂傅一信，裕三老爷一信，又伊信包一总封，台家信一封。又缄来复抄大捐履历一名，潘骏猷公等信二十封，吴金铬公信一总封，裕三老爷一信，又信包一个，蓝布包一个。初七日收接第二次信，会来京交杨文渊老爷库平足纹银八百两，李省斋老爷闽库平足纹银九百两，李又延老爷闽库平足纹银二百两，郭溶老爷闽库平足纹银二百两，田老太太京市平松江银五十两。缄来郭溶老爷等会银信二封，范希诚公等收条二纸，周菽芸公五百三十两原会票一纸，王茂壎公等信十四封。再启一纸，查捐单一纸。三函所示均经聆悉，统希勿念。

兹报，交会过吴佩之公库平足纹银一百五十两，比咱合砝每百（两）大二两二钱，无砝，立来会借字据一纸，限在闽按京立据之日三个月收楚，在京扣过伊利费银一十三两五钱，前鼎臣公在京时曾已提及，如吴公多用银二三百金，嘱京付给，倘该公到闽不先归还，鼎公情愿代还。交会过刘觉岸大老爷京平松江银一百两，比咱合砝共小三两六钱，此系开复乃公摘革之费，今遵闽信见文底依数交给张球公之手，外有张公收条一纸，行文底一扺［折］。又交会过丁嘉玮公闽库平足纹银一百两，比咱合砝共大二两二钱，此系遵闽信交给乃少爷。伯远去年冬月分［份］、腊月分［份］各五十两之项，无砝，有收据，限闽执据照数收利费未提，至祈注录照收是荷。

附报，定交会过祁（夏标）、谷夏标各收元丰玖银五千两，京现交五千两，四月初五日交五千两，满扣过伊利费银一百三十七两五钱八分。收克过津交外银一千六百两，得过费银六两。收会过平交外银一千四百余两，得过费银二两六钱八分。收会过江交外银九千一百余两，得过费银一百七十五两九钱八分。接申来信，会来京交外银六千两，津收外银五百两。接平来信，会来京收外银一万两。接东口信，会来京收外银一千两，收会过平交外银一千余两，贴外费银十两。接城来信，会来京交外银四千四百两。接汉来信，会来京交外银三千余两。接津信，内叙收会过闽二月底交元茂福库平大白锭银一千两，其会式一切，想津早布闽知矣。

随缄去吴佩之公立来会借字据一纸，广渊公六十两、倪梦臣公七十两、张球公一百两收条各一纸，刘觉岸公、朱干隆公契底各一纸，刘柄辉公开口信一封，刘宜泉公原信一封，京号正月（月）清册一扺［折］，丁伯远少爷一百两收据一纸，裕大人、周少爷、任二爷、吴子久公、林祖培公、定大人、振声堂郑、马申公、马珍公、扎太太、赵世恩公、杨大人、张启煊公、孙芝泉公、张元禄公、郭五老爷、新署厦门厅刘各一封，孙寿祺公二信，张球公一百两、郭溶公二百两收银回信各一封，至祈检转是妥。刻下都门钱盘八分半折一两五钱，松江色一两五钱，标金十五两七钱。余再呈，专此奉。

再，去年闽寄京第二十次信，内会来京交内务府二万零五百两一项，该内务府知咱号会有此款，去腊用项在急，业经同人言明提解交纳，满得过伊利银二百五十两，此为私话，迄今委员尚未抵京不能完事，咱京号未免悬念，或有何故速示京知。此布。

来示裕大人欠咱会款未归等情，京已转，忻四大人知情，蒙该君许以写信提叙。各省官饷停会之议实有其事，细情已抄底稿寄闽，察其原奏情形本属结实，而外头自应遵行，惟现在光景诸多活便不悉，外头何以顶奏，然以部友云及，多系通融办理，断难概止，虽如此亦须担延时日，或准或止，俟有确闻再当布知此事，即阜康毫无酌量也。白莲塘公之事当托管欣芝兄招呼去矣，该兄答以竭力图全大半，总归德字，其仙海二字不行时多酬笔一层，暂不明言准否，容日再复。

朱干隆君之事，据倪兄云，早已妥帖，红契已经出渡，兹将副底统呈乞检转，所有会款七数当交倪兄矣。张雄才公注册之件，非京不力，实因捐案有所不符，写来履历，亦不如式，现时稽查代替日甚一日，纵然捐案能可通融，必须看其光景能行与否，尚在两可之间，因而不敢冒险举办。兹将实收两张办法一单，履历底一纸，随书统呈，至祈检转了事。倘如该公不拘时日，愿托咱办，请为照单应收，令其重写履历两分［份］寄京，咱京再当看事行事可耳。

附上刘香雪公亲书会票一纸，上写：借到朴臣六兄京平足纹银一百两，并注在福建省垣北门后街公馆前署大田县正堂三月间兑还。并有刘香雪翁致刘宜泉一信，彭世济公致香雪公字一纸，到乞检入，照票信收结，收后会京，如不能收，即将原票打回为荷。周菽芸公之项京已缴退过帐［账］，打入疲帐［账］款内。郑樾斋兄托带皮衣之议，俟其送来，如果不重定，当想法寄闽也。范梁公嘱查之件，尚无头绪，容查确再复。李润九君已引见下来，以知府选用，伊自到京，至去年年底净用过京号银一千三百四十两，渠云今正已写信去闽，嘱其公馆先付闽号银一千两，会京抵还此款，乞照呼收会为荷。再，闽会来津交海蕙田公五十两、四十两之项，顷据津号来信云，该公因家务避住上海，津已打转申号，交给京号将帐［账］注消［销］无事，至祈改为闽收申交之帐［账］。此布。长汀正屋红契业经达内，归徐芗山公占居［据］时多，现未奉谕，俟奉谕后立即报闽来也。

二月十四日由津转去众友信单

兹缄去庄大老爷廿两、钟大人十二两、刘顺兄一百两、忻恩圃大人四十两、田老太太五十两收条各一纸，林植园一百两、庄大老爷廿两、忻四大人四十两、刘顺兄一百两、田老太太五十两收银回信各一封，程起鹗公、彭鏊公、裕大人、彭和安公、张元禄公、吴本杰公、徐承禧公、赵玉夫公、前福建游府林各一信，至祈检转。特此。

二月十五日由津转去第七次信

敬启者，月之初九日由津申转去第六次信，十三日由津转去众友信一包，今特各抄原底一纸呈览。

兹报，收会过福生祥号京市平大白定［锭］银一千三百五十两，比咱合砝每百（两）小一两七钱二分，无砝，立去凭信一封，限在闽见信迟十天，无利交，共得伊费银二十七两，至祈注录照交缴信是荷。

附报，收会过平交外银五十余两，得过费银五钱。收会过江交外银一千三百两，得过费银二十六两。交会过江收外银二百余两，费由江议。定交会过谷夏标收新泰厚银一万两，京十五日交满扣伊利费银一百六十二两。接江来信，会来京交外银一百两。接东口信，克来京收外银一千两。接申来信，会来京交外银五十两。接汉来信，会来京交外银一千余两，津收外银一千两，一并奉知。刻下都门钱盘八分半折二两，松江色一两五钱，标金十五两七钱七分。

随缄去立给福生祥一千三百五十两凭信底一纸、裕大人二信、平致闽一信、汀州府正堂延一信，检转。余再呈，专此奉。

再，倘福生祥号向闽会用银两，非有结实铺保，不可付给，缘该号底里只有一千多金，今已扫数会闽，渠云方有与寿生兄朋合之词果否，亦详不悉。范梁君系浙江试用从九，因病未经到省，并将凭照就南丰县呈缴，嗣丁母忧，迄今欲办改省上捐之事固属可行，惟办注册必须先起复，此项费用亦不在少，连上捐项结费较比重捐尚多，不但查之不易，抑［亦］与范公无益，既凭照呈缴，又欲改省，竟可将前层割断概行不提，单另改名由俊秀捐起甚为捷便。以弟愚想，似此不识可合范君意否，乞即转详可也。

二月二十四日由津申转去第八次信

敬启者，月之十五日由津申转去第七次信，内报一切，今照抄去原底一纸呈览。

兹报，交会过李丹轩公京平足纹银二百两，比咱合砝每百（两）小三两六钱，无砝，立来会借字据一纸，限闽执据向郭柏苍老爷收，惟票内批注共兑费（银）四两，外按立借之日起利，到闽核计，每月以一分五厘加息一并结算，此系郭鹿泉公经手作会也，至祈注录照收利费归闽是荷。

附报，收会过江交外银一千九百余两，得过费银三十六两。收会过申并转苏交外银三千八百余两，得过费银八十四两八钱三分。收会过平在谷夏标交外银一千二百余两，贴外费银十两。收克过津交外银三百余两，收会过汉交外银三百两，均无费。交会过江收外银六百两，内一百两，得过费银五两五钱，余费江结。接城来信，会来京交外银一千余两，东口收外银二千两。接广来信，会来京交外银二百余两。接东口信，内叙收会过城交外银五百两，得过费银二两五钱。接江来信，会来交外银二千余两，津收外银一千余两。接申来信，会来京交外银一万三千余两，津收外银一百两。一并布知。

随缄去李丹轩二百两会借字据一纸，恽大人四十两、蒋大人八十两收条各一纸，平致闽一信，陈春兰公、裕大人、王大人、杨汝器公、兴化府正堂林、广少老爷、马珍公、张启煊公、邱益斋公、黄子宜公、陈玉亭公、郭五老爷、马申公、素汀公、徐文灿公、王炳奎公、定大人、年丰号、台家信各一封，至祈检转是妥。

刻下都门钱盘八分半折二两，松江色一两五钱，标金十五两七钱八分。余再呈，专此奉。

附上顾宗骆公从九本班尽先并小四成照各一张，袁鸣九公同知实收换照一张，补监四成照一张，共结去本平足纹银二百四十五两六钱七分，另缮花目呈览，至祈检转注帐〔账〕是妥。前报官饷停会之事，现在福建已经顶奏进来，仍请会兑，上谕知道了，未发部议，大约仍归会兑也。

二月二十六日由津申转去第九次信

敬启者，月之二十四日由津申转去第八次信，内报一切，今复抄去原底一纸附呈玉览。

兹报，收会过瑞大人沈平成元番银四百两，比咱合砝每百（两）小一两四钱，无砝，有蔚泰（厚）由沈阳立去会票一张，注限在闽，我号见票无利交伊，咱京现收伊足银三百九十六两，共合得过费银一十六两。该沈号并无副票，兹将昔年沈号废票寄闽，俾得磨对图章有底交毕，新旧票据一并寄京，至祈注录照交缴据，番银以九五扣足注帐〔账〕是荷。

附报，收会过平交外银二百余两，得过费银二两四钱三分。布知。随缄去蔚泰（厚）票据底一纸，李秀峰廿两收条一纸，邵继亮公、邱景湘公、梁球田少爷、梁孝田少爷、裕大人要信各一封，到望速是妥。刻下都门钱盘与前信同。余再呈，专此奉。

再，裕大人令弟裕仲甫于昨日病故，咱号假与松（江）银二百金暂了丧事，俟闽款寄到，抵还此情，达裕大人知之。此布。

三月初五日由津转去第十次信

敬启者，前月二十六日由津申转去第九次信，内报一切，今复抄去原底一纸呈览。近京收会过平交外银二百余两，得过费银一两。收会过江交外银一百八十两，无费。收会过申交外银三百余两，得过费银六两六钱一分。交会过江收外银十七两零，无费。接申来信，会来京收外银一百两，京交外银一百余两。接口信，克来京收外银三千两，津交外银五百两。接城来信，会来京交外银二千两，津交外银一千两。接汉来信，会来京交外银一千余两。接广来信，会来京交外银四千两，津交外银一千余两，津收外银四千余两。接江来信，会来京交外银二千余两，东口交外银一千两，津收外银三千余两。接津来信，内报收交过各处之项，想津早信布闽矣。随缄去王佐周公、定大人、林祖培公、郭五老爷、学政孙大人、封福寿公、汪应奎、金锡蕃公、王炳奎公、张琚公、孙恭寅、刘本炎公、振声堂郑、钟小溪公、叶子翔公各一信，胡毓棠公二信，徐蕙公、白希李公开口信各一封。刻下都门钱盘等与前信同。余再呈，专此奉。

附上刘建勋公行文底一纸，原部照一张，结去本平足纹银一百六十五两三钱八分，另缮花目一纸，至祈检收注帐［账］。徐芗山君卜租长汀一席，原系遵台嘱向管某招呼，昨据管云，阜康号向伊提及徐处，只许酉笔六十枝托为料理，以致管某诧异，惟现在长汀之前尚有永安一席，外间以到省在后之张公琚请赁未合，现驳令更挨到省在前之人，而长汀一席只得先办，展限俟永安更进，再当图全有此之期，故管某特修一函，以问徐君是否托我号之处，恳彼示知。酉笔亦当订定，庶于徐事无误。

兹附上管致徐开口信一封，到望阅转商妥复京为要。徐信内所统副契未曾送来，容日再寄。白莲翁荣租德化一席，昨晤管某，据云即为料理，亦系为德化之前尚有永安一席，外间以到省在后之张公琚请赁未合，现驳更挨在前之人，而德件在后先办，展限俟在前永安更进，管某即当赶料运事。至酉笔，谨如来示向我号面订，俟有成竹，我京必当遵循可也。兹讨来管某致莲翁开口信一封，到望检阅封口转致为望。前路又云，有王巨川者向伊探询斯件，现索去底样一分［份］，管防其诈，故将底内节落数语以示区别，合并报知。再，刘俨公注验之件不好代办，按十年上兑，写来履历整差一岁，况部内愈查愈严，实属担心，稍有不妥，遗误诚匪浅鲜，与其因小而失大，就不若不办而图全也。兹附上俨公原部照一张，检入注消［销］作为无事，据情转达。前路知之，嗣后稍有活动之时，再为奉布可也。再，福建解内务府饷之委员萧渭桥公昨已抵京矣，布知。

三月十三日由津申转去第十一次信

敬启者，月初五日由津申转去第十次信，内报一切，今复抄去原底一纸呈览。初六日收接第六次信，会来京交王耀南老爷闽库平足纹银二百两，令德堂名下京市平松江银三千两，赵静候老爷闽库平足纹银二十两，孙钰田老爷京平松江银二百四十两，姚凯元老爷京平足纹银一百两，李如玢大老爷闽库平足纹银二百两，忻恩圃大人闽库平足纹银四十两，孙钰田老爷京平足纹银二十两；又津交白云峰大老爷闽库平足纹银五百两，李春山公闽库平足纹银一百两；又津收裕泰信记台新议平足宝银六百五十两；缄来大捐履历一名，汪仁寿公描写履历二纸，闽号正月清册一扺［折］，赵静候公等会银信六封，饶新公等信十三封，李丹轩公一信，又信包一总封，白希李公致王济川公、管欣芝公及致京号各一信，裕三老爷三信。初七日收接第五次信，会来京交云泽堂闽库平松江银三千两，雷大人京平松江银三十两，丁德山兄闽库平足纹银三十两，萧锟钰老爷京平足纹银一百两，郭溶老爷闽库平足纹银二百两；又津四月十五日收诚兴怡记津平足宝银二千两；缄来大捐履历一名，钟维藩描写履历二纸，立给云泽堂三千两对条底半边，雷大人三十两兑条底一纸，丁德山兄等会银信三封，邵大人等信十五封，再启一纸，捎物单二纸。初十日收接第四次信，会来京交张大老爷赍解京饷库平足纹银二万五千两，藩宪大人发交张委员批解洋药①厘金京饷，并随解（吏）部饭

---

① "洋药"，即鸦片。

（食银）加平共库平足纹银一万零三百两，邵大人京平足纹银二十两，广渊四老爷闽库平足纹银八十两，胡国宾大爷闽库平足纹银一十两；又津四月初一日收裕泰信记台新议平足宝银一千两；缄来复抄大捐履历一名，邵大人等会银信三封，李润九公等信四封转山东，林赞图一信。三函所示均经聆悉，祈勿计念。

兹报，收会过正泰号会平大白锭银一千二百两，比咱合砝每百（两）小二两七钱八分，无砝，写给伊五百五十两、六百五十两凭信各一封，限在闽四月半交六百五十两、二十日交五百五十两，京现收六百五十两，四月二十日收五百五十两，共得伊费银三十六两。至祈注录俟期照交是荷。

附报，收克过津交外银二千一百余两，得过费银一两四钱三分。接汉来信，会来京交外银一百余两，京五月半收外银四千两，津同期收外银三千两。接申来信，会来京收外银二千两，京交外银五千两，津交外银四千两，东口交外银一千两。接江来信，会来京交外银九千余两。一并奉知。

随缄去立给正泰号六百五十两、五百五十两凭信底各一纸，孙钰田公二百四十两，又廿两收条共一纸，赵静候公廿两、姚凯元公一百两收条各一纸，平致闽一信，文吉公、林韶熙、裕大人、马杏圃公、郭秀章公、马珍公、朱干隆公、王春浦公、李鸿新公、钱子龄公各一信，郭五老爷二信，赵静候公廿两收银回信一封，至祈检转。刻下都门钱盘八分半折一两六钱，松江色一两五钱，标金十五两八钱。又统去张大人、胡太老爷各一信。余再呈，专此奉。

秦维榕吴姓请示之件尚未到店，前曾奉闻，兹又奉询，弟复托管某详检，至今仍无到店，用特布达果否与秦君有济，俟到店后必当详述也。白希李公之事前经奉明，顷读致京之函，伊愿托王济川手料理，似此则与我号无涉，应勿置［质］议［疑］。付徐君副契一纸，乞即检阅统入，前管兄致徐函内并投可耳。李润九君有欠京银千数多金，着其管家陈瑞送银到号会京归还，此情已于寄闽（第）六次信奉明，此时未蒙复示是否有无其事，乞着实讯问，并恳设法收兑为祷，惟据李君所言，伊已去了多信，嘱彼赶紧付银闽号。又及。

再，代验一节屡查屡严，前已有信奉明。今番统来钟维藩、汪仁寿二公之历，虽属初捐人员，与有保案者不同，下刻大众俱在静候之际，咱亦不敢强办。虽如此说，暂可将该二公描来履历存放京号，俟后稍有活动之机再作区处，或能办与否，自速必布闽来也。

三月二十六日由津转去第十二次信

敬启者，月十三日由津申转去第十一次信，内报一切，今复抄去原底一纸呈览。十八日收到第六次信，会来京交方韶笙大老爷闽库平足纹银一百两，杨晋珊大少爷足公砝平松江银五百两，又伊京平松江银八两，同兴估衣铺京平松江银一百五十两，谭钧培都老爷京平松江银八两，李端棻大人京平松江银六两。又津交祝崇儒老太爷闽库平足纹银五十两，祝福堂二老太爷京平足纹银二十二两。缄来复抄大捐履历一名，方韶笙等会银信五封，范道生少爷等信十五封，丁二少奶奶信物一总封，所示均悉，祈勿计念。

兹报，交会过永春州翁大老爷京市平松江银二十三两，比咱合砝共小三钱七分，无票砝，有李润九公立来向翁处收结字据一纸，限闽执据照收，利费闽议，至祈注录照收是荷。

附报，定收会过谷夏标交外银一万两，京三月底收四千两，六、七月底各收三千两，无费。收克过津交外银七千余两，得过费银二十七两。收会过江交外银二千零两，得过费银二十二两五钱。收会过申交外银一千九百余两，得过费银四十二两一钱四分。收会过平交外银二百余两，得过费银二两。交会过谷收外银六百两，得过费银六两。交会过江收外银六百余两，得过费银三十二两。交会过城收外银九百两，得过费银十八两。接平来信，会来京交外银四百余两。接广来信，会来京交外银五百余两，东口交外银四千余两，津收外银五千两。接申来信，会来京交外银五千余两，京收外银五千余两，津收外银二万九千两。接口信，克来京收外银二千两。交会过平收外银二千余两。交会过城收外银一千余两。接汉来信，会来京收外银一千两。

接江来信，会来京交外银一千六百余两，津收外银一千八百余两。接津信，想津早布闽知矣。

随缄去李润九立来收银字据一纸，章倬庭四十两、忻恩圃四十两、萧锟钰一百两、丁德山卅两、广渊公八十两、同兴估衣铺一百五十两、方韶笙一百两、胡国宾十两、杨晋珊五百两又八两、谭钧培八两、李端棻大人六两收条各一纸，原捎物单二纸，萧钰锟一百两、广渊公八十两收银回信各一封，汀州府正堂延、军民府刘、梁孝田少爷、梁球田少爷、范桂山公、白希李公、邓厚成公、程起鹗、长存公、程廷燿公、张琚公、郭五老爷、杨淑仁公、漳州府正堂杨大人、严崇宝、张元禄、丁焕章、徐承禧、唐建镛、孙芝泉、降补场正堂张、聚和祥各一信，裕大人二信，检转。刻下都门钱盘八分半折一两七钱，松江色一两五钱，标金十五两八钱。余再呈，专此奉。

范道生公会假之件依示照办。再报，二十三日着田丰之兄赴郑州贪做各处票项去矣。附上筹饷例一部，银六钱；万应锭十两，银七两二钱；共结去本平足纹银七两八钱，至祈查收注帐[账]是妥。

四月初五日由津转去众友信单

兹缄去叶子翔三老爷、郭五老爷、李九大老爷、陈幼亭少爷、危德诚茶栈、前署陆提后协游、府林小儿树楣、杨大老爷、恒大成茶号、高源公、署厦门同知刘、罗古风公、唐建镛、李钟霖、施复生、潘玑公、福生祥宝号、马申公、副总府林宅、林庆贻公、刘秉清公、陈松山各一信，吴子久即尺木堂吴十两收银回信一封。此布。

四月初八日由津申转去第十三次信

敬启者，三月二十六日由津申转去第十二次信，四月初五日又由津申转去众友信一包，今复各抄底稿附呈台阅。二十七日收接第七次信，会来京交张蓉轩大老爷城新议平足纹银一千两，又李润九大人京平足纹银一百两，令德堂名下京市平松江银二千两，尺木堂吴京市平松江银一十两，又张蓉轩大老爷城新议平足纹银一百两，林祖培总爷闽库平足纹银二百两，叶大焯大老爷京平足纹银六十两。又会来津交张蓉轩大老爷津平足纹银二百八十六两八钱。又津收黄天利记漕平足宝银四百两。缄来大捐履历一名，立给张蓉轩公凭信底两纸，又未列次信底一纸，李润九大人等会银信四封，闽号二月月清一执［折］，倪思贤公等信十四封，所示尽悉，统希勿悬。

兹报，交会过李丹轩老爷京平足纹银三百两，比咱合砝每百（两）小三两六钱，无砝，立来会票一纸，注到闽后即经郭五老爷归还我号，不误满扣过费银一十二两，应行利息注以一分五厘，俟闽中还银之日一起扣算，此系遵闽信交会，至祈照收注帐［账］为荷。

附报，收会过平交外银二百零两，无费。收会过江交外银四百两，得过费银八两。收会过申交外银三百四十两零，得过费银九两三钱三分。又收会过申转苏四月底交外关批票银一千四百两，京对期收足银共得费三十九两二钱。交会过汉收外银三百六十两，共得过利费银三十九两六钱。交会过江交外银二百两，利费江议。接平来信，会来京四、五、六、七月半各期收外银六千五百两，又东口四月标交外银二千两。接申来信，会来京五月底收外银三千两，又津四月底收外银三百五十两，五月底收外银三千两，六月半收外银五千两。接汉来信，会来京交外银一千二百余两，又津六月半收外银二千两。又东口来信，内叙交会过城见信收外银四百两，得过费银十两；收克过津交外银一千两。接城来信，会来东口四月标交外银一千五百两。接江来信，会来京交外银四千二百余两。接津来信，内叙收会过闽四月底交元茂福库平大白锭银七百两，又收会过闽四月二十日交广茂号漕平大白锭银一千两，其会情及作过他处款项，想津早当布闽矣。

附李丹轩公兑字一纸，尺木堂吴十两、林祖培公二百两、叶大焯公六十两、李润九大人一百两、郭溶公二百两收条各一纸，京号三月月清一执［折］，郭溶公收银回信一封，张元禄公、杨淑仁公、王生、钟大老爷各一信，到望阅转。刻下都门钱盘八分半折一两四钱，松江色一两，标金十五两七钱一分六厘。余容续布，专此奉。

四月十八日由津由转去第十四次信

敬启者，四月初八日由津申转去第十三次信，诚恐耽延，今抄底稿，附呈台电。四月十五日收接第八次信，会来盐宪发交丁大人解京饷库平足纹银二万五千两，藩宪发交丁委员批解固本京饷库平足纹银一万两，又洋药京饷并随解（吏）部饭（食银）加平共库平足纹银一万零三百两。又会来京交管欣芝公京平松江银一百两，李寿伯兄闽库平松江银四十两，王佐周兄京市平松江银二十两，文焕堂陈京市平松江银一十五两，林祖培老爷京平足纹银二十两。又会来津四月十八日收南川行漕平足纹银一千两、五百两，又五月十八日收伊足纹银二千两。缄来再启一纸，大捐履历一名，复抄大捐履历一名，黄漱兰公一千五百四十两原票据一纸，傅大人托捎货单一纸，管欣芝公等会银信五封，邵大人等信十八封。是日收接第九次信，会来京交文瑞亭大人闽库平足纹银四百两，丁韫石大人闽二七库平足纹银一千三百两，司徒大人京平松江银二百两，李九铭公京平足纹银四十两，宋大人京平足纹银一百两，杜酉峰大老爷京平足纹银三十两，彭朴臣公京平足纹银一百两。又会来津五月十五日收诚兴怡记津平足宝银一千两。缄来复抄大捐履历一名，立给文瑞亭大人等凭信底三纸，写给丁韫石大人未列次信底一纸，李九铭公等会银信四封，徐乡山公致管欣芝兄等信三封，葆大人等信六封，再启一纸。两函所谕均经聆悉照办，勿念。

近京收会过江交外银二百五十两，满得费银五两。收会过广交外银四十七两零，得过费银一两七钱五分。交会过江见票收外银二百（一）十两，得满过费银十两。交会过汉收外银一百两，得过费银五两。接郑来信，收会过家夏标交外银一万二千两，又六月初十日交外银二千五百两，满贴外费银一百二十三两，交会过平夏标收外银一千七百两，满得过费银十七两。接平来信，会来京四月底收外银四千两。接城来信，会来京交外银五百两。接广来信，会来京五月内收外银二千两，又津见票一月收外银二千两。接申来信，会来津见票几天收外银三百六十两。接津信，想津早布闽知矣。随附邵大人廿两，林植园即林祖培公廿两，收条各一纸，李九铭公原会银信一封，永安县正堂范公馆、郭五老爷、李嘉相公各一信，并望检阅。刻下都门钱盘八分半折一两二钱，松江色一两，标金十五两七钱一分六厘。余再陈［呈］，专此奉。

　　再启，林省轩公未经得中承嘱会借之款应作莫论，黄漱兰公前欠会闽未归一千五百四十两之项，京已缴退闽帐［账］矣。至蔚泰（厚）由沈转京，会闽交瑞大人之项，其内诸多不周情形，京已转述，蔚泰（厚）知道此复至罗东之公事件，并会交管处款项应当遵嘱托办，此时管处尚无回复，容日再布。徐乡山公所事如何，俟与管处订明即复。李九铭公现在出京，所有闽会京交该公银四十两无从交给，原信奉缴京帐［账］已注销矣。

　　成信后，交会过福建藩库杂费库平足纹银三百五十四两六钱五分，比咱合砝每百（两）大二两二钱四分，此系代垫九年福建藩宪发交萧委员批解内务府茶税等饷（银）二万零五百两，上杂费系按每万（两）交银费一百零三两，成色七十两核算，至祈注录京帐［账］可也。又交会过福建藩库杂费库平足纹银一百六十两，比咱合砝每百（两）大二两二钱四分，此系代垫福建茶税二万零五百两，按两万（两）算应随抬费等银，讨有内务府印收一纸，限闽执据向藩库收，并望注收京簿，附印收一纸，乞查收。凡会内务府饷银每万（两）向跟抬费银八十两，即是劈销费，我号七年亦曾会过原跟此费，惟九年所会二万零五百两一款未跟抬费，迭费周折，该经手人始终不让，无奈垫之。特此。

四月二十五日由津申转去第十五次信

　　敬启者，四月十八日由津申转去第十四次信，诚恐耽延，今抄底稿，附呈玉览。二十三日收到未列次信，会来京交倪梦臣公城新议平足纹银五十二两。缄来伊会银信一封，张蓉轩公两信。是日收接第十次信，会来津六月初四日收永吉信记漕平足宝银两千两。缄来大捐履历两名，闽号三月月清一抈［折］，蔚泰厚记新旧发票两张，张蓉轩公等信十二封，油纸包一个，张雄才公原实收二张，描写履历二纸，刘俨公原部照一张，描写履历二纸，再启一纸，照抄京写张君办法一单。两纸函所示逐已聆悉照办，勿计。

兹报，收会过刘受少爷京平松江银一十六两，比咱合砝共小五钱八分，无票砝，限闽随信无利交，此系郭溶公经手，无费。又收会过陈幼亭少爷济平足纹银一百一十两，比咱合砝每百（两）大七钱，无票砝，限闽随信无利交，此系天成亨由济作会，共得过费银一两五钱。又交会过林铭新老爷库平足纹银六十四两五钱，比咱合砝共大一两四钱二分，无砝，立来会据一纸，限闽六月初十日照数收伊，此系林祖培公担承，共得过费银四两五钱，至祈注录，俟期收交务讨刘陈两公收据寄京为荷。近京收克过津交外银八千两，共得过费银十二两。收会过平交外银二百（一）十余两，共得过费银六钱。收会过江交外银二百两，共得过费银一两二钱。交会过江收外银三百零五两，共得过费银十二两。交会过申收外银一百两，共得过费银五两。交会过广收外银一百两，共得过费银五两。接郑来信，收会过平在谷六月初十日交外银五百两，共贴外费银五两，并以附知。

附上林铭新公六十四两五钱汇据一纸，文焕堂陈十五两、杜酉峰公卅两、宋雪帆即宋大人一百两、同义号即王佐周公廿两收条各一纸，程起鹗公、朱实善公、雷瑞光公、张启煊公、张元禄公、潘文豹公、陈玉亭公、总府林各一信，陈幼亭少爷一百一十两、刘受少爷十六两会银信各一封，王佐周公廿两收银回信一封，管某致徐乡翁开口信一封，到望阅转。刻下都门钱盘八分半折一两二钱，松江色一两，标金十五两七钱一分六厘。余再呈，专此奉。

又统去平致闽一信，承示徐乡翁为眼疾所苦，致成废人长汀之件，欲作罢论。因前托过诚，今忽中止，似乎不情，故复勉托，弟即会意，同管某商退。据云，该君租长汀之件因在前，所出之永安尚须更换到省，在前之人长席展限早经奉达在案，适彼接徐处复函，仍托伊经理，惟酉州已予百子本属不敷，然重承委嘱，谨当勉从，则要将永安早为催进，则徐件便妥料速渡［度］以副雅嘱等情，弟听毕之下事已如此，既徐处信内尚舍百子，尤不便我号额外恳情，是以应允到望转达，余详管复徐函也。

罗东之租浔美之件，现已到店，管某检查仍不合例，因在前出有浦南一席，应补分缺先之人名邵书升，外间将试用人员补进，系属班次参差，现将浦南驳缺归选，其次所出诏安浔美同月出缺应制签先后，第一用试用，第二用分间，罗君系尽先之员，须再见缺方可到班，此曾作为再说再议，所有前次会京之款，应何使用，惟命是听可耳。李九铭君现尚居京，前复闽号，其人出京者，误听店人言也，因同店所住李姓数位，店伙不谙名号，硬说李九铭君出京，以致舛错，所有上次打回李公之信及银四十金，可否扭回来京之处，酌之是幸，此即已同李公说明，伊尚暂不出京。白莲塘公之件遵嘱行事。

成信后，定收会过申五月二十六日交外规银二千一百零六两，京五月初六日收足纹银二千两，共合得外费银三十八两二钱六分。交会过江收外银二十两，利费江议。此致。

五月初四日由津转去众友信单

兹缄去梁钦辰公、裕大人、文大老爷、汪应奎公、王炳奎公、吴本杰公、分府张、封福寿公、张元禄公、罗东之公、许奎圃公、分府韩、黄愫开、邵亮年、郑樾斋公各一信，至日分转。特此。

五月初八由津申转去第十六次信

敬启者，四月二十五日由津申转去第十五次信，诚恐到迟，今复照抄底稿呈览。初六日收接第十一次信，会来京交陈钦铭大老爷京平足纹银一千两、蔡锦峰老爷公砝平足纹银六十两、李寿伯兄库平松江银三十两。又会来津收永吉信记漕平足宝银一千两、陈同兴记漕平足宝银二千两，又一千两。缄来再启一纸，陈钦铭公等会银信三封，管欣芝公要信一封，德都老爷等信二十一封，又裕宅信包一个，殷公小布包一个，大捐履历一名，言良锦公原部照一张。初六日收接未列次信，会来京交郑守廉老爷京平松江银三十两，随封来伊会银信一封。两函所示均悉，勿念。

近京收会过平五月底交外银二千两，京对期收，无费。收会过申五月二十六日交外规银二千一百零六两，京五月初六日收足纹银二千两，合得费银三十八两二钱六分。收克过津五月半交外银一万三千四百两，无费。收会过江交外银一百七十余两，共得费银一钱二分。收会过平在祁夏标交外银一万两，京五月初三、十五日各收足纹五千两，共贴外银八十两。收会过平在谷秋标交外银二千两。京现收一千五百两，七月初一日收五百两，满贴外费银四十两。收会过平交外银三百四十两，共得费银一两五钱。接津来信，内叙收会过闽五月廿日交复兴行漕平大白宝银一千两。又收会过闽五月廿五日交广茂号漕平大白宝银六百两，会式一切以及作过别处款项，想津早布闽矣。附上倪梦臣公五十二两、忻恩圃公代李寿伯公写四十两收条各一纸，郭五老爷、杜菊人公各一信，到望检转。刻下都门钱盘八分五厘折一两，松江色一两，标金十五两七钱五分。余容续布，特此奉。

金君翰卿之件，管兄尚无回复，俟后如何，再当详布。再报，初一日由津转去闽用纸包一个，计缎靴两双，银五两六钱；又木匣一个，内装阿胶二斤，银二两五钱六分；参丁一斤，银六两五钱；好香片茶十两，银二两；共结去本平足纹银一十六两六钱六分，至祈检收注帐［账］为荷。原单两纸附还。附平致闽一信，高心盘公一信，照抄初四日由津转闽友信单底一纸，又支昭训公、海蕙公各一信。

五月十六日由津申转去众友信单

兹缄去张大人、郑大爷、林大老爷、永安县正堂范、新利烟庄、陈二爷、娄大爷、邵军分府张、恒大成、程大老爷、兴化府正堂林、裕大人各一信，又梁钦辰等原信四封，至祈收阅分致是荷。

五月十九日由津申转去第十七次信

敬启者，月之初八日由津申转去第十六次一信，十六日又由津申转去众友信一包，惟恐迟延，今复为誊原底附呈青览。

兹报，交会去闽收张蓉轩公库平足纹银三百五十五两，比我合砝每百（两）大二两四钱，此系闽第四次信会来京交盐饷银二万五千两，上之库费。又交会闽收该公库平足纹银一百四十六两二钱六分，比我合砝每百（两）大二两二钱四分，此系闽第四次信，会来京交藩宪洋药厘金等一万零三百两，上之库费，二款至祈注收京帐［账］是祝。

附报，近京收会过平秋标交外银二千一百四十两，贴过外银二十七两九钱五分。又收平交零票银二百六十余两，无费。收会过申六月十一日交外规银一万一千零五十六两，京五月初十日收，合得过费银二百零四两八钱四分。又京五月十三日交申六月对期收外银五千二百七十五两，贴过外银八十六两三钱四分。收会过江交外银一千两，得过费银廿两。交会过江九月半收外银一百六十五两，得过利费银十五两。接平信，会来京交外银七百五十两。接江信，会来京交外银二千五百余两。接汉信，会来京八月内收外银五千两，又现交外银一千零两。接广信，会来京交外银一百两，津九月内收外银五千两，又叙收完六月半后，京交饷银四万两。接申信，会来京六月半交外银六千两，七、八月半各收外银二千两，又津七月廿日收外银六千两，八月内收外银四万六千两。接城信，会来京交外银一千八百余两，津交外银二千二百两。接口信，现收过平六月初交外银五百卅两，无费；又收城七月标交外银二千五百两，口对标收贴过外银四十两；收克过津五月底交外银八千两，口七月标收，得过费银十五两九钱二分。接津信，想津有信布闽矣，京不再读。随缄去裕大人、郑樾（斋）公、郭五老爷、广少老爷、聚和祥各一信，李寿伯卅两、蔡锦峰六十两收条各一纸，至祈检收转致是荷。刻下都城钱盘八分半折一钱［两］，松江色一两，标金十五两七钱。余容再呈，专此奉。

再启，丁韫翁大人来号，言及除从我号兑来京交库项四万五千三百两之外，当有交吏部饭食银一千两，据言，随后兑京亦不立票，但此款至今未曾会来，渠已将应报交（吏）部饭食（银）交出，等付存于我号，京号意拟推延，候闽来信，又电丁公，既云银此一款，谅许不讹，刻已托部友打听，如果部库定要兑收，止［只］好交兑也。我闽接到此信，或是足无此笔会款，请即速速示京为祷。田丰元兄于初八日由郑返京矣，报知。附上陶公锡瓒典史分间前照一张，免试用照一张，共结去本平足银二百八十二两四钱六分，另缮花目呈览，到望注录是荷。外又由津转去闽号用夏季摺伸两部，共结去本平足纹银一两二钱，至祈照收注帐［账］。

成信后，交会过闽收范岱峰公二七库平足纹银三百两，比我合砝每百（两）大二两二钱，无砝银，伊立来会借字据一纸，限闽执据向乃父手收，利费闽议，至祈注收京帐［账］，若将伊所立字据随信统呈，祈查收。又缄去平致闽信一包。

六月初五日由津申转去第十八次信

敬启者，于前月十九日由津申转去第十七次一信，内情一切，今复照抄原稿呈阅。于上月二十八日收到第十二次信，会来京交延古香大老爷闽城新议平足纹银八百两，陈二老爷闽城新议平足纹银二百两，王琳兄等京平松江银一百十四两四钱四分，藩宪大人发交沈委员批解内务府京饷并平余库平足纹银一万零二百五十两，又内务府京饷一万零二千五百两，上抬费、劈鞘、布袋等费库平足纹银八十两，关大人闽二七库平足纹银一千四百七十两，林锡三大人公砝平足纹银一百九十七两，又津交周培生、龙翼堂大老爷闽库平足纹银一十两，祝兰轩老爷闽库平足纹银一百八十八两。又会来津见票十天，收福生祥台新议平足宝银一千两。缄来再启一纸，大捐履历一名，复抄大捐履历一名，月清一扻［折］，王琳兄等凭信底一纸，林锡三大人会银信一封，台家信一封，金翰卿致管处要信一封，史大老爷等信十七封，郭溶公二信。今月初三日接到第十三次信，会来京交捐输局运本部饭（食银）并加平等库平足纹银一千二百十六两三钱六分三厘，林祖培老爷闽库平足纹银一百五十两，又交该公闽库平足纹银六十两，孙玉田老爷京平足纹银一百两，吴可读大老爷京平足纹银五十两，张鸣春大老爷京平足纹银三十两，殷大老爷库平足纹银二百两。又会来津九月半收裕泰信记台新议平足宝银八百两。缄来大捐履历二名，复抄大捐履历一名，查印结一单，范启元公原监生部（照）、监照二张，照抄藩宪谕单底一纸，立给殷大老爷对条底半边，陈幼亭公一百一十两收条一纸，林祖培公会银信二封，孙玉田公等会银信三封，李润九公等信九封，金翰卿公致管处开口一信，又管公信二封。两函所示俱各领悉备交照办，祈勿计念。

附报，京收克过津交外银八百零两，费津结。收会过江交外银七十两零，费江议。现交广七月内收外银一百两，扣过外费银七两。接津来信，内叙会过闽六月初三、四日交裕泰信台新议平大白锭银一千两，又收闽六月半交福生祥台新议平大白锭一千两，其会式一切，以及收交别处之项，想津早布闽悉矣，京不再及。接东口信，现收过平七月初送汾府交外银六十两，无费。定交会江腊月半至年底收外银三千二百两，口七月标交，共扣过外银三百二十两。又定交平秋标收外银二千两，口七月标交，共扣过外费银四十两。定交平冬标收外银三千两，口七月标交，共扣过外费银一百四十四两。定交过城七月标收外银一千两，口对标交，共扣过外银二十八两。平会来京交外银一十两。城会来京交外银一千七百两。申会来京见票十天收外银二千两。又津八月二十至九月初收外银一万五千来两。汉会来京交外银一千一百余两。江会来京交外银三千五百余两，收外银五十两。广会来京见票二十天，交库项银四万二千八百五十两，此即京前报六月半交之饷银也。又交外零票银六十八两。又会来京收外银三百两，七月初收外银一万三千两，津六月半收银一千两，八月半收外银五千两。并此奉知。

随统去陈钦铭公一千两、郑守廉公卅两收条各一纸，平致闽一信，下关场张、张凌云兄、恒大成、世盛森、邵军分府张、蒋麟昌公、程起鹗公、元裕茶号、高心盘公、彭和安公、郑宋瑞公、永安县范、汀州府延、泉州府章各一信，至祈照收分致是荷。刻下京中钱价八分五厘折一两，松江色一两，标金十五两七钱。余容后报，专此奉。

又附去月清一扺［折］，附上刘建勋指项巡检照一张，共结去本平足银十七两二钱九分，另开花单呈览，祈查照。又结捎去香片茶本平足银一十二两，至祈照收京帐［账］。其茶叶于五月二十八日托福省解官张蓉轩大老爷带闽矣，原捎物单附上。金公锡蕃题补晋江之件，京已托友在内招呼去矣，或是如何，下信再详。秦公维榕赁居麻沙之席，乃外文至今未曾到店，嗣据部友云及，即将来文书到内，估料亦不准赁，祈将此言转达前途就是。

六月十七日由津申转去第十九次信

敬启者，月之初五日由津申转去第十八次信，内报一切，今复照抄原稿呈阅。于十四日接读第十四次来信，内情会来京交彭瑟轩三老爷漕平足纹银一百两，朱介山老爷京平足纹银四十八两，杨铭大老爷京平足纹银四十两，广渊四老爷闽库平足纹银六十两，杨（大老爷）、舒大老爷京平足纹银四十六两。又会来津九月底收永发福记库平足宝银一千两，万生成记库平足宝银四千两，生发公记库平足宝银一千两。缄来大捐履历二名，复抄大捐履历二名，刘受少爷十六两收条一纸，杨铭公年号条一纸，捎物一单，彭瑟轩公等会银信五封，陈幼亭公收银回信一封，胡大人等信十二封。兼谕一切俱各领悉照注转致矣，祈勿悬念。

兹报，交会过丁嘉玮大人库平足纹银三百五十五两，比咱合砝每百（两）大二两四钱，此系第八次信会来解盐宪饷银二万五千两上库费。又交会丁嘉玮大人库平足纹银二百八十八两二钱六分，比咱和砝每百（两）大一两二钱二分四厘，此系解藩宪饷银一万两。又洋药饭食（银）加平等一万零三百两上库费，至祈注收是荷。

附报，近京收克过津交外银五百两，得过费银六两五钱。接津信，内叙收会过闽六月二十五日交广义号漕平大白锭银六百两。六月二十九日交复兴行漕平大白锭银五百两，其会式一切，想津早布闽号矣，京不再冗。又收会过申交外银三百零两，得过费银十二两二钱二分。收过江在河交外银二千两，得过费银三十六两。克来京交外银一百二十两，收外银三千三百两，均无费。八月十一日收外银一千三百两，扣过费银四十二两。接口信，内叙收会过平七月半办交外银八十一两二钱，无费。江会来京交外银一万一千九百余两，收外银二千四百两。津收外银一百两。申会来京六月底交外银四千两，又现交外银四百多两，收外银一百三十两。八月二十日收外银五千两。津八月初十至九月初五日收外银一万九千两。城会来京交外银一千六百来两。津六月底交外银三千两。广会来京交外银八百六十两。又津七月半至八月半共收外银九千两，一并奉闽。

随缄去林祖培公一百五十两、六十两收条共一纸，林锡三公一百九十七两、孙钰田公一百两、张鸣春公卅两收条各一纸，张鸣春公卅两收银回信一封，叶开安公、邱鸿辉公、朱典煌公、振声堂郑、封福寿公、吴敦礼公、徐文灿公、徐字鹿公、俞珣公、林大老爷、糜二老爷、张大人、陈大老爷、张元禄公、程大老爷、王大人、陈德安公、王佐周公、陈松山公、汀州府正堂延、厦门同知刘、裕大人各一信，郭五老爷三信，查捐单一纸，至祈检收分转为祝。刻下京中钱价八分折二两三钱，松江色一两，标金十五两八钱。余容后呈，专此奉。

附上言良锦公本班仅先免试用照一张，结去本平足银九十二两一钱，另具花目呈电，至日检收。录帐[账]原来照一张，随呈刘建勋注册部文于三月十九日行出矣。附去会墨一本，价银一钱，京已出帐[账]矣。布知。金锡蕃公题补晋江之件，正屋刻下尚未到店，据承友云此公应补运城，虽如此说，待外件到，当必力为料理也，或是如何，容后有绪。再覆。

六月二十九日由津申转去第二十次信

敬启者，月之十七日由津申转去第十九次信，内报一切，今特抄稿呈览。于二十二日接得第十五次信，会来津八月底收廖健顺号漕平足宝银二千两。缄来复抄大捐履历二名，郑守孟等信十封，裕宅二信，再启一纸，月清一挀[折]，陈钦铭小布包一个。及示一切均各领悉分转致矣。

附报，京现收会过申七月初八日交外银六千两，每千（两）得过外费银十七两七钱。交会过广收外银一百二十八两，费广结。交会过汉收外银四百两，费汉结。收克过津交外银三百两，无费。接津信，内叙收会过申交外银三百一十三两五钱，得过外银七两九钱八分。又克来京收外银七千两，无费。接城信，会来京交外银三百两，在东口见信十天交外银三百两。接平信，会来京在东口七月标交外银三千两。接江信，会来京交外银五千三百多两。接申信，会来京八月初十日交外银五千两。接汉信，会来京交外银二千零两，八月底收外银一千两；津八月半收外银四千两。均此奉知。

随统去彭瑟轩公一百两、朱介山公四十八两、杨铭公四十两、舒凤腾公四十六两、吴可读公五十两收条各一纸，吴可读公五十两收银回信一封，德成茶栈、裴二老爷、马清枢公、郑樾斋公、李又延公、恒大成、汀州府延、文五老爷、杜兰舟公、雷瑞光公、吴大老爷、马珍公、程起鹤公、张琚公、徐字鹿公、张启煊公、高源公、刘良荃公、黄达汉公、尤溪县程、裕大人、陈德安公、延七老爷、余师老爷各一信，验看说单一纸，至祈检收分致是荷。刻下都中钱价等如前，余容后布，专此奉。

附缄去戏画二十张，共结去本平足银四钱，祈照收注帐［账］。又郭五老爷一信。承询会来交捐输局运本有无部费等，因量想费银一定要有，但多寡难以预知，迤将正款交讫，随信结报。钟惟藩公捐名闽信来时，已竟［经］递上，并且代验之事，现下又可通融办理，祈检阅验看说单便悉。七年冬间会来京交李觉堂公之银一百两，此项早经取去，嗣因托办事不就，将银仍存在我京号之说，并无其事，即可达知刘公也。

七月初九日由津申转去众友信单

兹缄去裕大人书五本，郑樾斋信一总封，赵啸泉公、广少老爷、叶苢恭老爷、高简庭公、永安县正堂范、赵习之公、南平县彭、陈玉亭公、定大人刘恩第公、杨西康公、左耀曾公、邓厚成公、裕大人各一信，至日照收分别转致是荷。

七月十四日由津申转去第二十一次信

敬启者，于前月二十九日由津申转去第二十次信，七月初九由津申转去众友信一包，惟恐迟误，今复各抄原稿呈览。于月初七日收接第十六次信，会来京交封树棠公闽库平松江银一百两，蒋大人京平足纹银二十两，林祖培老爷闽库平足银三百六十两，衍大太太京平松江银四百两，联星桥大老爷京市平松江银五十两，范道生大少爷闽库平足纹银一百两，马仲良兄闽库平足纹银一百零七两六钱八分。缄来大捐履历一名，立给马仲良兄对条半边，封树棠等会银信六封，王茂勋等信九封，管欣芝二信。兼谕一切均已领悉遵照矣，请勿记念。

兹报，现收会过闽随信无利交施复生公库平足纹银一百二十四两，比我合砝每百（两）大二两二钱，无票砝，限闽随信交毕讨据寄京，此笔系天成经手，得过费银一两八钱六分，至祈注录照交是荷。

附报，近京收会过平在祁、谷冬标各半交存义公竟宝银一万两、巨兴和三万两、合盛元一万两、巨兴隆二万两、裕盛魁五千两，咱在京七月二十至八月初五日分期收伊等足纹银，按月以九厘与彼贴息，共贴过伊等利银二千零六十二两五钱。因接闽信，渎［读］有七月廿、八月初京交饷银九万五千（两）之信，是以预为安置耳。收会过江交外银二百四十两，困存银已久，无贴费。现交会过汉收外银八十两，扣过费利银四两。收克过津交外银五百两，无费。接津信，内叙收会过谷冬标交外银三千两，贴过外银七十两；收过广交外银三千一百十一两，得过费银四十四两五钱五分；交会过谷冬标收外银一千两，扣过费银四十两；交会过城十月标收外现宝银一千两，扣过费银三十七两；克来京现收外银八千五百两，无费；又迟十天收外银二千一百三十两，扣过外银四十二两一钱七分；八月半收外银，扣过外银十两；又克来京交外银四千七百六十一两，得过外费银三十三两六钱。接东口信，克来京七月二十日交外银二千两，口七月标收，共贴外银二十四两。接平信，会来京交外银四百余两。接广信，会来京交外银七百来两，津九月初五至初十日收外银六千两。接江信，会来京交外银一千四百余两，又会来见票十天收外银四千九百两。接汉信，会来京交外银五十八两，又八月半至月底收外银一万零五百两。接申信，会来京交外银五百八十两，又收外银四百两，八月半收外银三千两，九月半、月底各收外银五千两；在津九月半收外银五千两，八月初收五千两，八月底收四千两。均此奉知。时下都中钱盘八分半折七钱，松江色一两，标金十五两七钱五分。

随缄去施复生一百二十四两会银信一封，封树棠一百两、范道生一百两、广渊公六十两收条各一纸，六月月清一扺［折］，平致闽一信，马申公、徐字鹿公、正堂范、封福寿公、程起鹗公、章凤翔公、高袋武公、陈松山公各一信，至祈检收分转是荷。余容后呈，专此奉。

附上张雄才公凭照一张，排单全副，刘俨公凭照一张，排单全副，二宗共结去本平足银四百五十九两九钱一分，另缮花目呈阅，至祈照收注帐［账］为妥。前罗东之公由闽会京交管欣芝公之一百两，今已遵来信缴销。适接闽信敬悉，丁公解交吏部饭银一千之款，虽在闽号提及，实未承领银两，京号仍依报闽所云抗而不交，此事浮悬既久，大部屡次来催，丁公又来婉说，京号仍不敢允伊，又央出李润九公从中求情，丁公又应与我出千金借券，并缮写具闽藩宪禀帖及由闽原领札谕，言定交在我号，转闽凭札赴藩库承领，奈因情面关切，兼有所凭，不容不从权办理耳，将此款已是交讫。至丁公允许缮写禀件等，尚未送下，容当再寄。此信到日，祈即先赴藩库，据情领之，是否可以，伏乞电酌而行。

七月二十三日由津申转去第二十二次信

敬启者，月之十四日由津申转去第二十一次信，内报一切，今特录底呈阅。于十五日接到第十七次信，会来京交闽海关解部京饷库平足纹银五万两，又加平饭（食）银一千五百两，王大老爷赍解京饷库平足纹银二万五千两，王大老爷赍解京饷杂款库平足纹银一万零六百七十六两一钱五分一厘九毫五丝，钟大钧、钟大煜少老爷京平足纹银六十两，沈维桢大老爷闽库平足纹银一百两，丁德山兄闽库平足纹银三十两，李寿伯兄闽库平松江银三十两，王佐周兄京市平松江银二十两。津交李春山兄闽库平足纹银一百两。又会来津见票二十天收南川行漕平足宝银二千两，八月二十八日再收伊漕平足宝银一千五百两，九月二十四日收陈伯升记库平足宝银三百二十两。缄来复抄大捐履历二名，王佐周等会银信五封，金锡蕃公致管欣芝一信，王济川等信十七封，闽海关札谕二纸，盐宪兑饷花目一单。兼谕一切均各领悉遵照分别转致矣，请勿锦念。

附报，京现交会过平收外银六十二两，费平议。现交会过江八月底收外银一百两，扣过费银六两。接津信，内叙交会过平在谷冬标收外银一千两，津七月半交，扣过外银四十两；收过申见票迟七天交外银一万零四百二十两，得过费银一百五十七两七钱八分；克来京收外银一万五千两，无费。接平信，会来京十、冬月交外银一百九十八两，又津九月半交外银一千两。接广信，会来津交外银四百四十两，津八月二十五日收外银三千两，九月二十至月底收一万两，十月二十日收三千两。接江信，会来京交外银一千零两。接汉信，会来京交外银七百六十两。接申信，会来京八月半至月底收外银一万八千两，九月内收外银三万四千两；津九月半收外银四千两；又会来津八月十三日交江海关官项银一万五千两。接口信，叙及收会过平在汾九月半交外银一百零一两五钱，无费。接城信，会来津八月半交外银一千两，九月半交外银三千两。均此奉知。

随缄去林祖培公三百六十两、衍大太太四百两、蒋彬蔚公廿两收条各一纸，更改教职捐章一本，平致闽二信，林祖培三百六十两收银回信一封，孙大老爷、李如玢公、叶苣恭公、杜菊人、张元禄公、郭五老爷、王炳奎公、张大人、延七老爷各一信，至日检收分转是妥。时下都城钱数八分折三两，松江色一两，标金十五两七钱五分。余容再叙，专此奉。

再，遇便将建曲与京捎来三五斤是祝。再报，日昨秉忠兄与明经记顺吉抵京，明经记仍赴津住班矣。郑际辰公由廪生在闽省二次助饷案内，由千总王志正名下移奖正项银四百八十六两，请以训道，不论双单月选用，现时捐案尚未核准，如捐分发，须将前案核准，方能上兑，计核准双单捐案，按改奖费算足银十二两，核准后若不领照，应由吏部发往外省，若要领照，再加银八两，行查捐案费银五两。今京号以郑公捐一分，发才用银三十余金，乃核算捐案等项就要得二十多金，故而未敢擅递，特行知照。来闽或是如何，祈详示及以便遵循。闽会来京随信交李如玢公之二百两，信已投交本人，银实未取，今遵闽信将此笔缴退矣，布知。外由津转去京寄闽秋季摺绅两部，结去本平足银一两二钱，祈照收注录京帐［账］。

再启，我闽日后有来往京会随信交之银两，必须会银上填注之色与来信内所写一律方妥，往往有号信中写松江而银信皮面有写足纹银者，来收银者向凭信面注写收取，京号间有吃亏银色之事，嗣后有随信交者，务祈要银信面皮与咱号信中书写相符耳，此祝。附上林士骏本班先并补小四成照各一张，向成烈补分间小四成照一张，原来照一张，魏晋臣补分间小四成照一张，王鸷仪指项分间免试用照一张，范启元县丞分发试用照一张，原来监照一张，以上五名共结去本平足银九百三十六两一钱九分。另呈五款花目共一单，至祈照收注录是妥。成信后，接津来信克来京交外银一百二十两，又收会平八月底交外银五百两，报知。

七月二十九日由津申转去众友信单

兹缄去名安典史张、郭五老爷、刘良荃公、白希李公、聚和祥、张梦元公、郑大爷、林大老爷、裕大人、张泉公各一信，至祈检收分致是荷。

八月初八日由津申转去第二十三次信

敬启者，前月二十三日由津申转去第二十二次信，二十九日由津申转去众友信一包，今特各誊原稿呈阅。于前月二十七日收接第十八次信，会来京交吏部饭食京饷银一千两，郑筱谷老爷京平足纹银三百两，胡和笙老爷京平足纹银一十两，文泉居杨日芳二老爷、杨日芬三老爷闽库平松江银一百二十两，张翀宵公京市平松江银二十二两，刘鸾翔四老爷京平松江银二两，萧文峰大老爷京平足纹银二百五十两，海大爷京平足纹银一百两，又交伊库平足纹银五十六两。又会来京收新利号原会平新化足纹银二百两，又京见票迟十天交，潘宪大人发交王委员批解洋药京饷并（吏）部饭（食银）加平共库平足纹银一万零三百两。津交王次亭兄闽城西新议平足纹银六十四两五钱，转山东交高玉英先生济平足纹银六十四两。缄来大捐履历二名，胡永清公底照一张，月清一抈［折］，新利号二百（两）会票一纸，郑筱谷公等会银信七封，李润九公等信十四封，查缺单一纸，捎货单二纸。及谕一切均各聆悉注录备交转递矣，请勿锦念。

兹报，交会过闽收金锡蕃公京平足纹银三百五十两，比我合砝每百（两）小三两六钱。又交会闽收张蓉轩公京平松江银八十两，比我合砝共小一两零八分。二款均无票砝，应贴会费须由闽结可也，至祈将松江（银）依旧扣足注账各为照收是荷。

附报，近京收会过平交外银十七两，无费。收会汉交外银三十两，得过费银六钱。收会过江在河十月初五日交外银四千两，咱京现收二千两，冬月底收二千两，每千两得过费银三十两零六钱。收克过津交外银二千五百余两。交克过津收外银八百四十两，无费。交会过平迟期四个月收外银四百四十八两，扣过外费银四十八两。接津信，内云交会过平冬标收外银一万两，津八月初交，扣过外费利银二百五十八两；交会过城十月标收外现宝银六千两，咱津八月初交，扣过外利费银一百八十四两；克来京收外银三千五百五十两。接口信，报及收会过平交外银七十五两，无费。接城信，会来津八月半交外银一千八百两，九月半交外银三千两。接平信，会来京交外银六百余两。接广信，会来津九月初一日收外银七千两。接江信，会来京交外银九百余两，津八月底收外银一千两。接汉信，会来京交外银二十两。接申信，会来京交外银四千七百五十两，八月初十日收外银五千两，津八月二十日收外银一万两，九月半、月底各收外银二千五百两，现收外银三百两。均此奉知。时下都中钱八分折三两，松江色一两，标金十五两七钱五分。余容后报。

随缄去二十二次原稿及众友信单共一纸，七月分［份］月清一扺［折］，刘鸾翔二两、丁德山卅两、王佐周廿两、钟大钧六十两、沈维桢一百两收条各一纸，管欣芝公致金锡蕃公三百五十两收条一纸，钟大钧六十两收银回信一封，马子翔照信一封，王佐周、陈松山、高师老爷、程大老爷、罗东之、杨大老爷各一信，郭五老爷二信，至祈检收分转是祝。专此奉。

金君锡藩租晋之件，管处今已布置，如式共需过三五之数，此笔已从我京号现行佃［垫］付矣，今信中会去闽收金公之项即此款也。随附去管欣翁致金公露封一信，副契底一纸，又处管云红契出渡，准在中秋节左右耳，至日速将管信并副底先为转与前途，至会去收翰公之项应贴我费，须从闽酌算可也。今次会去闽收张蓉轩公八十（金）之项，此系原蓉翁原曰在京与丁蕴翁、李润翁约定将来请英大人时作为公请，无拘化［花］消［销］，如干伊摊一股，今据二公言，请英制军酒席堂戏需银二百四十金，伊摊八十金，此项已由我京取去，嘱会闽向蓉翁照收。此布。陈绍乾公托查选缺单，兹查得伊上首尚有百余人，无日望选，查条及原单一粘连并陈检收。再启，文记与高永变于前月二十五日遵平信下班回平矣。现下京号所出票据皆经贾克俭之手书写，报知。钟维藩公捐款于致闽二十次信中已详覆矣，此公注验及指项花样之捐均已办起，不日照出，但即寄闽矣。

八月十七日由津申转去第二十四次信

敬启者，月之初八日由津申转去第二十三次信，内呈一切，今复抄底呈览。于月十一日接得第十九次信，会来京交刘锡廷三老爷公砝平松江银一百两，潘骏猷公京平足纹银三百两，藩宪大人发交委员潘大老爷赍解京饷库平足纹银一万两，王莒生大老爷闽库平足纹银六百五十两，闽海关解部京饷库平足纹银五万两。又会来京见票半月收元裕号会平新议足纹银一千五百两。缄来大捐履历一名，复抄大捐履历二名，元裕号一千五百两会票一纸，徐公托查候补同知单一纸，赵搢甫兄捎物一单，刘锡廷公等会银信二封，管欣芝公等信十一封，裕大人纸包一个，孙仰之公开口信一封。及谕一切俱各聆悉注录照转致矣，勿念。

兹报，京交会过闽收海坤委员解闽海关五万一千五百两，上库费库平足银七百三十一两三钱，平比我合砝每百（两）大二两三钱六分，每百（两）以一两四钱二分核。又交会去闽收丁嘉玮委员解吏部饭食（银）一千两，上库费库平足银三十七两，比我合砝共大八钱三分，至日均祈收注京帐［账］是荷。

附报，京收会过平交外银十两，无费。收会过汉交外银二十两，得过费银四钱。交会过江收外银一百零五两，得过费银五两。接津信，内叙收会过闽八月二十五日交广茂号漕平大白锭银一千两，平比我合砝每百（两）大三钱四分，无砝，立去凭信一封，津对期收，得过费银十八两；收会过申交外银三百十三两五钱，得过费银七两九钱八分；交会过平冬标收外银四千两，津八月初交，得过费银九十二两；交会过忻按谷冬标前十天收外银一千两，津现交，得过费银三十两；现交平收外银五百二十两，得过费银二十两；又交平冬标在祁收外银二万两，津八月二十二日交，扣过外费银三百八十两；现收会过广交外银四百两，无费；又克来京八月半收外银二千两，月底收外银二万两，九月半收外银一千两，均无费；二十日收外银一千两，津贴期一月，得过费十两。接城信，会来京九月底收外银一千两，十月十一日收二千两；东口现收外银五百两；又京交外银五百十八两；津九月底交外银一千两。接平信，会来津九日初十日交外银一千两。接广信，会来京交外银一百六十两，津九月初收外银一千两。接汉信，会来京八月半、月底各期收外银三千两，十月半收外银一千两，现交外银八百余两。接申信，会来京八月底交一万五千两，现交外银三百三十两，收外银五十两；津见票十天收外银三百六十两，十月半收外银五千两。接江信，会来京交外银三千三百余两，东口十月标收外银三千两。均此奉闻。

随缄去郑筱谷公三百两、胡和笙公十两、海大老爷一百两、五十六（两）、刘锡廷公一百（两）、张翀霄廿二两、潘骏猷公三百两、斌星桥五十两、杨日芳公一百二十两收条各一纸，杨淑仁公、尺木堂吴、芝兰堂、曾景星公、王宜亭公、曾殿臣公、唐建镛、罗东之、张梦元、钟桐樵、彭鳌公、林大老爷、张大人、潘大人、郭五老爷、郑樾斋、文五老爷、兴化府林各一信，裕大人二信，平致闽二信，至祈检收分别转致是荷。时下都中钱数八分折二两六钱，松江色一两，标金十五两七钱。余容后布，专此奉。

再，于八月十七日外托闽省解官沈大老爷带去闽用布面帽盒一个，银七钱；内装鹿茸半架，银十一两七钱八分；金顶十座，银八两；四品蓝顶四座，银四两四钱；共结去本平足银二十四两八钱八分。又托沈大老爷带去郑樾斋公求我京号转闽小红油木匣一个，至祈稽查照收注帐［账］转付是妥。其余嘱京捎闽之物，再逢便友再寄。附上钟维藩公监照一张，凭照一张，排单全俸，其钟公典史及本班尽先照，俟领出速寄。又结去汪仁寿公俊监捐巡检分指湖北并注验等，其汪公监照凭照排单，遵闽来信已寄去汉口，号中并嘱汉号询确交给。以上二款共结去本平足银七百五十六两五钱五分。另缮花目一纸，祈检收录帐［账］是妥。徐乡山君托管处招呼长订一事，前者京号代渠在管处备陈情状，奈徐公独复以函致管，许以百子料理，其事情节两歧，致京号不便甚言。今读来谕，复赴管处道其一切，兼述此公已成疾废人耳，叨承管公关我京号情面，亦已允应将前说竟作罗论耶，祈即转达。特覆。今番缄来孙仰之公开口信，函阅封投交兼嘱所事均已道于前路，孙言现已开销去些，约计所剩在百六十金里外，俟伊将银两并花单交到，随即兑闽耳。此达。傅大人嘱京转闽捎物，迨具家送来，遵信寄去。韩曙东大少爷在京代翁兰畦公买物存我京号之说并无其事。闽第十六次信统来陈景文公遇缺尽数巡检，在京单办注册，兹在部详查，此公赴省文已有，乃到江苏之文尚未到部，须得迟延日期，待等苏省之文到部方能办耳。

成信后，接到广信，会来京十月二十二日收外银二千两，又津冬月半收外银一万四千两，又京交外银三百两。接申信，会来京九月初五日收外银三千两，又见票三两天收外银二百两，津九月二十日交江海关银三万两。接津信，叙及交过忻按谷冬标前十天收外银五百两，得过外费银十四两；交过城明春标收外银二千两，得过外费银一百两。布知。

八月二十九日由津申转去第二十五次信

敬启者，月之十七日由津申转去第二十四次信，内呈各情，今特录底奉览。于二十一日接读第二十次信，会来京交奎大人京市平松江银五十两，延大人城平足纹银二十两，蔡锦峰老爷京平足纹银四十两，王济川公京平足纹银二百两，赵桂堂四老爷京平足纹银一百五十两。又见票十天收恒大成记会平足纹银一千六百两；津见票三两（天）交白岫生大老爷闽库平足纹银二千二百两。缄来大捐履历一名，复抄大捐履历一名，恒大成记一千六百（两）会票一纸，惇成行一信，延大人等会银信五封，七月分［份］月清一扺［折］，李润九公二信，单大人等信十三封，裕大人一信，又信包一件，罗东之公致王桢公开口一信。及论一切，逐一聆悉注转，勿须锦念。

兹报，收会过闽随信交邱锡章公京平足纹银一百六十两，平比我合砝每百（两）小三两六钱，此项即系孙仰之公应缴还邱公之款，应贴会费须由闽结可耳。又交会去闽沈委员解藩库茶税一万零二百五十两，上费银一百七十七两三钱三分，平比我合砝每百（两）大二两二钱四分。二项均无票砝，至祈各为注帐［账］收交是荷。

附报，近京收会过平交外银四十二两，无费。收会过江九月底交外银四百八十三两五钱，得过费银九两。十月初十日交外银二百两，得过费银三两六钱。又见信三五天交外银二百两，得过费银四两。又收江在河十月底交外银二千两，每千（两）得过费银二十二两。交会过汉收外银四十两，得过费银二两。接津信，内叙现收过申见信六七天交外银八千三百七十三两，得过费银九十一两七钱五分；又收申见信七天交外银五千二百三十五两，津月底收，得过费银五十五两六钱；收过广见信十天交外番银二千一百两，津现收宝银，共贴过外费银四两五钱；克来京见票十天收外银一千三百五十两，津现交，得过费银二十七两；交会过平明春标收外银一千两，得过费银四十五两；又交会过平谷冬标收外银一万二千五百两，均八月二十（日）后交，共得过费银一百六十两；又平十月底收外银一千五百两，得过费银三十两。接广信，会来京交外银七百二十两，又会来京九月半及月底各收外银五千两；津十月二十五日收外银一万一千两。接江信，会来京交外银五千一百来两，收外银一百两；津九月二十二日收外银二千两，九、十月二十五日各期收外银五十两。接汉信，会来京交外银一千一百来两，十月初五日收外银一千两；津十月半收外银一千四百两。接申信，会来京十月半交江海关银二万五千两。又会来京十月半收外银二千两，月底收二万七千两，冬月半收五千两；津九月二十二日收三千两，十月半收五千两，月底收一万两，冬月半收五千两。均此奉知。时下都中钱（盘）八分折二两六钱，松江色一两，标金十五两七钱。余容再布。

随缄去延大人廿两、王济川公二百两、奎大人五十两收条各一纸，邱锡章一百六十两，会银信一封，内务府收过抬费等印条一纸，金大老爷开口信一封，钟维藩公本班尽先免试用照一张，平寄闽信一总封，郭五老爷、高日新、郑樾斋公、松栢堂丁、吴庭梅、吴本杰、孙恭寅各一信，陈玉亭、白希李各二信，查覆捐单一纸，至祈检收分致是荷。专此奉。

九月初四日由津申转去众友信单

兹缄去叶芑恭、后营游府林、刘恩第、孙恭寅、汀州正堂延、王炳奎、候补县韩、程起鄂、白希李、陈德安、尤溪县程、学政孙大人、定大人各一信，裕大人、振声堂郑各二信，至祈查收转致为荷。

九月十五日由津申转去第二十六次信

敬启者，于前月二十九日由津申转去第二十五次信，九月初四日由津申转去众友信一包，今复各誊原底呈览。于月初三日接得第二十一次信，会来京交罗金诰公公砝平足纹银三十两，陈钦铭大老爷京平足纹银二百两，邱辉大老爷闽城新议平足纹银三十一两，管欣芝公闽二七库平足纹银二十两，任鸿友兄闽库平足纹银一十两，杨芝春大老爷闽库平足纹银二百两。缄来复抄大捐履历一名，陈永怡问捐一单，罗金诰公致京号一信，陈钦铭大老爷等会银信四封，刘锡廷公等四信，给过杨芝春凭信底一纸。初十日接得第二十二次信，会来京交林祖培老爷京平足纹银二十九两，罗二太爷闽库平松江银二十两。缄来林祖培公等会银信二封，施复生一百二十四两收条一纸，史崧秀公等信十一封，查捐再启一纸，裕大人一信，纸包一个。十三日接得第二十三次信，'会来京见票十天交藩宪大人发交潘委员批解洋约厘金京饷，并随解（吏）部饭（食银）加平库平足纹银一万零三百两，又发交潘委员批解固本京饷库平足纹银一万两正［整］，又见票一月交潘大老爷赍解盐宪京饷库平足纹银二万五千两，又京交广德帆少老爷闽库平足纹银一千两，车养泉老爷京平足纹银七十两，孙钰昪老爷京平足纹银二百两。缄来车养泉公等会银信二封，邵大人等信十四封。三函所示俱各领悉注帐［账］照办分别转致矣，勿念。

兹报，遵闽信交会过丁韫石大人库平足纹银七百两，平比我合砝每百（两）大二两二钱，无砝，立来会借据一纸，限闽执据收楚，费闽结。又交过闽冬月初七日收饶钦臣公闽库平足纹银五十四两，平比我合砝共大一两一钱九分。又交闽来年正月内收吴筠生公闽库平足纹银五十七两，平比我合砝共大一两二钱五分，二款均无砝，各立来会借据一纸，限闽据收楚，此系李润九经手，京号现交共扣过费利银十一两。又交闽收福建藩宪批解捐输局运（本）部饭食（银）等库项一千二百一十六两三钱六分三厘，上库费足纹银二十六两，平比我合砝共大五钱八分。王委员解洋药厘金饭食（银）加平库饷（银）一万零三百两，上库费足纹银一百四十六两二钱六分；又交闽收俞委员解藩宪发交京饷一万两，上库费足纹银一百四十二两，二宗之平比我合砝每百（两）大二两二钱四分。又交闽收李润九大人闽库平足纹银一千五百两，平比我合砝每百（两）大二两二钱，无票砝，立来会借据一纸，限闽执据收楚，此项系李润翁在京陆续借用，应行利费由闽酌算为是。至祈注录各为照收是荷。

附报，近京收会过平交外银七十余两，收克过津交外银一千五百两，收会过申交外银一百两，均无费。收会过广交外银五百两，费广议。收会过江十月内交外银一千六百两,得过费银三十七两五钱。接津信,内叙交会过闽见信收聚和祥本合砝平大白锭银五百五十两,无砝,各依信凭,津号现交,得过费银五两五钱;又收会过闽九月半交陈顺泰漕平大白锭银三百两,平比我合砝每百大三钱四分,津对期收,得过费银五两四钱;又收会广见信十天交外番银六千三百六十七两,津收宝银,贴过外费银四十八两六钱五分;收过申九月二十日交外银一万零五百两,得过费银八十三两二钱五分;又收申见信十来八天交外银四万二千九百八十八两二钱,得过费银一百三十六两七钱三分;又收申十月初十日交外银三千一百九十八两,得过费银二十一两零六分;收过平交外银六百两;收过城十月标交外银五百两,均无费;收会过江在河九月底交外银一千两,津对期收,得过费银二十五两;克来京迟十天收外银二百两,得过费银四两;交会过平冬标收外银一万六千五百两,得过费银二百五十五两;又交平明春标收外银四万四千两,得过费银一千七百七十五两;又交会城明春标收外银六千两,得过费银二百三十六两。接东口信,克来九月二十日、十月半各期收外银一千两,口十月标交,共得过费银二十四两。接城信,会来津九月内交外银一千七百五十两。接平信,会来京收外银二十两,东口收外银五十两,津九月半交外银一千两。接广信,会来京见票二十天交库饷银二万五千两,又交外零票银四百两,又会来京十月二十日及月底各期收外银五千两;津十月内收外银九千两,九月二十日收外银五千两。接江信,会来京交库款银八千三百余两,交外零票银二千九百来两;津十月二十日收外银二千两。接汉信,会来京交外银二千四百来两,收外银十八两零。接申信,会来京交外银二千二百来两,十月内收外银七千两,十月内收外银三万四千两,冬月内收外银三万八千两。均此奉知。时下都中钱盘八分折二两一钱,松江色一两,标金十五两八钱零。余俟后布。

随缄去李润九公一千五百两、丁韫石公七百两、吴筠生公五十七两、饶钦臣公五十四两会借据各一纸,罗二太爷廿两、陈钦铭公二百两、蔡锦峰公四十两收条各一纸,八月分[份]月清一挶[折],平致闽一信,翁兰畦公、龚朝俊公、泰府德、高源公、杨苹笙公、彭鏊公、张元禄公、郭五老爷、罗东之公、文亭公各一信，至日检收分致是祝。专此奉。又缄去陈永诒公问捐单一纸。外于九月初一日托丁嘉玮大人带去翁兰畦公托韩曙东送到京号转闽之木圈帽盒两个、靴子四双。韩公送来时言及渠出外在即不暇，包裹［裹］求京号打包妥协，化［花］消［销］若干，结闽收楚，兹结去佃［垫］用包皮棉花布等本平足银一两四钱。又于初九日托李润九大人带去闽号用布帽盒一个，银七钱；羽缨一头，银四两；枝参二斤，银十两；老山参一斤，银十七两八钱；阿胶二斤，银一两六钱；关东烟六斤，银二两四钱；共结去本平足银三十七两九钱，至祈查收注录是妥。附上闽十三次信，会来交捐输局运本部饭食（银）加平等户部批回一张，户科批回一张，都察院批回、回照各一张，江南道批回、回照各一张，此即差官施鸿恩赍解之款，至祈验收交付为妥。再，向晋庵公题补海席之件，我京前赴管寓送信招呼，嗣据管言向处与润九李君亦有信函，求其招呼此件，现下已有成言，大约海席可以就绪。此件既经伊托李润九公料理，我号担承银两之说可以置之不问矣。此覆。

九月二十四日由津申转去第二十七次信

敬启者，月之十五日，由津申转去第二十六次信，内呈一切，今特抄底奉阅。于二十一日接得第二十四次信，会来京交闽海关解部京饷库平足纹银五万一千五百两，王玉山公京平足纹银六百两；又津交树德堂涂闽库平宝银五两，九月底收世盛森记闽库平足宝银二千两。结来京号用神粙本平足纹银三两八钱五分。缄来徐世昌公等信十封，立给过王玉山公未列次信底一纸，郑小谷公兜肚包一个，八月分［份］月清一抈［折］。及论一切皆已领悉照注收交转致矣，勿念。

兹报，京交会过闽收郭鹿泉公京平足纹银一百两，平比我合砝共小三两六钱，无砝，立来会借据一纸，限闽执据向该公府上收楚，京现交，扣过银一两五钱，至祈注帐［账］照收为荷。

附报，交会过汉收外银五百两，费汉结。又交会汉腊月内收外银七十两，得过费利银七两七钱。交会过广收外银三十五两，费广结。交会过城十月标收外现宝银一千一百两，咱京冬月初十日交，得过费银五两五钱。收会过申见票七天交外银二千七百两，得过费银四十五两。收克过津交外银二千两，无费。接津信，内叙收会过闽十月初十日交复兴行漕平大白锭银二百两，又收过闽见信七八天交洪合胜乾大白锭银七百两，其会情想津早布闽悉矣；又收会过申见信五七天交外银一万零七百二十两，得过费银十四两三钱二分；收会过广见票半月交外番银七千四百九十两，贴过外银一百一十五两五钱；收会过江十月底交外银二百两，得过费银四两；克来京见票十天收外银二百十两，得过费银二两一钱；又克来京收外银一万三千两，无费；交会过平十月底收外银二百五十两，得过费银四两；又交过忻谷明春标收外银二万八千两，得过费银九百五十二两；交会过城明春标收外银一千六百两，得过费银六十一两八钱。接城信，会来京交外银四百两，又东口十月标交外银二千一百两。接平（信），会来京交外银五十两，又京十月半交外银六千两，冬月半交外银八千两，腊月半交外银六千两。接广信，会来京交外银一千五百五十两，津冬月十八日收外银一千两。接江信，会来京交外银二万三千余两，又京收外银一百两。接汉信，会来京交外银三百两。接申信，会来京冬月二十五日交江海关饷银五万两，又会来京冬月内收外银三万一千两；津十月半收外银五千两，冬月内收外银一万两，并以奉知。时下都中钱价八分折二两六钱，松江色一两，标金十五两七钱。余容后呈。

随缄去郭鹿泉公一百两借据一纸，林祖培公二十九两、邱辉公卅一两、任鸿友十两、车养泉七十两收条各一纸，叶苣恭公、程挺生公、林秋根公、王炳奎公、郭秀章公、张梦元、陈廷寿、许申季公、张琚、胡毓棠公、王佐周公、李九铭公、林福泉公、林大人、郑樾斋公、刘觉庵公、裕大人、潘大人各一信，又平致闽一信，至祈检收分致是荷。专此奉。又缄去高玉英缴送司徒伯芬公借字一张，郑际辰公实原收一纸。附上刘松林公分缺先照一张，补小四成照一张，胡永清公分缺间照一张，补小四成照一张，原来照一张，何恩绮公分缺先照一张，共结去本平足银一千三百八十九两八钱五分，另具花目呈览，祈验收分注是妥。闽号捎京神䄻及王济川公茶叶小箱，高心盘寄汪宅箧皮小包，均未收到。胡植公捐案，俟查确需费若干，下信再覆。何恩绮公所捐花样办咨知福抚之处，副底容抄来即寄。再启，今日张祥泉兄与凌霄记由平顺吉抵京矣。又覆，捐免候咨一层，按本职分发，银数减二成，后照倒载银数每百两折实银四十二两核算，加平等费在外。

十月初七日由津申转去第二十八次信

敬启者，于前月二十四日由津申转去第二十七次信，内云一切，今特抄录原稿呈览。于初五日接得第二十五次信，会来京见票十天交藩宪大人发交陶委员赍解内务府京饷并平余库平足纹银一万零二百五十两，又抬费、劈鞘费等库平足纹银八十两。林肇成老爷闽库平足纹银八十两，杨少农大老爷京平足纹银二百三十两，俞小舟大老爷京平足纹银一百两，武丕化大老爷京平足纹银一十二两，铭安大人京平足纹银三十二两，郭溶大老爷闽库平足纹银二百五十两，李寿伯大爷京市平足纹银二百五十两，张载之兄闽库平足纹银三十两，张镜清大老爷京平松江银三十二两，蒋大人京平足纹银三十两，林祖培老爷闽库平足纹银二百两，张海山大老爷闽库平足纹银八百两，潘畹生大老爷闽库平足纹银二百两。又津交张春元二老爷闽城新议平足纹银八十两，前安徽巡抚□□□闽库平足纹银六百四十两。缄来大捐履历二名，赖亭崧公双单分发照一张，屠炳星公描写履历二纸，写给张、潘二公凭信底各一纸，买参单一纸，郭溶老爷等会银信十一封，宝森大人等信十七封。兼示一切俱各领悉注帐［账］备交递办遵照转矣，祈勿锦念。

兹报，交会去闽收王桢公解盐宪二万五千两，上库费足纹银三百五十五两。又该公解盐宪一万零六百七十六十两一钱五分一厘九毫五丝，内除各衙门杂款三千零六十二两，外七千六百一十四两一钱五分，上库费足纹银一百零八两一钱二分。又该公解盐宪一万零六百七十六两一钱五分一厘九毫五丝，内除库项七千六百一十四两一钱五分，外余交杂款三千零六十二两，上库费足纹银二百五十二两。以上三款其平均比我合砝每百（两）大二两四钱。

又交会去闽收吉升公解海关五万两，上库费足纹银七百一十两，平比我合砝每百（两）大二两三钱六分。又遵闽信交会去闽腊月内收杨寿嵩公库平足纹银二百两，平比我合砝每百（两）大二两二钱，无砝，与我立来借据一纸，限闽执据收楚，京现交，扣过费利银二十两。至祈各为注录照收是荷。

附报，近京收会过江交外银一百两，得过费银二两。收会过平交外银一百四十两，无费。收会过申在苏十月二十二日交外银二千七百两，合得期两月，外得过费银三两七钱三分。又收在苏十月二十日交外银一千四百两，京对期收，得过费银二十六两六钱。收克过津交外银三千五百两，无费。接津信，内报收会过闽见信五天交蔡怀春公台新议平大白锭银二千两，又交过闽见信收聚和祥本平大白锭银三百两，其会式想津早报闽悉矣；收会过广见信十天交外番银四千二百七十一两，津现收宝银，贴过外银五十七两四钱五分；又津十月底收，东口十月标交外银一千两，得过费银三十五两；收过申见信六七天交外银七千四百五十二两，得过费银四两五钱二分；又收申来年二月底交外银一千零七十二两，贴过外银一十八两一钱七分；又现收申明年正月二十日交外银一万零八百五十两，贴过外银一百零六两七钱七分；又现收申交外银四百四十余两，得过费银三两三钱二分；收过江交外银二千五百五十两，得过费银五十一两；克来京十月内收外银三万两，无费；又克来京迟十天收外银九百八十两，得过费银十九两六钱；交会过城明春标收外银一千五百两，得过费银五十六两；交会过平、谷明春标收外银四千两，共得过费银一百二十二两。接东口信，内叙交会过谷明春标收外银二千两，得过费银八十五两；又克来京冬月半交外银四千两，同期收外银四千两；收过平冬月半交外银五十两，均无费；又收过谷冬标交外银三千两，口十月标收贴过外银五十一两；现收过平交外银三十两，得过费银四钱五分。接城信，会来京交外银七千零两。接江信，会来京交外银二千三百来两。接汉信，会来京交外银一千三百余两。接申信，会来京冬月内收外银五千两，腊月内收外银一万五千两；津冬月内收外银六千两，现交外银二百多两。接广信，会来京见票二十天交库饷银三万零八百五十两，交外零票银六百两。

均此呈知。时下都中钱数八分折二两。松江色一两，标金十五两五钱八分。余容后布。

随缄去杨寿嵩公二百两会借据一纸，孙钰田公二百两、赵桂堂公一百五十两、管欣芝公廿两收条各一纸，九月清册一扻［折］，平致闽二信，查覆捐单一纸，朱典煌公、林幼泉公、徐大老爷、程大老爷、张大人、郭五老爷、广少老爷、马大老爷、罗太老爷、斌大老爷、文三老爷、杨大人、郑大爷、陈四太爷、杨大老爷、裕大人各一信，李大人、白大老爷各二信，至祈检收分别转致是荷。专此奉。附上罗琛公监照一张、双单从九照一张，结去本平足银八十三两二钱六分，另具花目呈览，祈验收注帐［账］是妥。兹又查得大挑一等知县捐免候咨一项，按例载分发银数减二成，上兑须取同乡京官印，结时捐照在吏部换赴省之照，结费各省不同，办时现查换吏部照，每名需费银十八两。又缄去何恩绮公捐过花样行文底一纸，据承友云，虽抄有副底，大约部中要咨到福省须得到腊月间也。斌敏公之件，据承友言及此事，以觉来迟，当为竭力料理，或是如何，下信再覆。倪君梦臣代罗、张二君所办之件，代龄公办理注册之事，现无二样，下信再覆。

十月十二日由津转去众友信单

兹缄去即补分府心斋、徐大老爷、泉州正堂章、郭五老爷、李步谐公、李大人、程大老爷、俞大老爷、王大老爷、吴大老爷、孙大老爷、连江正堂张各一信，定大人二信，至祈查收转寄为妥。

十月二十日由津申转去第二十九次信

敬启者，于月之初七日由津申转去第二十八次信，十二日由津申转去众友信一包，内叙各情，今特各为抄底奉览。于十五日接得第二十六次信，会来京交丁慰农老爷闽库平足纹银一百九十一两，令德堂名下京市平松江银一千五百两，戴朗山公闽库平足纹银六百两。又会来津十月内收万生成记闽库平足宝银三千两，明正二十八日收裕泰信记台新议平足宝银一千两。缄来大捐履历一名，复抄大捐履历二名，写给戴朗山公凭信底一纸，蒋彬蔚大人等信七封，又写给钟桐樵公未列次信底一纸。是日又收到第二十七次信，会来京交郭溶老爷闽库平足纹银一百两。又津交王石渠大老爷城新议平足纹银四十六两八钱六分，又会来津十月内收永发福号闽库平足宝银二千两，腊月初一日收森发公记闽库平足宝银一千两。缄来郭溶老爷会银信一封，蔡赓良大老爷等信三封，邱峻南公捐案请奖一单，喻全公咨文底一纸，罗君致管欣芝开口一信，复抄大捐履历一名。两函所谕均各领悉，注帐[账]收交遵照矣，请勿悬念。

兹报，交会过闽收向晋庵公京平松江银二百两，平比我合砝每百（两）小三两六钱，无票砝，有管欣芝公立来收银条一纸，致向公还咱银两一信，至日注录，问伊照收应行利费，由闽结楚。

附报，京交会过江收外银二百两，得过利费银十六两。又交江收外银一千多两，费江议。交会过汉收外银五百两，扣过费银十两。收过平交外银五百两零，得过费银三钱五分。交会过广收外银三十两，费广结。接津信，内叙收会过闽见信五七天交洪荣胜台新议平大白锭银三百两，其会情想津早报闽悉矣；收会过江交外银五千八百四十两零，得过费银一百一十六两八钱二分；收会过平交外银一百两，得过费银五钱；收会过广见信十天交外银七千七百六十三两二钱，贴过外银三十七两四钱一分；克来京收外银一万五千八百两，得过费银三两二钱；交会过忻按谷明春标前十天收外银一千七百两，得过费银五十七两四钱；又交平、谷明春标收外银四千七百二十两，得过费银一百四十二两三钱，明谷夏标收外银一千两，得过外银六十两；又交谷本年腊月半收外银二千两，得过外银四十七两五钱；交过城明春标收外银三百两，得过费银十一两一钱。接口信，内叙收会过平交外银二百五十余两，无费；又收平冬月半交外银七百十七两零，贴过外银十两零零四分；克来京冬月半交外银一千六百两，贴过外银九两六钱，月底收外银一千五百两，得过外银三十两零七钱五分。接城信，会来京交外银三百二十两，又收外银一千两。接平信，会来京交外银三百零五两；又东口年标收外银二千两。接广信，会来京见票二十天交京饷银一万两；又会来京冬月半收外银七千两，月底收外银六千两，腊月半收七千两；津冬月半收一万两。广信又云，不日尚有收会京交饷银一万五千两。接江信，会来京交外银一千六百余两，又京见票十天收外银四千二百七十二两。接汉信，会来京交外银二百多两，津收外银六百两。接申信，会来京见信十天收外银四千四百五十两，津十月底收外银一千两。均此奉知。时下都中钱价八分折一两六钱，松江色一两，标金十五两六钱。余再布。

随缄去郭溶公一百两、管欣芝公二百两、林祖培公二百两、蒋彬蔚公卅两、张载之卅两、郭溶公二百五十两、铭大人卅两、武丕化公十二两、杨少农公二百三十两、林肇成公八十两收条各一纸，郭溶公二百五十两、蔚大人卅两收银回信各一封，蒋公致尤溪县程照信一封，管欣芝致向大老爷露信一封，俞小舟公原会银信一封，王茝生公原信一封，平致闽信一总封，刘恩第、李汉卿公、赵习之、王二爷、许大太爷、吴子久、杨淑仁公、洪大老爷、翁大老爷、郭五老爷、陈大老爷、裕大人、杨西康公各一信，至日照收分致为祝。专此奉。

罗东翁托管处干旋赁屋之件，兹据管兄云，此件业已经部驳出，无可为力核计，随后再出两缺就可挨到罗君，不日管欣翁亦另写详信答覆罗公也。闽致京（第）二十五次信来之斌敏公之件，倪君梦臣代罗、张二君所办之事，岱龄公办理注册之件，又二十七次来信嘱京查邱俊南捐案请奖，县丞喻全公已请终养更正之件，以上五事均无样式，容当再布。

向君晋庵题补海席之件，前信覆闽，伊巳［已］托李润九公招呼，与咱则算无事，继又经王茝生公来号言及向君亦有信函致彼，托渠与管兄从妥布置，如能就绪，所需银两求由我号兑结汇闽号还。况闽前信亦有信致京，是以先佃［垫］付管处二百金也，至祈照收是妥。王辅兄于今月十二日由化城来京住班矣。又统去格式纸二十张，祈查收。闽寄京之神粬并王济川公之茶叶一小箱于昨日均已收到矣。京交俞小舟之银一百两，京已将帐［账］注消［销］矣。

十月二十七日由申转去众友信单

兹缄去何直夫公、陈玉亭公、张重扬公、王桢公、张梦元公、尚慎斋、刘秉清公、吴小芸、林秋根公、郑樾斋、福建抚台、任二爷、唐大老爷、裕大人、盐法道裕、明贵各一信，至祈检收分致是荷。

冬月初四日由申转去第三十次信

敬启者，于前月二十日由申转去第二十九次信，又于二十七日由津转去众友信一包，内呈各情，今特各抄稿奉览。

兹报，京交会过闽收王玉山公京平足纹银四百两，平比我合砝每百（两）小三两六钱，无砝，与我立来借据一纸，限闽执据收楚，应行利费由闽结楚，至祈注帐［账］照收是荷。

附报，交会过广收外银一百五十两，得过费银七两五钱。又交广收外银九十二两五钱五分，费广结。收会过申来年四月半交申外公砝规银一万一千一百两，咱在京十、冬月底各期收外申公砝足纹银五千两，共合贴外费银三百四十两零八钱七分。收会过江见票五天交外银一千八百七十两，得过费银三十六两八钱。又定收江票银一万两，咱在京年内收外银五千两，来年正月收一千两，二月收六百两，三、四月内各收一千两，五月节收一千四百两，咱在江腊月二十日交外银三千两，来年正月二十日交一千两，二月二十日交二千两，四月底交二千两，六月底交二千两，每千（两）得外费银十六两。收过平交外银二百九十七两五钱三分，得过费银四两四钱二分。收克过津交外银二千一百两，无费。接津信，内叙收过广见信十天交外番银三千一百九十两，得过费银一两四钱；收会过江交外银二千七百五十两，每千（两）得过费银二十两；收会过平交外银九百两，得过费银四两；交会过平、谷、忻明春标收外银六千零五十两，得过费银一百九十一两九钱五分；收会过城交外银六百三十两，得过费银九两；交会过城明春标收外银五百两，得过费银十七两；克来京收外银二万九千一百五十两，得过费银一百七十三两；又克来京交外银六千七百零两，得过费银五十两零三钱二分；收过闽见信五七天交泉山福大白锭银一千二百三十两，又收闽冬月底交万生成库平大白锭银一千五百两，又冬月半交该号库平大白锭银二千两，又收闽冬月半交袁茂顺大白锭银四百两，其会式一切想津早报闽悉矣，京不再冗。接东口信，内叙收过平在汾交外银七百零两，得过费银四钱六分；又克来京冬月底收外银七百两，得过费银一十三两；又京交外银三百两，无费。接城信，会来京交外银二千二百两。接平信，会来京交外银二千两，东口收外银一百五十两。接江信，会来京交外银九百五十两。接汉信，会来京交外银二百三十两。接申信，会来京现交外银一千七百余两，冬腊月内各期交外银一万两；又津腊月内收外银一千五百两。接广信，会来京见票二十天交京饷银一万五千两，交外零票银二百两，收外银三百两；津见票冬月收外银三千两，又见票二十天收三千两。均此奉闻。时下都中钱价八分折一两五钱，松江色一两，标金十五两六钱。余容后布。

随缄去王玉山公立来四百两借据一纸，缴过伊四百两存银帖一纸，张镜清公卅二两、李寿伯二百五十两收条各一纸，管君致台一信，徐大老爷、杨大老爷、张梦元公、汀州正堂延、郑大爷、裕大人、盐道裕各一信，至祈检收分致是荷。专此奉。又缄去十月分［份］月清一抈［折］。成信后，接到江信，会来京交外银一千三百余两。又接得汉信，会来京交外银四十两。布知。又缄去曹晋墀大老爷一信，并内统有史致仁公未入分发照一张，至日照信皮所注妥交为祷。岱龄公兵部注册之件，顷据承友言费银准得百金方能办理妥然，乃前路又云，即二三十金该店亦可依允，但此部公事多不靠实，且注册非比捐项并无执柄可凭，不果［过］听书友之一言耳，兄在公事大非吏店可比，惟恐将来落虚有碍我号，今将原来文底缴还，祈照收。邱峻南公声覆文已经到店，尚未核准，必须办声明核准捐案知照吏部才能行文，声明核准银八两，往外行文银十两。特此布。启，如其办时，祈再示知。斌敏公之件，经承友已在内店布置如式，其酬笔拟定二百六十金，兹将副契底缄呈，红契出渡有日，再为将银交会去闽可也。

冬月十七日由申转去第三十一次信

敬启者，月之初四日由申转去第三十次信，内情一切，今复录稿呈阅。初九日接得第二十八次信，会来京交廖贞华公京平足纹银五十两，高二爷京市平足纹银二十两，汪晓峰大老爷闽库平足纹银二百两，闫大少爷闽库平足纹银四十两，郭溶公闽库平足纹银二百四十六两，董作霖先生闽库平足纹银一百五十两，彭瑟轩三老爷漕平足纹银一百两。又会来京收福生祥台新议平足纹银八百两。缄来福生祥八百两会票一纸，郭溶公等会银信七封，夏同善公等信二十四封，九月清册一扖[折]，捎物一单，又黄郑锦一信、说单一纸，汪兴祎公详院底簿一本，立给过翁兰畦公、吴起夫二公凭信底各一纸。所示种种均各聆悉注录照办矣，勿念。

兹报，收会过闽交叶苣恭公京平松江银二十两，平比咱砝共小七钱二分，无票砝，有伊会银信，限闽随信交，得过费银四钱。交会过闽收吴起夫公京平足纹银一百两，平比咱砝共小三两六钱。又交闽收祝廉泉公京平足纹银三十两，平比咱砝共小一两零八分，均无砝，各有翁兰畦公立来收据一纸，限闽执据，各为照收贴费，由闽结楚。至祈分别依旧扣足注帐[账]收交是荷。

附报，近京收会过汉交外银一百两，得过费银二两。收会过平交外银一百四十八两，得过费银二两二钱九分。收会过江见票七八天交外银八百一十两，得过费银十五两二钱。又收江明年二、三月内交外银七百两，得过费银三两二钱。交会过江明年二月内收外银二百二十两，扣过费银二十两。交会过广收外银七十五两，费广结。接津信，内叙收会过广见信十天交外番银一千一百二十三两五钱，贴过外银六两零九分；交会过城明春标收外银一百两，得过费银三两四钱；克来京收外银一万四千两，得过费银七十两。接城信，会来京收外银二千两。接广信，会来京交外银二千四百零两，又会来京、津明年正、二月各收外银五千两。接申信，会来京交外银四十四两。接江信，会来京交外银三百零两。均此奉闻。时下都中钱数八分折一两三钱，松江色一两，标金十五两三钱。余容后布。专此奉。

成信后，收会过江腊月底交外银一千九百两，得过费银三十八两。收会过平交外银四十九两，得过费银一两。收会过申赶年底交外（银），在苏交外银二千五百两，京期对日收，每千（两）得过费银二十三两。收克过津交外银一千一百余两，无费。随缄去叶芑恭公廿两会银信一封，翁兰畦公立来一百两、卅两字据各一纸，祈检收为荷。又缴去廖贞华公五十金会银信一封，此公现已转闽，京已将帐［账］注销矣，祈照销是妥。

冬月十八日由申转去第三十二次信

敬启者，于十七日由申转去第三十一次信，惟恐迟延，今特抄稿呈览。

兹报，遵闽信交会去闽收斌敏公京平足纹银二百六十两，平比我合砝每百（两）小三两六钱，无票砝，此系代该公干贴嘉义正屋之需，红契巳［已］于此月初八日出渡矣，至祈注帐［账］照收是荷。

附报，近京定（会）过江在河交外银一万两，咱在河来年三月半及二十日各期交外银五千两，京对期收，每千（两）得过费银十八两。收克过津交外银一千二百两，得过费银二两。接津信，内叙收过江在河腊月二十日交外银五百两，明正月底交外银二千两，津均对期收，每千（两）得过费银二十五两；又克来京收外银三千三百两，无费。接东口信，内叙收过平腊月交外银四百九十两零，得过费银六两四钱。又克来京月底收外银八百两，得过费银十四两。接城信，会来京收外银二千两，又交外银六百两。接江信，会来京交外银一千零两。接申信，会来津交外银一百两，又京腊月二十日交外银三千两。布悉。时下都中钱价等照前。余容再布。

随缄去高二爷廿两、汪晓峰二百两、闫大少爷四十两、郭溶公二百四十六两收条各一纸，陈秋士、严沁园、田二爷、郑樾斋、韩毓午、唐建镛、振声堂郑、延平府徐、南平县彭、吕大老爷、王秀庭、程起鄂、程廷燿各一信，杨西康、调福州林、李又延、郭五老爷、永春州翁、裕大人各二信，至祈检收转致是荷。专此奉。

冬月二十四日由申转去第三十三次信

　　敬启者，于月之十八日由申转去第三十二次信，内情一切，今复誊稿呈阅。于二十九日收到第二十九次信，会来京交崇大人京平足纹银一十六两，志大人京平足纹银八两，耀云舫公京平足纹银五十两；又会来津腊月二十日收乾源甡记闽库平足宝银二千两。缄来大捐履历一名，志大人等会银信三封，延大老爷等信三封。兼谕一切诸各领悉照注转致矣，祈勿锦念。

　　兹报，京交会去闽收延林公解海关五万一千五百两，上库费足纹银七百三十一两三钱，平比我砝每百（两）大二两三钱六分。陶委员解内务府饷一万三千五百两，上库费足纹银一百七十七两三钱三分，平比我合砝每百（两）大二两二钱四分。潘委员解藩宪洋药厘款一万零三百两，上库费足纹银一百四十六两二钱六分，平比我砝每百（两）大二两二钱四分。潘委员解藩宪固本京饷一万两，上库费足纹银一百四十二两，平比我砝每百（两）大二两二钱四分。潘委员解盐宪饷银二万五千两，上库费足纹银三百五十五两，平比我砝每百（两）大二两四钱。以上五宗均无票砝。又收会过闽交戴朗山公库平足纹银一百四十两，平比我砝每百（两）大二两二钱，无砝，与伊立去凭信一封，限闽见信无利交付，此系由闽会京所剩之款，无贴费。又交会去闽来年正月廿八日收张重瀛公库平足纹银三百两，平比我砝每百（两）大二两二钱，无砝，与我立来会借据一纸，限闽执据照收，京现交，扣过费利银二十四两。至祈各为注录分别收交彼据是荷。

　　附报，近京交会过江收外银一百两，扣过费银八两。又交江收外银一百三十两，费江议。交会过平收外银七百两，费平结交。克去收外银八百两，得过费银三两。收会过平交外银二百五十五两，无费。收会过申交外银八十八两，得过费银一两九钱七分。接津信，内叙克来京冬月底交外银三百两，得过费银十四两四钱；又克来京收外银六千五百两，无费；又收会过江在河腊月廿日交外银三百两，得过费银六两。接广信，会来京交库项银四千两，又交外银九百七十两。接江信，会来京交外银四百八十两。接汉信，会来京交外银一千七百余两。接申信,会来京腊月初交外银一万两,又京腊月廿日收外银五千两。均此附知。时下都中钱数八分折一两三钱,松江色一两,标金十五两三钱。余容后呈。

随缄去立给过戴朗山凭信底一纸,张重瀛公立来三百两借据一纸,祈检收。专此奉。外于廿二日托翁兰畦公带去闽花翎二枝,计高堪卅两,次堪十两;又暖帽纬两头,银三两八钱;凉帽纬一头,银二两五钱;高丽参钉〔丁〕一斤,银七两;冬季摺绅两部,银一两二钱;共结去本平足银五十四两五钱,至日照收注帐〔账〕为妥。成信后,交会去闽收喻全公京平足纹银六十两,平比我硳共小二两一钱六分,此系遵闽信,与该公料理起服之件,今已妥然。随缄去咨覆底一纸,祈即照收注帐〔账〕为荷。其红契出月,祈可以发行。再,又交会过江收外银七十两,得过费银四两二钱。又交江收外银五百两,费江结。又交过申收外银五百两,无费,报知。

兹结去屠炳星公、赖亨崧公、方耆曾公、马骏公四名捐项本平足银共一千六百七(十两),留系由上海公脚再寄。特布知。成信后,又交会去闽收李连枝公京平足纹银五十两,其平比咱合硳共小一两八钱,无票硳。随缄去伊立来五十两名片借据一纸,京现交,得过费利银二两,此笔系翁兰畦公经手,至祈注帐〔账〕照收是妥。又及。

《光绪十三年九月至十四年十月蔚泰厚济南致京师信稿》

信稿简介

本信稿收录于《晋商史料集成》第2册第560—717页,原件由刘建民收藏,现存于晋商博物院。信稿封皮为蓝色麻布,尺寸规格为186mm×233mm,信稿内部纸张的格线为传统石印,封面没有题名。信稿包括封皮在内共80页,每页20行,每行满字约26字,竖排格式,以毛笔行书书写,字迹清晰。该信稿共包含81封信,从清光绪丁亥年(1887)九月十九日起到次年十月二十二日结束,其中79封为编号信(第八十二次至第一百六十次),另有2封未列号信,共计4万余字。该信稿虽前后都有封面,但是并不完整,其中第一封信和最后一封信都有残缺,其残缺原因不详。

《晋商史料集成》将其命名为《光绪十三年济南某票号信稿》,票号信息不详,故本书对其进行重新归户。本信稿第一页写有"丁亥九月十九日由提塘带去第八十二次信",据现有成果,山西票号大约出现在道光初年,此处的"丁亥"可能为1827年或1887年。第八十五次信中提及"河南郑州决口之事",据查证1887年河南郑州确有发生黄河决口之事。因此,可确定本信稿的书写时间为光绪十三年(1887)九月十九日至次年(1888)十月二十二日。

另,信稿中与济南分号有书信往来的分号有:平遥、长沙、常德、三原、成都、天津、汉口、上海、重庆、营口、苏州、沈阳、北京、周村、沙市和西安。惟平遥一地处于山西,且与平遥来往密切,故推测该票号属于平遥帮。另在19世纪80年代末,在营口设庄的票号有蔚泰厚、存义公、合盛元、协成乾、世义信、大盛川、志成信、大德玉、大德恒、大德通等10

家。① 这十家票号中仅有蔚泰厚一家为平遥帮，其他9家分属祁太帮，可暂定为蔚泰厚票号。再者，曾在济南设庄的票号有：日升昌、蔚泰厚、新泰厚、天成亨、日新中、云丰泰、永泰庆、大德通、志成信、义善源、元丰玖、谦吉升、大德恒、协成乾、大德川、三晋源、功玉、协和信等18家。同时期有营口分号的是大德通、志成信、蔚泰厚、大德恒、协成乾5家，其中大德恒和协成乾非平遥帮票号，志成信在济南设庄是在1905年，② 所以这三家都可排除。本信稿的第八十三次信，提到"兼叙与通记相好者广西总兵马进祥大人代做真红贡缎寿幛一副"，此处"通记"便是大德通，且1887年大德通并未在济南设庄，即大德通也可排除。因此，可以断定该信稿是蔚泰厚票号济南分号的信稿。

综上所述，该信稿由蔚泰厚济南分号誊抄，记录了从光绪十三年（1887）九月十九日到光绪十四年（1888）十月二十二日之间，济南分号写给京师分号的书信内容，可将其定名为《光绪十三年九月至十四年十月蔚泰厚济南致京师信稿》。

信稿录文

丁亥九月十九日由提提［塘］带去第八十二次信　二十日寄去副信一封

启者，于月之十五日由提塘③带去第八十一次信，内报收会去京随信无

---

① 黄鉴晖：《山西票号史》，山西经济出版社2002年版，第213页。
② 中国人民银行山西省分行、山西财经学院《山西票号史料》编写组，黄鉴晖编：《山西票号史料》，山西经济出版社2002年版，第321页。
③ 提塘是各省督抚派驻京师，负责递送中央与地方之间往来公文的官员。始设于明代，自清代顺治时期开始，各省逐渐在北京设立驻京提塘。提塘建立之初隶属兵部捷报处，清末，各省设立文报局，裁撤部分驿站和提塘，此后设立邮传部，提塘归邮传部管理。各省提塘与本省的信息往来利用塘递专线，沿途设塘拨。

利交义和号足纹银二百九十两，无票砝，统去伊会银底信一封，其平照济平，比咱合砝每百（两）大四钱二分兑，交银后计讨收条寄济。又统去长、常、平①各一信，张中丞二万一千零六百六十五两二钱，公文二角，外信四封，及报一切，谅早收阅录底照交矣。于十六日收接第一十五次信，随统来京号月清一扺［折］，平、原、成、津、洋②寄济六信，京报七本，外信二封。又统来巨兴和五百两收条一纸，及叙等情均悉，勿念。

兹报，济现收会去京随信无利交王大人足纹银三百两，无票砝，统去伊会银底信一封，其平照湘平，比咱合砝每百（两）小一两六钱兑，得期外，共得伊费【下残】

（九月）廿五日由提塘带去第八十三次信

启者，于月之十九日由提塘带去第八十二次正信，廿日托天成亨带去第八十二次副信，内报收会去京随信无利交王大人足纹银三百两，无票砝，统去伊会银底信一封，其平照湘平，比咱合砝每百两小一两六钱兑，交银后计讨收条寄济。又收会去京转会孟县，随信无利交福兴和粮店足纹银四千两，定无票砝，统去伊会银底信一封，其平照库平，比咱合砝每百两大二两兑，交毕计讨收条回信寄济。此款是济省候补道河工总局张大人所会，与济虽素相识而生意初次交往，彼地我号无庄，本不欲会，而济号因拉搭下次主道，不得不应酬此款，以望后首主顾耳。如京号转会每千贴银四五两则已，若多贴四五金与济结来亦可，至祈速为转会酌办等情。兼叙与通记③相好者广西总兵马进祥大人代做真红贡缎寿幛一副，中丞寿辰济号业经送呈，该伊不收，因各友所送之礼均已璧回，统去伊回文一角，称呼底样璧片各一纸。至做寿幛共用真红贡缎二十五尺，每尺价银七钱，此幛未用，济号退讫，每尺

---

① "长、常、平"为地名，即长沙、常德、平遥。
② "平、原、成、津、洋"，即平遥、三原、成都、天津、上海。
③ "通记"，即大德通票号。

贴退银二钱，共贴银五两，做金字上下款式用银八钱，随结去本平足银五两八钱。并统去济寄津、洋、沈、沙、汉、重、平、原、成各一信，①复源德、万元成一千两会票各一张，外信二封，及报一切，谅早收阅录底照办交给分转矣。廿四日收到第一十六次信，随统来恒丰厚二龙膏五张捎物原单一纸，结来本平足银五钱。又统来京报八本，平、原、成、洋、长、重寄济七信，骆西园三百两收条一纸，弟等四信，并叙各情均已领明，勿念。

兹报，济现收会去京见票迟五七天，无利交王籽山足纹银四百五十两，与伊立去会票一张，无砝，其平照京公砝平，比咱合砝每百（两）小一两六钱兑，得期外，共得伊费银四两五钱，至祈注录缴票交给是祝。济现收会过谷十月廿五日交李福堂竟宝银二千两，得期外，共得伊费银二十六两。又济对期收会过祁腊月十五日交双合源竟宝银一千两，丁期②，共得伊费银二十两。济现收会过津随信交启盛钱局化宝银二百两，得期外，共得伊费银八钱。济现收会过长随信交黄景春用项银七十两，得期，得伊费银七钱。

附报，洋会来济本月底交葛应桥足宝银九百五十两，原会来济随信交恒大老爷足纹银四十两，报知。随统去济寄平、津二信，外信二封。刻下月息等照前。余事后呈，专此布。

（九月）廿七日由提塘带去第八十四次信

启者，于月之廿五日由提塘带去第八十三次信，内报收会去京见票迟五七天，无利交王籽山足纹银四百五十两，与伊立去会票一张，无砝，其平照京公砝平，比咱合砝每百两小一两六钱兑。并统去济寄平、津二信，外信二封，及报一切，谅早收阅录底照交矣。

寄信后，无甚事件。随统去再启一纸，济寄平、原、成、洋、沈各一信，至日收阅分转是妥。刻下月息等照前。余事后呈，专此布。

---

① "津、洋、沈、沙、汉、重、平、原、成"，即天津、上海、沈阳、沙市、汉口、重庆、平遥、三原、成都。
② "丁期"，银钱业、票庄等行业术语，通常也使用"顶期""兑期""对期"，等等。

十月初三日由公专汉带去第八十五次信

启者，于月前廿七日由提塘带去第八十四次信，内统去再启一纸，济寄平、原、成、洋、沈各一信。初二日早前八点钟收到电信一封，内情已悉，并呈一切，谅早收阅矣。于初一日收到第一十七次信，内统来丁大人一信，并叙令济号代做兰花缎祭幛一轴，与信一并送交，讨谢帖寄京等情。又统来京报八本，平、津、洋、常、重、沈寄济各一信，全大人公文一角，聚信隆五百两收条一纸，及叙一切均已照办，勿念。

兹报，济现收会去京冬月半无利交高模山松江银二百六十两，与伊立去会票一张，无砝，其平照京二两平，比咱合砝每百两小四两二钱兑，松江以九八五过帐［账］，合得期一月半，共得伊费银一两八钱二分，至祈注录缴票交给是祝。又济定明正月廿五日、底各期收五千两，会过洋十月廿五日、底各期交恒祥号豆规银五千二百六十两，合贴期三月，共得伊费银一百九十四两二钱。济定腊月底、明三月半、（明三月）底各期收一千两，会过苏冬月底交恒茂厚关批票银一千两，腊月廿日交伊二千两，合贴期七十一天，共得伊费银八十一两。又济现交五千两，冬月底交五千两，会过平冬月底、明春标各期收泰丰德无色宝银五千两，合贴期六十余天，共扣伊费银二百两。又周现交会过谷明春标收锦霞明竟宝银一千两，贴期四月余，共扣伊费银二十八两，昨日打去电信一封，随誊原底呈阅。至来电信云及转孟县之项，每千非贴廿五金不可，济与前途定妥，赔增只可酌办，报知。随统去济号月清一扺［折］，济寄平、汉二信，外信二封，至日收阅转致是荷。刻下月息七八厘，钱数三千一百一十文。余事后呈，专此布。

再，济闻得传言，河南郑州决口之事，谕旨定当堵御，今因工成［程］浩大，经费不足，令我票号各家每处捐输银六百金。刻济尚无明文，是否都门许有确音？果有其情，而今之生意艰难，各庄得利无几，如此捐款，我等吃亏实非浅鲜矣。今新泰（厚）郝枫园兄会同我帮各写各信，觅［觅］公脚寄京，其事如果属实，请京设法商办。该号首先起意，邀请同帮，弟亦不得不随，其后望祈兄等见信之日，或该如何商办，酌夺施行，此情呈知。

（十月）初五日由提塘带去第八十六次信

启者，于十月之初三日由公脚带去第八十五次信，内报收会去京冬月半无利交高模山松江银二百六十两，与伊立去会票一张，无砝，其平照京二两平，比咱合砝每百两小四两二钱兑，松江以九八五过帐［账］。又统去电信底稿一纸，济号月清一抧［折］，济寄平、汉二信，外信二封。并叙济得传言，河南郑州决口之事，谕旨定当堵御，今因工成［程］浩大，经费不足，令我票号各家每处捐输银六百金。刻济尚无明文，是否都门许有确音？果有其情，而今之生意艰难，各庄得利无几，如此捐款，我等吃亏实非浅鲜矣。今新泰（厚）郝枫园兄会同我帮各写各信，觅公脚寄京，其事如果属实，请京设法商办。该号首先起意，邀请同帮，弟亦不得不随，其后祈兄等见信之日，或该如何商办，酌夺施行等情，谅早收阅录底照交妥办矣。

寄信后，无甚事件。至京着济与袁思聱代做祭幛一轴，济照信一并送交。丁大人随统去伊谢帖一个，回信俟后再寄，共用兰花缎二十尺，每尺价银四钱，做上下款并裁缝工钱用银八钱，随结去本平足银八两八钱，至祈收注济帐［账］是祝。随统去济寄津、洋、沈、重、成、原、长、常、沙各一信，至日收转是荷。刻下月息七八厘，钱数三千一百一十文。余事后呈，专此布。

（十月）初九日由提塘带去第八十七次信

启者，于月之初五日由提塘带去第八十六次信，内叙袁思聱代做祭幛一轴，济与信一并送交，丁大人随统去伊谢帖一个，共用兰花缎二十尺，每尺价银四钱，做上下并裁缝工钱用银八钱，随结去本平足银八两八钱。又统去济寄津、洋、沈、重、成、原、长、常、沙各一信，及报一切，谅早收阅矣。于初七日收到第一十八次信，内统来再启一纸，平、原、成、津寄济四信，京报五本，义和号二百九十两收条一纸，并云等情均悉，勿念。

寄信后，济定冬月半收一千两、明二月半收一千五百两、二月底收一千两，会过苏冬月半交德成永关批票银一千五百两、腊月半交伊银一千两、冬月底交裕盛公关批票银一千两，合贴期五十六天，共得伊等费银八十一两。

附报，营会来济见信三五天交全盛稀周行宝银六百两，冬月底交李庆麟周行宝银五百三十五两，报知。随统去济寄洋一信，黄少兰一信，至日收转是荷。刻下月息等照前。余事后呈，专此布。

（十月）十四日由提塘带去第八十八次信

启者，于月之初九日由提塘带去第八十七次信，内统去济寄洋一信，黄少兰一信，及报一切，谅早收阅矣。于十二日收到第十九次信，内统来京号月清一扺［折］，京报七本，洋、沈、营寄济三信，福盛永一信，及叙等情均悉，勿念。

兹报，济现收会去京见信三二天无利交骆西园老爷足纹银五十两，与伊立去凭信一封，无砝，其平照京公砝平，比咱合砝共小八钱兑，得期无费。又周现交会去京明二月初十日无利收恒隆光足纹银五百两，伊立来凭信一封，随信统呈，无砝，其平照咱本合砝平比兑，合贴期三月余，共扣伊费银一十二两，至祈注录各备收交是祝。

附报，营会来济本月底交福隆泰周行宝银八百两，长会来济见票五七天交傅见廷足宝银五百两，报知。至前信所报会去京冬月半交高模山松江银二百六十两，与伊立去会票一张，注定在京冬月半交期，系伊错说日期，大约到京之日总在本月底，祈京见票即交，以免耽误伊之事件，是所切祝。随统去济寄平、沈各一信，全大人公文一角，外信三封收转。刻下月息照前。余事后呈，专此布。

又统去李葆初三十四两三钱收条一纸，收转。再者，收京转孟一项，我号无庄，本不欲会，皆因九月间短银甚巨。有西会济九月底交何公银二千两，洋会济交赈款银五千两，平定济交泰丰德之项，该号在兖①开设典当。

---

① "兖"，即山东兖州。

今该号由兖来信定九月底用银一万余金，彼时我济苦无银两，概无一点收项，适有张大人会孟之项，苐［弟］思该处惟公记①一号，曩时所会现收现交，每千（两）贴费多则十两之谱。刻下汴梁黄水为灾，借此未免价高，本欲多得费利，无奈济地玖记②刻下会汴之银，每竿止［只］得费银十余金之谱，限致未能多得。今止［只］得其费一十五两，得期月余，原拟仅将所得之费期贴其转会，以作抽银之计，一则拉其主道，二来济我急需。不料公记如此高价为难，以致兄等费过许多周章，亦皆因我济之急需抽银之故耳。嗣后如无要需若，此宗款勿敢再会，望祈兄等原谅是荷。再，我号赴周，原拟短跑彼处，亦无甚事件，八月间赴彼闲住月余，久已返省，彼地亦未悬挂牌匾，此情呈知。今日下午四点钟接到我京电报五号，公事等均已知情，而济省公事刻下尚无明文。呈知。

再报，福聚公之事，刻已同中讲妥，共该外银九万余金，公馆、堂名、我帮借贷、会项以暨钱庄等一律办理，年底还一成半，明五月底还一成，明年终还二成，其余后年五、腊月本利归清。该事初坏之时，共计该外银八万两之谱，钱庄九千六百两，堂名公馆四万两之谱，我帮二万七八千金，继而玖记由广、成会京收伊银四千两，天成③成会京收二千两，庆记④成会京收三千两，昌记⑤广会京收六千两，伊又有西会京收五千两，此项银两并所办之货均未打我帮借贷会项，共四万两有奇［奇］，统共该外九万余金。该所存货抵银六万余金，各小号入本银一万二千八百两，外该新旧帐［账］等京钱一十二三万文，作银四万两，统共作银一十万两有奇，以此相抵，尚有余项，而归期太缓，日久难免不虞大众，应允我号亦可如斯耳。特此呈知。

---

① "公记"，即平遥票号存义公，曾在孟县设有分号，且孟县仅此一家票号。
② "玖记"，即祁县票号元丰玖，曾在济南设有分号。
③ "天成"，即平遥票号天成亨。
④ "庆记"，即平遥票号协同庆。
⑤ "昌记"，即平遥票号日升昌。

（十月）十九日由提塘带去第八十九次信

启者，于月之十四日由提塘带去第八十八次信，内报收会去京见信三二天无利交骆西园老爷足纹银五十两，与伊立去凭信一封，无砝，其平照京公砝平，比咱合砝共小八钱兑。又交会去京明二月初十日无利收恒隆光足纹银五百两，伊立来凭信一封，随信统呈，无砝，其平照咱本合砝平比兑。又统去济寄平、沈各一信，李葆初三十四两三钱收条一纸，全大人公文一角，外信三封，及报一切，谅早收阅录底各备收交分转矣。于十六日收到第二十、二十一次信二封，内统来津、洋、营寄济五信，京报六本，王大人三百两收条、回信各一件，外信一封，并叙一切均经领悉，勿念。

兹报，济现收会去京随信无利交义和号足纹银四十两，无票砝，统去伊会银底信一封，其平照济平，比咱合砝共大一钱七分兑，得期，得伊费银二钱。又现收会过京冬月底随信无利交张虎臣老爷足纹银五十两，无票砝，统去伊会银底信一封，其平照京二两平，比咱合砝共小二两一钱兑，得期一月余，无费。二宗交银后各讨收条寄济，至祈注录照交是祝。又济本月廿二日、底各期收会过洋见票七天、冬月底各交恒祥号豆规银二千六百七十七两五钱，得期二十余天，共得伊费银八两六钱五分。

附报，平定沙会来济冬月半、底各期交泰丰德周行宝银二千两，洋会来济见票五七天交英浸礼周行宝银一千一百零二两九钱四分，营会来济本月底交天成德周行宝银八百两，报知。随统去济寄津、洋、重、沙、汉、长、常各一信，问捐单一纸，至日收转是荷。至济前四月内会去京随信交戴星阶老爷足纹银六两之项，想京早交矣，至今尚未寄来收条，前途催迫，至日祈京将收条速为寄济，以好交代前途是祝是要。再，济闻院署云及嵩武军欠我之款由京归结，未知果否。至济地药材帮福晋隆、福隆泰二号均是河南秦家之事，与福聚公连手字号，虽属各东，刻下生意不好，祈勿交会是荷。刻下月息等照前。余事后呈，专此布。

（十月）廿五日由津转去第九十次信

启者，于月之十九日由提塘带去第八十九次信，内报收会去京随信无利交义和号足纹银四十两，无票砝，统去伊会银底信一封，其平照济平，比咱合砝共大一钱七分兑。又收会去京随信无利交张虎臣老爷足纹银五十两，无票砝，统去伊会银底信一封，其平照京二两平，比咱合砝共小二两一钱兑。二宗交银后，各讨收条寄济。（随统去济寄）津、洋、重、沙、汉、长、常各一信，问捐单一纸。并叙济前四月内会去京随信交戴星阶老爷足纹银六两之项，想京早交矣，至今尚未寄来收条，前途催迫，祈京将收条速为寄来，以好交代前途等情，谅早收阅录底交给矣。

兹报，济现收会去京见票五七天无利交张大人足纹银二千两，与伊立去会票一张，无砝，其平照济平，比咱合砝每百两大四钱二分兑。此项系济省候补道张上达大人甫虞箴所会，与我号相契，进京陛见，会去之银倘不需用，向我京号会用银三二千金，祈为交付，请翁立据，如数兑济收楚，会费由济结算，望祈兄等见信格外款待，又托伊带去未列次信一封。又见信三五天无利交张大人足纹银一百两，与伊立去凭信一封，无砝，其平照京市平，比咱合砝共小二两二钱兑。又随信无利交许绍鹤老爷足纹银一百两，无票砝，统去伊会银底信一封，其平照京二两平，比咱合砝共小四两二钱兑，交银后计讨收条寄济。均得路期外，共得伊等费银一十五两九钱，至祈注录各为交给是祝。又济对期收会过洋腊月半交通资长豆规银一千零六十二两，丁期，共得伊费银一十两五钱二分。济地现收过原冬月底交义隆聚足纹银五百两，得期一月余，共得伊费银二两五钱，报知。

再，前德心公会京交巨兴和转交九江道李公五百两之项，并寄和记信一封，刻心公来信云及，许久时日并未见李公收银回信，况前和记与心公之收条亦未打图章，望我京号向其讯问，何时会到九江交给李公之手收，祈再向和记讨来一信，已交前途，务嘱和记总得讨李公亲手收条，凡为妥善为要。随统去济寄原一信，外信二封。刻下月息等照前。余事后叙，专此。

成信后，收到第二十二次信，内统来京报六本，平、原、成、津、汉、长、常寄济九信，外信一封，并云各情均悉，勿念。附报，津会来济见信交王紫霖足纹银十两，报知。

（十月）廿七日由托益兴永带去第九十一次（信）

启者，于月之廿五日由津转去第九十次信，内报收会去京见票五七天无利交张大人足纹银二千两，与伊立去会票一张，无砝，其平照济平，比咱合砝每百（两）大四钱二分兑。又见信三五天无利交张大人足纹银一百两，与伊立去凭信一封，无砝，其平照京市平，比咱合砝共小二两二钱兑。又随信无利交许绍鹤老爷足纹银一百两，无票砝，统去伊会银底信一封，其平照京二两平，比咱合砝共小四两二钱兑，交银后计讨收条寄济。并叙前德心公会京交巨兴和转交九江道李公五百两之项，并寄和记信一封。刻心公来信云及，许久时日并未见李公收银回信，况前和记与心公之收条亦未曾打图章，望我京号向其讯问，何时会到九江交给李公之手收，祈再向和记讨来一信，已交前途，务嘱和记总得讨李公亲手之收条，凡为妥善。又统去济寄原一信，外信二封，及报一切，俟至收阅录底交给矣。刻收到第二十三次信，内会来济冬月底代通记无利交邹丙荣周行足宝银三百三十两，无票砝，统来伊底信一封，其平照伊原来济平，比咱合砝每百（两）大二钱五分兑，交银后计讨收条寄京。又结来见信收丁云樵老爷京平足银五十两，其平比咱合砝共小二两一钱兑。统来黄少兰兄致伊开口信一封，凭照一包，京报二本，津、营、沈寄济三信，德大人一信，及云各情，均经领明照办交给，勿念。

兹报，济现交会去京见信迟三五天无利收恒昌永足纹银九百两，定无票砝，各依信凭，其平照济平，比咱合砝每百（两）大四钱二分兑，统去伊底信一封，贴期外共得伊费银五两，至祈录底照收是祝。

至来信云及着济往京丁兑银两一事，济号无甚余项，望祈勿指济事为要。再，院署万湘翁云及嵩武军在津借过洋款七八万金，以备还我京之欠项，不悉还过多寡，少兰兄与万湘翁亦无确音，该翁讯问济号，请济往京致信，祈兄等来信提叙一笔是祝是要。随统去福聚公转成一信。刻下月息等照前。余事后呈，专此布。

冬月初五日由提塘带去第九十二次信

启者，于前月二十七日由益兴永标局带去第九十一次信，内报交会去京见信无利收恒昌永足纹银九百两，定无票砝，各依信凭，其平照济平，比咱合砝每百（两）大四钱二分兑。又统去伊底信一封，福聚公一信，及报一切，谅早收阅矣。于初三日收到第二十四次信，内会来东昌冬月底无利交文成堂周行宝银三百两，与伊立有凭信一封，无砝，其平照京市平，比咱合砝每百（两）小二两二钱兑。又统来平、原、成寄济四信，京报七本，郑公［工］新例①一本，并云等情均已明悉照办，勿念。

兹报，济现收会去京见信无利交黄少兰老爷足纹银三十八两九钱，无票砝，统去伊会银底信一封，其平照京二两平，比咱合砝共小一两六钱三分兑，得期，无费，交银后计讨收条寄济，至祈录底照交是祝。又济现收会过重见信交萧应桐票色银五十两，得期外，得伊费银一两。

附报，平会来济见信交许涵敬足宝银三百二十两，报知。随统去济号月清一扸［折］，济寄平、津二信，至日收阅转致是荷。刻下月息五六厘，钱数三千零五十文。余事后呈，专此布。

再，来信所问东昌收交系托何号代办，至彼地收交托元丰玖是多，不果［过］该号转兑每千总的［得］十数八金才能办理，如托别行代办不能指定，可遇而不可求。呈知。

---

① "郑公新例"，实为"郑工新例"。光绪《东华续录》卷八十五载："军机处交出，御史周天霖奏。豫省河工，急宜疏浚，请开整公捐例一折。""此次系属河工，拟请比照海防，再减二成。仍以实银报捐官职，名为郑工新例。"

（十一月）初九日由提塘带去第九十三次信

启者，于月之初五日由提塘带去第九十二次信，内报收会去京见信无利交黄少兰老爷足纹银三十八两九钱，无票砝，统去伊会银底信一封，其平照京二两平，比咱合砝共小一两六钱三分兑，交银后计讨收条寄济。又统去济号月清一扺［折］，济寄平、津各一信，及报一切，想早收阅矣。

兹报，济现收会去京见票五七天无利交俞云溪老爷足纹银二百五十两，与伊立去会票一张，无砝，其平照京二两平，比咱合砝每百（两）小四两二钱兑，得期外，共得伊费银二两五钱，至祈录底照交是祝。

今随信统去济寄沈一信，外信一封，至日速转是荷。刻下月息五六厘，钱数二千九百二十文。余事后呈，专此布。

（十一月）十五日由提塘带去第九十四次信

启者，于月之初九日由提塘带去第九十三次信，内报收会去京见票五七天无利交俞云溪老爷足纹银二百五十两，与伊立去会票一张，无砝，其平照京二两平，比咱合砝每百（两）小四两二钱兑。又统去济寄沈一信，外信三封，及报等情，谅早收阅录底交给矣。

兹报，济现收会去京随信无利交汪以庄老爷足纹银四百两，无票砝，统去伊会银底信一封，其平照京公砝平，比咱合砝每百（两）小一两六钱兑，交银后计讨收条寄济，至祈注录照信交给是祝。又济现收会过苏见票五七天交勾万诚关批票银二千七百五十两，得期外，共得伊费银一十七两八钱七分。济现收会过原腊月二十日交义隆聚足纹银二百两，得期一月余，共得伊费银一两，报知。

随统去济寄洋、原各一信，外信三封，问捐单三纸，邹丙荣三百三十两收条一纸，至日收分转是荷。刻下月息等照前。余事后呈，专此布。

（十一月）二十日由塘务局带去第九十五次（信）

启者，于月之十五日由塘务局①带去第九十四次信，内报收会去京随信无利交汪以庄老爷足纹银四百两，无票砝，统去伊会银底信一封，其平照京公砝平，比咱合砝每百（两）小一两六钱兑，交银后计讨收条寄济。又统去济寄洋、原各一信，外信三封，问捐单三纸，邹丙荣三百三十两收条一纸，及报一切，谅早收阅录底交给矣。昨日收接第二十五、六次信二封，内结来转会孟县交福兴和粮店四千两，上贴费本平足银六十一两二钱。又统来平、原、成、津、洋、沈、营、汉寄济十一信，义和号四十两、戴星阶六两收条各一纸，问捐原花单二纸，京号月清一扪［折］，京报十五本，张大人等五信，及云一切均已领明，勿念。

兹报，济现收会去京随信无利交全盛店足纹银二百两，无票砝，统去伊会银底信一封，其平照京市平，比咱合砝每百（两）小二两二钱兑，得期外，共得伊费银一两四钱。交银后计讨收条寄济，至祈注录照交是祝。又济现收会过津见信交福庆隆化宝银一百五十两，得期，得伊费银三钱。济现收会过苏随信交杨书成大人关批票银二千两，得期外，共得伊费银二十四两，济现收会过原腊月二十五日交恒茂顺足纹银三百两，得期外，共得伊费银二两四钱。

附报，原会来济腊月底收福晋隆足纹银一千两，明二月底收三益成足纹银二千两，天成德足纹银二千两，福聚公足纹银二千两，洋会来济见信交武锡麐足纹银五十两，营会来济十月底交福聚公周行宝银八百两，报知。随统去济寄津、洋、沈、汉、沙、长、常、重、成、原各一信，至日收转是荷。刻下月息四五厘，钱数二千九百二十文。余事后呈，专此。

---

① "塘务局"，即前信中的"提塘"。

（十一月）廿三日由提塘带去第九十六次信

启者，于月之廿日由提塘带去第九十五次信，内报收会去京随信无利交全盛店足纹银二百两，无票砝，统去伊会银底信一封，其平照京市平，比咱合砝每百（两）小二两二钱兑，交银后计讨收条寄济。并统去济寄津、洋、沈、汉、沙、长、常、重、成、原各一信，及报一切，谅早收阅注录照交分转矣。

寄信后，济现收会过洋转会南京随信交卢雨香足纹银六百四十两，得期外，共得伊费银一十二两八钱，报知。今随信统去济寄洋一信，至日速转是荷。刻下月息等照前。余事后呈，专此布。

又统去王韫山原信一封，至祈交代前途，此信照信皮所书地名找寻，至再无有此人，况此信于九月间统来，一直未曾找见，原信打回。祈向前途叙明究竟此人在省系赶何事，信内倘有要事，以免耽误之故。又统去王韫山原信一封，收转。

腊月初一日由三盛永标局随标带去第九十七次信

启者，于上月廿三日由提塘带去第九十六次信，内统去济寄洋一信，王韫山一信，及报一切，谅早收阅矣。于上月廿五日收到电信一封，内情已悉。廿七日收到第二十七次信，随统来许绍鹤一百两收条一纸，平、洋寄济二信，京报五本，并叙各情均悉，勿念。

兹报，济现收会去京见票三五天无利交汤仁甫足纹银一百两，与伊立去会票一张，无砝，其平照库平，比咱合砝每百两大一两八钱兑。又随信无利交胡耕夫松江银五十两，崔惠人松江银五十两，二宗均无票砝，统去伊等会银底信各一封，其平皆照京二两平，比咱合砝共小四两一钱四分兑，二宗交银后计讨收条寄济，均得期外，共得伊等费银二两五钱，松江以九八五过帐［账］，至祈注录各为交给是祝。济现收会去洋见票五七天交瑞大号豆规银一千零五十六两，淇春号豆规银一千零五十六两，咱在济各收伊济平银九百九十二两，得期外，共得伊等费银二十六两二钱。

附报，洋会来济见票三五天交英浸礼先生周行宝银二千二百零九两九钱四分，报知。兹随信着三盛永标局邹福魁、冯昭祥往京护送现标五箱，计大宝一百九十六定［锭］，尾银一包，共合本平足银一万两正［整］。所有标费车脚济号亦已付清，至祈照信查收注济之账是妥。惟有送标人酒银每名二两，车夫每名京钱二千文，祈京给付，再将银箱随车带回，以备后首用耳。今随信统去济号月清、总结、清册各一纸，花单、捎物单二纸，周老爷一信，至日收阅。刻下月息四五厘，钱数二千八百七十文。余事后呈，专此布。

成信后，济现收会去京见票三五天无利交刘淮生足纹银三百两，与伊立去会票一张，无砝，其平照京市平，比咱合砝每百两小二两二钱兑，得期外，共得伊费银三两，至祈注录缴票交给是祝。又现收会去汉随信交王燮菴足纹银五十两，得期，得伊费银五钱，报知。又及。

（十二月）初四日由提塘带去第九十八次信

启者，于月之初一日由三盛永标局随标带去第九十七次信，内报收会去京见票三五天无利交汤仁甫足纹银一百两，其平照库平，比咱合砝共大一两八钱兑；刘淮生足纹银三百两，其平照京市平，比咱合砝每百（两）小二两二钱兑，二宗与伊各立去会票一张。又随信无利交胡耕夫松江银五十两，崔惠人松江银五十两，均无票砝，其平皆照京二两平，比咱合砝共小四两一钱四分兑，交银后计讨收条寄济，松江以九八五过账。并报着三盛永标局邹福魁、冯昭祥往京发去现标五箱，计大宝一百九十六定［锭］，尾银一包，共合本平足银一万两正［整］。所有标费车脚济已给清，惟有送标人酒银每名二两，车夫每名京钱二千文，祈京给付等情。又统去济号月清、总结、清册各一扖［折］，花单、捎物单二纸，周老爷一信，及报一切，谅早收阅注录各为照交矣。初二日收到第二十八次信，随统来营寄济一信，京报六本，宗华记一信，并叙一切均悉，勿念。

兹报，济现收会去京见票五七天无利交阁下足纹银五百两，与伊立去会票一张，无砝，其平照济平，比咱合砝每百（两）大四钱二分兑。又随信无利交杨崇伊大人足纹银一百七十八两，无票砝，统去伊会银底信一封，其平照京二两平，比咱合砝每百小四两二钱兑，交银后计讨收条寄济，均得期外，共得伊等费银七两一钱四分。又，济现交会去京明二月半无利收德合长足纹银二千两，伊立来凭信一封，随信统呈，无砝，其平照赤平，比咱合砝每百（两）大五钱二分兑，此项俟期向大德通收讫，至祈注录照期各备收交是祝。

济现收会过平在省城见票十天交王永平足纹银四百两，得期外，共得伊费银八两，初二日打去电信一封，今誊原稿呈阅，报知。随信统去济寄平、津、洋、沈、汉各一信，大德通二信，崔宗华、罗俊才各一信，捎物单一纸，至日收转是荷。再，济前信会去京见票三五天无利交刘淮生足纹银三百两之项，其伊改会二百两，前立去三百两之票业经由济缴销，今立去二百两之票，至祈改注济账是祝。刻下月息等照前。余事后呈，专此布。再，济省协州之饷银，每年分春、秋二季解发，我济今七月间遵京信代天顺祥①领会一次，至祈京号再与该号商办，由贵州领文来济，仍由我号会解，该号能可办理，实为好极，为嘱为妥。

（十二月）初七日由提塘带去第九十九次信

启者，于月之初四日由提塘带去第九十八次信，内报收会去京见票五七天无利交阁下足纹银五百两，与伊立去会票一张，无砝，其平照济平，比咱合砝每百（两）大四钱二分兑。又随信无利交杨崇伊大人足纹银一百七十八两，无票砝，统去伊会银底信一封，其平照京二两平，比咱合砝每百（两）小四两二钱兑，交银后计讨收条寄济。又交会去京明二月半无利收德合长

---

① "天顺祥"，又名同庆丰，是总号位于云南的一家票号，创设于同治年间，民国五年（1916）歇业。

足纹银二千两，统去伊立来凭信一封，无砝，其平照赤平，比咱合砝每百（两）大五钱二分兑，此项俟期向大德通收讫。并报前会去京见票三五天无利交刘淮生足纹银三百两之项，其伊改会二百两，前立去三百两之票业经由济缴销，今立去二百两之票，至祈改注济账等情。又统去电信底稿一纸，济寄平、津、洋、沈、汉各一信，大德通二信，崔宗华、罗俊才各一信，捎物单一纸，及报一切，注录交给照办矣。昨日收到第二十九次信，内会来济本月廿日无利交天成亨周行足宝银一千七百五十两，定无票砝，各依信凭，其平照伊原来之砝，比咱合砝每百（两）小七分兑。统来平、原、成、洋、沈寄济五信，京报五本，并叙一切均已照注交给，勿念。

兹报，济现收会去京随信无利交巨兴和足纹银五百两、冯润田松江银一百两，均无票砝，统去伊会银底信各一封，其平皆照京市平，比咱合砝每百（两）小二两二钱兑，交银后计讨收条寄济，均得期外，共得伊等费银九两，至祈注录照信交给是祝。

附报，洋会来济见信交赵剑屏周行宝银四百两，汤逸仙周行宝银一百两，高绅足纹银二十两，报知。今随信统去老兄一信，济寄重、成、原、沙、长、常六信，至日收阅是荷。再，今会去京交巨兴和五百两之项，讨收条上向和记打图章为凭。至前会京交和记五百两之项收条系李宅之，前途恐有不妥，总要和记收条上打图章，或讨一信亦可，赶快寄济，以免前途屡次催逼耳。余事后呈，专此布。

（十二月）十二日由永利义带去第一百次信

启者，于月之初七日由提塘带去第九十九次信，内报收会去京随信无利交巨兴和足纹银五百两、冯润田松江银一百两，均无票砝，统去伊会银底信各一封，其平皆照京市平，比咱合砝每百（两）小二两二钱兑，交银后各讨收条寄济。又统去老兄一信，济寄重、成、原、沙、长、常六信。并叙今会去京交巨兴和五百两之项，讨收条上向和记打图章为凭；再前会去京交和记五百两之项，讨来之收条系李宅所出，亦未曾打和记图章，前途恐有不妥，总要和记之收条上打图章，或讨一信亦可，赶快寄济，以免前途屡次催迫等情，谅早收阅照办注录交给矣。

兹报，济现收会去京随信无利交张百熙大人足纹银五十两，无票砝，统去伊会银底信一封，其平照济平，比咱合砝共大二钱一分兑。又京随信无利交许少崔老爷足纹银五十两，无票砝，统去伊会银底信一封，其平照京二两平，比咱合砝共小二两一钱兑，交银后各讨收条寄济，均得期外，共得伊等费银一两五钱，至祈注录照信交给是祝。

济现收会过洋在松江见信交杨笔三足纹银七十两，张星甫足纹银五十两，均得期外，共得伊等费银二两四钱。济现收会过原明正月廿日交义隆聚足纹银二百八十两，见票五七天交恒茂顺足纹银三百两，均得期外，共得伊等费银三两八钱，报知。随统去张虎臣等五信，济寄原、洋各一信，至日速转是荷。刻下月息四五厘，钱数二千八百四十文。余事后呈，专此布。又统去胡焕文一信，为转。

（十二月）十六日由提塘带去第一百零一次（信）

启者，于月之十二日托永利义带去第一百次信，内报收会去京随信无利交张百熙大人足纹银五十两，无票砝，统去伊会银底信一封，其平照济平，比咱合砝共大二钱一分兑。又随信无利交许绍崔［鹤］老爷足纹银五十两，无票砝，统去伊会银底信一封，其平照京二两平，比咱合砝共小二两一钱兑，交银后各讨收条寄济。又统去济寄洋、原各一信，张虎臣等六信，及报一切，谅早收阅注录交给矣。

兹报，济现收会去京随信无利交应楚卿松江银一百一十两，无票砝，统去伊会银底信一封，其平照京市平，比咱合砝每百（两）小二两二钱兑，得期外，共得伊费银二两二钱，交银后计讨收条寄济。又济现交会去京见信十天无利收长慎兴足纹银一千两，伊立来凭信一封随信统去，无砝，其平照伊合砝，比咱合砝每百两大一两一钱二分兑，合贴期外，共扣伊费银六两，至祈注录各备收交是祝。又济现收会过平在祁见票五七天交大来庆镜宝银一千一百五十两，得期外，共得伊费银二十四两，报知。随统去恩大人等四信，至日收转是妥。刻下月息等照前。余事后呈，专此。

（十二月）廿四日由提塘带去第一百零二次（信）

兹值新春，另柬恭贺。启者，于月之十六日由提塘带去第一百零一次信，内报收会去京随信无利交应楚卿松江银一百一十两，无票砝，统去伊会银底信一封，其平京市平，比咱合砝每百（两）小二两二钱兑，松江以九八五过账，交银后计讨收条寄济。又交会去京见信十天无利收长慎兴足纹银一千两，统去伊立来凭信一封，无砝，其平照伊合砝平，比咱合砝每百两大一两一钱二分。又统去恩大人等四信，及报一切，谅早收阅各备收交矣。于廿日、廿一日收接第三十、三十一次信二封，内会来济随信无利交汪公馆周行宝银四十两，无票砝，统去伊会银底信一封，其平照京公砝平，比咱合砝共小六钱四分兑。又收捎来王厚菴靴包一个，平安散二瓶，捎物原单一纸，结来本平足银八两一钱，又结来冯德文借过京号本平足银二两。又统来平、原、成、重、津、洋、沈寄济八信，京号通年总结清册一纸，再启一纸，月清一扗［折］，汪以庄四百两、全盛店二百两、张虎臣五十两、胡耕夫五十两收条各一纸，弟一信，外信二封，京报十六本，问捐原花单四纸，及云一切等情均已领明照办，勿念。

寄信后，济现收会过祁明春标交万顺源镜宝银一千一百两，得期外，共得伊费银二十二两。济现收三百两、明三月廿日收五百两，会过津见票五七天交德盛隆化宝银八百两，贴期一月余，共得伊费银一十八两。济现收会过原明正月底交义隆聚足纹银二百二十两，得期一月余，共得伊费银一两一钱。

附报，洋会来济在东昌明正月底交镇源号周行宝银一千七百两，报知。今随信统去济（寄）平、原、成、津、洋、沈、汉、沙、长、常、重各一信，袁廷彦一信，至日收阅分转是荷。刻下月息四五厘，钱数二千九百二十文。余事后呈，专此布。

前会去京交汤仁甫（银）一百两之项，该公日昨返济言及未曾使用，今将所立之会票由济退讫，业已缴消［销］，至祈将帐［账］退讫为妥。再，来信着济向嵩武军讨收欠我京之项，将利收清等语，济号不时催要，该帐［账］房时常拮据，日每所进不敷所出，况欠我陕号一万之项，归济收结，迄今数年之利分毫未收，何能收欠京之利？不果［过］我号事同一体，如是能收无不竭力办理，按刻下难望收结，望祈京号由彼催索是所切祝。至往京起标短平一节，原是由钱店备办，咱号俱要库宝，钱店之家兑平总不能足，往来之家实不好争论，区区小事，何足挂齿，望祈愿量是幸。

（戊子年）新正（月）初六日由提塘带去第一百零三次信

启者，于客腊二十四日由提塘带去第一百零二次信，内报前会去京交汤仁甫一百两之项，该翁日昨返济言及未曾使用，今将所立之票由济退讫缴消［销］，祈京退注济帐［账］为要。又统去济寄平、原、成、津、洋、沈、汉、沙、长、常各一信，袁廷彦一信，及报一切等情，谅早收阅，今不冗复。于去腊三十日收接第三十二次信，内统来福兴和粮店四千两、崔惠人五十两收条各一纸，平、津、洋、汉、常寄济各一信，京报五本，外信二封，捎皮包原单一纸，及云各情均悉，勿念。

兹报，济现收会去京随信无利交王桂亭足纹银四十两，无票砝，统去伊会银底信一封，其平即照京二两平，比咱合砝共小一两六钱八分兑，交银后计讨收条寄济，得期外，共得伊费银一两，至祈注录照信交给是祝。

附报，洋会来济见信交王公馆周行宝银一千两，葛公馆足纹银七十六两，蔡小斋、沈汝霖足纹银十两，又见票三五天交英浸礼先生周行宝银四百六十四两六钱八分。又，转济宁见信交陈叙诗周行宝银一百两，查成绥足纹银五十两，报知。随统去济号月清一扺［折］，济寄津、洋、沈、重、沙、汉、长、常信各一封，汪公馆四十两收条一纸，至日收阅分转是荷。刻济月息等，新正无市。余事后呈，专此布。

（正月）初九日由提塘带去第一百零四次信

启者，于月之初五日由提塘带去第一百零三次信，内报收会去京随信无利交王桂亭足纹银四十两，无票砝，统去伊会银底信一封，其平即照京二两平，比咱合砝共小一两六钱八分兑。并统去济号月清一扺［折］，济寄津、洋、沈、重、沙、汉、长、常信各一封，汪公馆四十两收条一纸，及报一切，谅早收阅注录交给矣。

兹报，济现收会去京见票五七天无利交全盛公足纹银四百七十两、三盛合足纹银二百五十两、辑盛永足纹银一百两，与伊等各立去会票一张，无砝，其平皆照济平，比咱合砝每百（两）大四钱二分兑。又京随信无利交许少鹤①老爷足纹银五十两，无票砝，统去伊会银底信一封，其平照京二两平，比咱合砝共小二两一钱兑，交银后计讨收条寄济，均合得期外，共得伊等费银六两七钱四分，至祈注录各为交给是祝，报知。刻济月息三四厘，钱数三千文。余事后呈，专此布。

新正月廿二日由提塘带去第一百零五次信

启者，于月之初九日由塘务局带去第一百零四次信，内报收会去京见票五七天无利交全盛公足纹银四百七十两、三盛合足纹银二百五十两、辑盛永足纹银一百两，与伊等各立去会票一张，无砝，其平皆照济平，比咱合砝每百（两）大四钱二分兑。又京随信无利交许少鹤老爷足纹银五十两，无票砝，统去伊会银底信一封，其平照京二两平，比咱合砝共小二两一钱兑，及报一切，谅早收阅矣。于十六日收到第三十三次信，内统来京号月清一扺［折］，京报七本，应楚卿一百一十两、杨崇伊一百七十八两、冯润田一百两、张百熙五十两、许少鹤五十两收条各一纸，平、原、成、津、沈寄济六信，德大人等八信，并叙等情均悉，勿念。

---

① "许少鹤"，即前文之许绍鹤。

寄信后，济现收会过洋二月底交通资长豆规银二千一百三十六两，合得期四十九天，共得伊费银一十一两八钱八分。济定五月底收会过原三月底交天成德足纹银一千两，合贴期二月，共得伊费银二十二两，报知。

再，济南药材行福隆泰坏事，共该外银二万来金，新泰厚二千五两、新和厚三千两、钱庄公馆堂各一万余金，至福晋隆与福聚公、福隆泰连手字号，其二号坏事，该号虽无坏事，资本无几，不可交给，呈知。随统去济寄平、津、洋、沈各一信，问捐单一纸，外信二封，至日收阅分转是荷。刻济月息三四厘，钱数三千零三十文。余事后呈，专此布。再，祈京号与济捎来缙绅一部，价银随物结济是祝。

（正月）廿五日由提塘带去第一百零六次信

启者，于月之廿二日由提塘带去第一百零五次信，内统去济寄平、津、洋、沈各一信，问捐单一纸，及报一切，谅早收阅矣。

寄信后，济现收会过祁见票五七天交双合源镜宝银一千一百两、大来庆镜宝银三百五十两，均得期外，共得伊等费银二十七两五钱五分。济现收会过津见票五七天交隆聚成化宝银一千两，得期，得伊费银一两。济定本月底收一千两，五月半、底各收一千两，会过苏二月底交裕盛公关批票银二千两，恒茂厚关批票银一千两，均合贴期一月半，共得伊等费银六十六两。济现交会过祁夏标收德合长镜宝银三千两，合贴期一百零九天，共扣伊费银四十七两，报知。

随统去济寄津一信，速转是荷。刻下月息三四厘，钱数三千零二十五文。余事后呈，专此布。又，统去胡耕夫一信收转。

二月初四日托俞云溪带去第一百零七次信

启者，于前月廿五日由塘务局带去第一百零六次信，内统去济寄津一信，胡耕夫一信，及报一切，谅早收阅矣。于上月廿八日、月之初一日连接到第卅四、五次信二封，内统来平、原、成、津、洋、沈、重、汉寄济十四信，京报十一本，许少鹤五十两收条一纸，回信一件，并云各情均已照办，勿念。

兹报，济现收会去京见票迟五七天无利交俞云溪老爷足纹银二百两，与伊立去会票一张，无砝，其平即照京二两平，比咱合砝每百（两）小四两二钱兑，得期外，共得伊费银二两，至祈注录缴票交给是祝。又济对期收会过汉四月底交全盛郜估宝银五百两，丁期，共得伊费银三两。

附报，津会来周见票十天交福顺长周行宝银一千两，沈会来周五月初一日、十五日各交兴顺利周行宝银二千两、兴顺永周行宝银六百两，报知。随统去济号月清一扨［折］，再启一纸，济寄平、津、沈各一信，成老爷、曹木岚、袁廷彦各一信，至日收阅转致是荷。刻下月息三四厘，钱数二千九百八十文。余事后呈，专此布。

（二月）十五日由提塘带去第一百零八次信

启者，于月之初四日托俞云溪带去第一百零七次信，内报收会去京见票迟五七天无利交俞云溪老爷足纹银二百两，与伊立去会票一张，无砝，其平即照京二两平，比咱合砝每百（两）小四两二钱兑。又统去济号月清一扨［折］，再启一纸，济寄平、津、沈各一信，成老爷等三信，及报一切，谅早收阅矣。于初十日收接第三十六次信，随统来京号月清一扨［折］，京报八本，平、洋、沈寄济三信，王桂亭四十两收条一纸，外信二封，并云各情均悉，勿念。

寄信后，济现收会过津见信五七天交协盛号化宝银一百二十一两，得期外，共得伊费银二钱二分。济现收会过苏见票三五天交，庆祥号关批票银二千两、傅丰盛关批票银二千两、隆庆和关批票银一千两，均得路期外，共得伊等费银二十八两。

附报，沈会来周四月初一日交义成合周行宝银一千零七十两、恒和顺周行宝银一千两、同兴顺周行宝银二千一百四十两、天合号周行宝银二千两，五月初十日交伊银二千两，报知。随统去问捐单一纸，孙老爷一信，至日收阅转致是荷。刻下月息三四厘，钱数三千零二十文。余事后呈，专此布。

（二月）十八日由塘务局带去第一百零九次信

启者，于月之十五日托塘务局带去第一百零八次信，随信统去问捐单一纸，孙老爷一信，及报一切，谅早收阅矣。

兹报，济现收会去京见票迟五七天无利交兴佩然足纹银二百两，与伊立去会票一张，无砝，其平即照京市平，比咱合砝每百（两）小二两二钱兑，得期外，共得伊费银一两六钱，至祈注录缴票交给是祝。济现收会过苏见票五七天交文林堂关批票银七百零五两四钱，得期外，共得伊费银四两二钱。

附报，洋会来济见票三五天交英浸礼先生周行宝银一千四百三十九两零九分，报知。随统去济寄沈一信，罗俊才一信，至日收转是荷。刻下月息三四厘，钱数三千零一十文。余事后呈，专此布。

（二月）二十二日托何青士带去未列次一信

号务次信详呈，启因相好者何青士老爷赴京公干，与济号素属相契，倘该翁路资不足，向我京号添用银三五十金，祈为给付，请其立据兑济收结，费利由济结算可也。余事正信详呈，专此布。

（二月）廿四日提塘带去第一百一十次信

启者，于月之十八日托塘务局带去第一百零九次信，内报收会去京见票迟五七天无利交兴佩然足纹银二百两，与伊立去会票一张，无砝，其平即照京市平，比咱合砝每百（两）小二两二钱兑。统去济寄沈一信，罗俊才一信，及报一切，谅早收阅注录交给矣。

兹报，济现收会去京见票迟五七天无利交德大人足纹银二百两，与伊立去会票一张，无砝，其平即照京市平，比咱合砝每百（两）小二两二钱兑。又京见票迟五七天无利交阁下足纹银二百两，与伊立去会票一张，无砝，其平即照京二两平，比咱合砝每百两小四两二钱兑，均得期外，共得伊等费银四两，至祈注录缴票各为交给是祝。

再，何青士老爷进京公干，带去济寄京未列次一信，因该翁路资不足，向京号会用银三五十金，祈京交付，费利由济结算，报知。今随信统去济寄平、津各一信，外信一封收转，至日收转是妥。刻下月息三四厘，钱数二千九百七十文。余事后呈，专此布。又统去未列次信底稿一纸，收阅。

三月初六日由提塘带去第一百一十一次信

启者，于前月廿四日托塘务局带去第一百一十次信，内报收会去京见票迟五七天无利交德大人足纹银二百两，与伊立去会票一张，无砝，其平即照京市平，比咱合砝每百（两）小二两二钱兑。又京见票迟五七天无利交阁下足纹银二百两，与伊立去会票一张，无砝，其平即照京二两平，比咱合砝每百（两）小四两二钱兑。又统去未列次信底稿一纸，济寄平、津各一信，外信一封，及报一切，谅早收阅注录照交矣。于上月廿八日兼昨日收接第三十七、八次信二封，内结来济见信收冀文甫兄本平足银七两一钱，统来致伊开口信一封。又统来摺绅一部，结来本平足银五钱，平、原、成、津、洋、沈、沙、长寄济十三信，京报十八本，问捐原花单二纸，外信五封，并云一切均已领明照收，勿念。

寄信后，济现收会过津见票五七天交隆聚成化宝银一千五百两、三合成化宝银七百一十六两三钱七分、公祥号化宝银五百零二两，均得期外，共得伊等费银一两五钱。济现收会过苏见票五七天交隆聚成关批票银一千两，得期外，共得伊费银六两。济现收会过西见票五七天交德义兴足银八百两，得期外，共得伊费银四两。

附报，沈会来周四月半交天兴利周行宝银一千零二十五两三钱八分，五月初一日交彩全美周行宝银二千一百四十两、兴顺公周行宝银四千两，五月半交伊银二千两，报知。随统去济号月清一扺［折］，济寄平、沈二信，袁廷彦一信，至日收阅分转是荷。刻下月息三四厘，钱数二千九百七十文。余事后呈，专此布。

（三月）十五日由提塘带去第一百一十二次信

启者，于月之初六日由托提塘带去第一百一十一次信，随统去济号月清一摁［折］，济寄平、沈二信，袁廷彦一信，及报等情，谅早收阅矣。于初八日兼昨日收到第卅九、四十次信二封，内统来京号月清一摁［折］，平、原、成、津、洋、沈、汉寄济九信，京报十六本，问捐原花单二纸，外信一封，并云一切均已明悉，勿念。

兹报，济现收会去京随信无利交吴晋之松江银八两，无票砝，统去伊会银底信一封，其平照京二两平，比咱合砝共小三钱四分兑，得期，无费，松江（银）以九八五过账，交银后计讨收条寄济，至祈注录交给是祝。济现收会过洋在南京随信交刘雨生足纹银三十两，得期，得费银六钱。

附报，津会来周本月廿日交福顺长周行宝银二千两，沈会来周六月初十日交兴顺恒周行宝银三千两。再，希莲记今日赴周去矣，一并报知。随统去济寄平、津、沈各一信，大德通等二信，至日收转是荷。刻下月息三四厘，钱数二千九百四十文。余事后呈，专此布。

（三月）廿一日由提塘带去第一百一十三次信

启者，于月之十五日由塘务局带去第一百一十二次信，内报济收会去京随信无利交吴晋之松江银八两，无票砝，统去伊会银底信一封，其平即照京二两平，比咱合砝共小三钱四分兑，松江以九八五过账，交银后计讨收条寄济。又统去济寄平、津、沈各一信，大德通等二信，及报一切，谅早收阅矣。于十八日收接第四十一次信，内统来京报三本，洋寄济一信，并叙各情均悉，勿念。

兹报，济现收会去京见票迟三五天无利交思补堂李足纹银一百五十四两七钱，与伊立去会票一张，无砝，其平即照湘平，比咱合砝每百两小一两六钱兑。又京随信无利交义和号足纹银二百零二两，无票砝，统去伊会银底信一封，其平即照济平，比咱合砝每百（两）大四钱二分兑，交银后计讨收条寄济，均得期外，共得伊等费银二两九钱六分，至祈注录缴票照信各为交给是祝。济定二、三月廿五日各交二千两、三月底交四千两，会过平夏、秋标各期收泰丰德无色宝银四千两，合贴期九十五天，共扣伊费银一百六十两。

附报，洋会来济见信交郭道清周行宝银二百两，报知。刻下月息三四厘，钱数二千九百五十五文。余事后呈，专此布。

（三月）廿四日由塘务局带去第一百一十四次信

启者，于月之廿一日由塘务局带去第一百一十三次信，内报济收会去京见票迟三五天无利交思补堂李足纹银一百五十四两七钱，与伊立去会票一张，无砝，其平即照湘平，比咱合砝每百两小一两六钱兑。又京随信无利交义和号足纹银二百零二两，无票砝，统去伊会银底信一封，其平即照济平，比咱合砝每百两大四钱二分兑，交银后计讨收条寄济，及报等情，谅早收阅注录照交矣。刻收到第四十二次信，内统来平、原、成、闽、重、沈、沙寄济七信，京报六本，并云等情均悉，勿念。

兹报，济现交会去京六月廿四日无利收永利义足纹银一千两，与咱定立会票，俟后再寄，无砝，其平即照济平，比咱合砝每百（两）大四钱二分兑，贴期三月，共扣伊费银一十八两。又周现交会去京见信迟二三天无利收义兴成足纹银一千两，伊（与）咱立来会票一张，随信统呈，无砝，其平即照周平，比咱合砝每百（两）大二两五钱兑，贴期外，共扣伊费银五两，至祈注录照期各为收结是祝。

又济现收一千两、八月底收一千两，会过苏见票五七天交德兴恒关批票银一千两，五月底交伊银一千两，合拉贴期外，共得伊费银三十六两。济现收过常五月半随信交管树之市纹银三千一百两，合得期五十余天，共得伊费银三十一两，报知。随统去义兴成号信一封，至日收转是荷。再，周村之平，今改议定每百两比咱合砝大二两五钱兑，呈知。刻下月息三四厘，钱数二千九百四十文。余事后呈，专此布。又统去冯莘莹一信，收转。

四月初二日由提塘带去第一百一十五次信

启者，于月前廿四日由提塘带去第一百一十四次信，内报济交会去京六月廿四日无利收永利义足纹银一千两，与咱定会票俟后再寄，无硃，其平即照济平，比咱合砝每百（两）大四钱二分兑。又周交会去京见信迟二三（天）无利收义兴成足纹银一千两，与咱立来凭信一张①，随信统去，无硃，其平即照周平，比咱合砝每百（两）大二两五钱兑。又统去义兴成、冯莘莹各一信，并报一切，谅早收阅注录，俟期收给矣。

寄信后，济现收会过平见信交王良臣足纹银二十两，得期，无费。济五月半收一千五百两、八月底收一千两，会过苏五月底交德成永关批票银一千两、六月半交伊一千五百两，合贴期一十八天，共得伊费银三十九两。周现交会过平秋标收四顺湧无色宝银一千两，合贴期四个月零六天，共扣伊费银一十七两，报知。

随统去济号月清一扺［折］，济寄津、沈二信，德合长等四信，至日收阅分转是荷。刻下月息三四厘，钱数二千九百七十文。余事后呈，专此布。刻接到第四十三次信，内统来平、原、成、津、洋、沈寄济七信，京报八本，李四太太信一包，及云等情领明，勿念。

附报，原会来济六月底收三益成周行宝银一千两，沈会来周五月半交永顺利周行宝银二千两，呈知。又及。再，济省之碍滞，收项之艰难，曩早报明。今因有周庄之设，我济预贪收项，以备赴周之用，不意因劝捐之事，今春延隔未去，以致正、二月济号稍有存焉。现下之银亦皆交出，无甚存款，而沈收周四、五、六月之交项连连不断，彼时勉力抢收尚可弥补，惟济八、九月间极误之期，收项稀奇之极，今又添设周庄，彼时更属短银之际，望我京号能可与济丁兑，收项甚为妙极。万一不能，亦勿收济之银，只可由济随

---

① "立来凭信一张"，与前信"立来会票一张"不符。从数量单位判断，票一般用"张"，信则用"封"，所以此处应是"会票"之误。

收随交，尚不至掣肘耳，特此预为呈知。

（四月）初七日由塘务局带去第一百一十六次信

启者，于月之初二日由塘务局带去第一百一十五次信，内统去济号月清一扺［折］，济寄津、沈二信，德合长等四信，及报一切等情，谅早收阅矣。

兹报，周现收二千两、本月底收三千两，会去京四月二十五日无利交新泰厚足纹银五千两，定无票砝，各依信致，其平即照周平，比咱合砝每百两大二两五钱兑，合得期，无费。又周定本月初九日交会去京七月初九日无利收德诚和足纹银一千两，伊立来凭信一封随信统去，无砝，其平即照周平，比咱合砝每百两大二两五钱兑，合贴期三月，共扣伊费银一十八两，至祈注录照期各备收交是祝。又济定七月底收会去原五月底交天成德足纹银一千两，合贴期二月，共得伊费银二十二两，报知。

今随信统去永利义一千两会票一张，济寄平一信，长慎兴、德逢昌各一信，至日收阅分转是荷。刻下月息三四厘，钱数三千文。余事后呈，专此布。

（四月）十七日由提塘带去第一百一十七次信

启者，于月之初七日由提塘带去第一百一十六次信，内报周会去京四月廿五日无利交新泰厚足纹银五千两，定无票砝，各依信致，其平即照周平，比咱合砝每百两大二两五钱兑。又周交会去京七月初九日无利收德诚和足纹银一千两，统去伊立来凭信一封，无砝，其平即照周平，比咱合砝每百两大二两五钱兑。又统去永利义一千两会票一张，济寄平一信，长慎兴等二信，及报一切，谅早收阅注录各备收交矣。于初八、十六日收到第四十四、五次信二封，内统来京号月清一扺［折］，京报十四本，平、津、洋、沈、汉、沙、长、常、重、福①寄济十四信，吴晋之八两收条一纸，义和号二百零二

---

① "福"与前信中提及的"闽"应为同一分号，即蔚泰厚设在福州的分号。

两收条共三纸，及云各情均已明悉，勿念。

兹报，济现收会去京随信无利交许绍鹤老爷足纹银五十两，无票砝，统去伊会银底信一封，其平即照京二两平，比咱合砝共小二两一钱兑，得期外，共得伊费银一两，交银后计讨收条寄济。又周定四月初九日交会去京六月初九日无利收元亨义足纹银一千两，与咱定立凭信，俟后再寄，无砝，其平即照周平，比咱合砝每百两大二两五钱兑，合贴期二月，共扣伊费银一十二两。又周定四月十三日交会来京六月十三日无利收万源广足纹银五百两，八月十三日收伊银六百两，统去伊与咱立来凭信二封，无砝，其平即照周平，比咱合砝每百两大二两五钱兑，合贴期九十三天，共扣伊费银二十二两，至祈注录照期各备收交是祝。

济现收会过苏见票五七天交合兴号关批票银一千二百两、徐菊生关批票银六百五十两，均合得期外，共得伊等费银一十二两二钱。济现收会过西见信交钱善卿足纹银二百两，会费由西结算。济定十月底收会过原九月底交全盛都足纹银一千两，合贴期一月，共得伊费银一十五两。周现交会过谷秋标收丽泉长、德成信镜宝银各一千两，协立成镜宝银五百两，均合贴期三月余，共扣伊等费银四十二两。周现交会过沈见票五六天收同顺和锦宝银五百两，得期外，共扣伊费银一十二两五钱。周四月半交会过西六月半收义顺正足纹银一千两，合贴期二月，共扣伊费银二十两，报知。今随信统去济寄平、津、沈各一信，大德通等二信，至日收阅分转是荷。刻下月息四五厘，钱数三千零一十文。余事后呈，专此布。后批，又统去京号捎丽堂记顶上[①]阿胶四两，每两京钱一千文，随结去本平足银一两三钱，至祈注收济账是祝。又及。

（四月）廿五日由塘务局带去第一百一十八次信

启者，于月之十七日由提塘带去第一百一十七次信，内报济收会去京随

---

① "顶上"为方言，即上等、最好。

信无利交许绍鹤老爷足纹银五十两，无票砝，统去伊会银底信一封，无砝，其平即照京二两平，比咱合砝共小二两一钱兑，交银后计讨收条寄济。又周交会去京六月初九日无利收元亨义足纹银一千两，与咱定立凭信，俟后再寄。又京六月十三日无利收万源广足纹银五百两，八月十三日无利收伊银六百两，统去伊立来凭信二封，二宗均无砝，其平皆照周平，比咱合砝每百两大二两五钱兑。统去京号用顶上阿胶四两，结去本平足银一两三钱。又统去济寄平、津、沈各一信，大德通等二信，及报一切，谅早收阅注录各备收交矣。于廿二日收接第四十六次信，内统来平、原、成、津寄济四信，京报六本，及叙一切均悉，勿念。

兹报，济现收会去京随信无利交陈荣泰足纹银八十九两六钱二分，无票砝，统去伊会银底信一封，其平即照京公砝平，比咱合砝共小一两四钱三分兑。又京随信无利交盛鉴烁足纹银五十两，无票砝，统去伊会银底信一封，其平即照济平，比咱合砝共大二钱一分兑，二宗交银后，各讨收条寄济。又京见票迟三五天无利交阁下足纹银五十两，与伊立去会票一张，无砝，其平即照京二两，比咱合砝共小二两一钱兑，均得期外，共得伊等费银一两四钱，至祈注录各为交给是妥。济现收会过苏见票三五天交恒祥号关批票银二千两，又见信交荣兴昌关批票银一百两，均得期外，共得伊等费银一十三两。济定八月半收一千两、底收二千两会过苏五月二十、廿五日各期交恒茂厚关批票银一千两，五月底交隆庆和关批票银一千两，均合贴期三月，共得伊等费银九十两。

附报，津会来济见票五七天交广源号周行宝银一千五百二十四两，报知。今随信统去济寄平、沈各一信，外信二封，至日收阅转致是荷。刻下月息四五厘，钱数二千九百六十五文。余事后呈，专此布。又济现收会过洋转扬州见信交晏奎琦足纹银三十两，得期，得费银五钱。再，济号刻已看提塘京报，俟后京号勿捎京报是妥。又及。

五月初三日由提塘带去第一百一十九次信

启者，于前月廿五日由提塘带去第一百一十八次信，内报济收会去京随信无利交陈荣泰足纹银八十九两六钱二分，无票砝，统去伊会银底信一封，其平即照京公砝平，比咱合共小一两四钱三分兑。又京随信无利交盛鉴烁足纹银五十两，无票砝，统去伊会银底信一封，其平即照济平，比咱合砝共大二钱一分兑，二宗交银后，各讨收条寄济。又京见票迟三五天无利交阁下足纹银五十两，与伊立去会票一张，无砝，其平即照京二两平，比咱合砝共小二两一钱兑。又统去济寄平、沈各一信，外信二封，及报一切，谅早收阅注录交给矣。于上月廿八日收接第四十七次信，内报京会来济见信收何青士足纹银五十两，统来伊借字一纸，无砝，其平即照京市平，比咱合砝共小一两一钱兑，贴费由济结算。又统来平、洋、汉、沙、沈、福寄济七信，何次贞等五信，京报六本，并云一切均经领明，勿念。

兹报，周定五月半收三千两、六月初十日收二千两，会去京五月底无利交新泰厚足纹银五千两，定无票砝，各依信致，其平即照周平，比咱合砝每百两大二两五钱兑，合得期，无费。又济定四月初七日交会去京七月初七日无利收裕丰信足纹银一千两，票未定立，俟后再报，其平即照济平，比咱合砝每百两大四钱二分兑，合贴期三月，共扣伊费银一十八两，至祈注录照期各备收交是妥。

济现收会过津见票五七天交陈伯寅化宝银一千五百两，合得期，无费。济定八、九月底（各）收一千五百两、一千两，会过苏五、六月底各期交裕盛公关批票银一千两，五月底交隆聚成关批票银五百两，均合贴期三月，共得伊等费银七十五两。周定五、七月底各交会过谷冬标收中兴和竟宝银二千两，合贴期一百一十五天，共扣伊费银三十五两。周定现交会过西七月初一日收义顺正足纹银五百两，合贴期二月，共扣伊费银十两，报知。今随信统去济号月清一扺［折］，元亨义一千两凭信一封，济寄平、津、沈各一信，大德通等二信，至日收阅转致是荷。刻下月息四五厘，钱数二千九百一十文。余事后呈，专此布。再，周今次收京交新泰厚五千两之项，本不当收，皆因我周初次到彼而又挨新丝口①，各号均用银两，不得不应酬一二。虽如此说，我京五月短银甚巨，亦不当收，济号亦已知信责周，祈京原谅是幸。

（五月）十一日由塘务局带去第一百二十次信

启者，于月之初三日由塘务局带去第一百一十九次信，内报周收会去京五月底交新泰厚足纹银五千两，定无票砝，各依信致，其平即照周平，比咱合砝每百两大二两五钱兑。又济交会去京七月初七日收裕丰信足纹银一千两，票未定立，俟后再报，其平即照济平，比咱合砝每百两大四钱二分兑。又统去济号月清一扺［折］，元亨义一千两凭信一封，济寄平、津、沈各一信，大德通等二信，及报一切，谅早收阅注录各备收交矣。于初六日收接第四十九次信，内统来京报八本，许少鹤五十两收条一纸，平、原、成、津、洋、沙、长、常、重各一信，并报等情均悉，勿念。

兹报，现收会去京随信无利交义和号足纹银二百两，无票砝，统去伊会银底信一封，其平即照济平，比咱合砝每百两大四钱二分兑，得期外，共得伊费银一两四钱，交银后计讨收条寄济，至祈注录照交是妥。又济现收济平银二百两，会过洋见信交申昌洋书局豆规银二百一十四两，得期外，共得伊费银一两六钱二分。济现收会过苏见票五七天交恒祥号关批票银二千两，得期外，共得伊费银一十二两。又周定五月二十日交周平银一千九百二十八两，会过洋冬月二十日收永震兴豆规银二千二百零六两零六分，合贴期六月，共扣伊费银七十七两五钱一分，报知。随统去大德通等三信，至日收转是荷。刻下月息四五厘，钱数二千九百二十文。余事后呈，专此布。

成信后，周现交会过津五月底收福顺长化宝银二百两，贴期外，共扣伊费银三两六钱，报知。随信统去济寄津一信，阿胶方票一纸，至日收转是妥。又及。

---

① "挨新丝口"，为地方方言及商业术语，即靠近新丝上市的季节，面临新丝开始进入旺季的档口。

（五月）十五日由老福兴带去第一百廿一次信

　　启者，于月之十一日由塘务局带去第一百二十次信，内报济收会去京随信无利交义和号足纹银二百两，无票砝，统去伊会银底信一封，其平即照济平，比咱合砝每百两大四钱二分兑，交银后计讨收条寄济。又统去济寄津一信，阿胶方票一纸，大德通等三信，及报一切，谅早收阅，谅注录交给矣。

　　兹报，济现收会去京六月半无利交景泰和足纹银二百五十两，与伊立去会票一张，无砝，其平即照济平，比咱合砝每百（两）大四钱二分兑。又京随信无利交兴顺德足纹银三百两，无票砝，统去伊会银底信一封，其平即照济平，比咱合砝每百（两）大四钱二分兑，交银后计讨收条寄济，均得期外，共得伊等费银三两八钱五分，至祈注录各为交给是祝。

　　济现收会过洋在松江见信交工部尚书张足纹银五十两，得期，得费银一两。济现收济平银三千九百七十二两，会过洋见票五七天交甬泰号豆规银三千一百八十六两、源记号豆规银一千零六十二两，均得期外，共得伊等费银三十四两零四分，报知。随统去大德通等二信，至日收转是荷。刻下月息等照前。余事后呈，专此布。刻收到第四十九次信，内叙周会京交新泰厚五千两之项平码等情，公封有伊备五十两钱砝一副。又统来京号月清一扺[折]，京报九本，盛鉴秋五十两收条一纸，平、津、汉寄济三信，王老爷等三信，并云各情均已照办，勿念。

（五月）十八日由提塘带去第一百廿二次信

　　启者，于月之十五日由塘务局带去第一百二十一次信，内报济收会去京六月半无利交景泰和足纹银二百五十两，与伊立去会票一张，无砝，其平即照济平，比咱合砝每百（两）大四钱二分兑。又京随信无利交兴顺德足纹银三百两，无票砝，统去伊会银底信一封，其平即照济平，[1]比咱合砝每

---

[1] "平，比咱合砝每百（两）大四钱二分兑。又京随信无利交""统去伊会银""其平即照济平"，此三处文字在原信稿中残缺，这里根据票号信稿的复报制度，从前信内容推测而来。

百（两）大四钱二分兑，交银后计讨收条寄济。又统去大德通等二信，及报一切等情，谅早收阅注录照交矣。

寄信后交，济现收会过平六月底交敦古堂闫无色宝银五百两，合得期一月半，共得伊费银五两，报知。随统去济寄平、沈二信，大德通一信，至日收转是荷。刻下月息四五厘，钱数二千八百六十文。余事后呈，专此布。

刻收到第五十次信，内统来京报四本，平、原、成、洋、长、常、重、沈、福寄济各一信，陈荣泰八十九两六钱二分收条一纸，并叙一切等情均经明悉，勿念。又及。

（五月）廿五日由提塘带去第一百廿三次信

启者，于月之十八日由提塘带去第一百二十二次信，内统去济寄平、沈二信，大德通一信，及报一切，谅早收阅矣。

寄信后，济现收会过洋随信交申昌洋书局豆规银一百六十一两，咱在济收伊济平银一百五十两四钱，合得期外，共得伊费银一两一钱五分。又在苏见票五七天交勾万诚关批票银一千三百五十两，得期外，共得伊费银九两四钱五分。济现收会过重转云南随信交秦灿青足纹银一百二十两，得期外，共得伊费银二两五钱，报知。随统去济寄平、津各一信，外信一封，至日收转是妥。刻下月息四五厘，钱数二千八百七十文。余事后呈，专此布。

（五月）廿七日由提塘带去第一百廿四次信

启者，于月之廿五日由塘务局带去第一百廿三次信，内统去济寄平、津各一信，外信一封，及报一切，谅早收阅矣。于昨日收到第五十一次信，随统来京报六本，平、洋、汉、沙寄济各一信，福大人、万大人各一信，洋信内有公文解批，并云一切均悉，勿念。

兹报，济现收会去京见票迟三五天无利交张子允足纹银二百两，陈东明足纹银一百五十两，与伊立去会票各一张，均无砝，其平皆照济平，比咱合砝每百（两）大四钱二分兑，均得期外，共得伊等费银三两五钱，至祈注录缴票各为交给是妥。又济定五月廿五日收会过原七月底交天成德足纹银一千两，合得期二个月零五天，两不加费。

附报，洋会来济六月十八日随公文交嵩武军足银六千两，报知。随统去外信一封，收转为是。刻下月息等照前。余事后呈，专此布。

（五月）廿九日由提塘带去第一百廿五次信

启者，于月之廿七日由提塘带去第一百二十四次信，内报济收会去京见票迟三五天无利交张子允足纹银二百两，陈东明足纹银一百五十两，与伊立去会票各一张，均无砝，其平皆照济平，比咱合砝每百（两）大四钱二分兑。统去外信一封，并报等情，谅早收阅注录交给矣。

兹报，济现收会去京随信无利交黄少兰老爷足纹银五百五十两，无票砝，统去伊会银底信一封，其平即照原来湘平，比咱合砝每百（两）小二两兑，得期外，共得伊费银五两五钱，交银后计讨收条寄济，至祈注录速为交给是妥。

又济现收二千两、十月底收一千两，会过苏六月底交宏泰昌关批票银三千两，合拉贴期二十天，共得伊费银四十六两五钱，报知。至今会去京交黄少兰五百五十两之项，其原来湘平比咱合砝每百（两）小二两兑，前者湘平比咱合砝每百（两）小一两六钱兑，该言现已奉部改定，每百两比咱合砝小二两兑，附知。刻下月息等照前。余事后呈，专此布。

六月初三日由提塘带去第一百廿六次信

启者，于上月廿九日由提塘带去第一百二十五次信，内报济收会去京随信无利交黄少兰老爷足纹银五百五十两，无票砝，统去伊会银底信一封，其平即照原来湘平，比咱合砝每百（两）小二两兑，兼叙前者湘平比咱合砝每百（两）小一两六钱兑，伊言现已奉部改定，比咱合砝每百（两）小二两兑，及报一切，谅早收阅注录交给矣。

寄信后，济现收会过平在省随信交勾瑞春足纹银二百一十五两，得期外，共得伊费银三两一钱五分。济现收会过长随信交黄华藻用项银六十两，得期外，共得伊费银九钱。周现交周平银四百八十二两，会过洋冬月底收永震兴豆规银五百五十一两五钱一分，合贴期六月，共扣伊费银一十九两三钱七分，报知。随统去济号月清一扺［折］，济寄平、津、沈各一信，长慎兴等二信，至日收阅分转是荷。刻下月息四五厘，钱数二千八百八十文。余事后呈，专此布。

成信后，济现收会去京随信无利交陈大老爷足纹银五十两，无票砝，统去伊会银底信一封，其平即照京二两平，比咱合砝共小二两一钱兑，得期外，共得伊费银八钱，至祈注录交给，计讨收条寄济是妥，报知。又及。

（六月）初八日由提塘带去第一百廿七次信

启者，于月之初三日由提塘带去第一百二十六次信，内报济收会去京随信无利交陈大老爷足纹银五十两，无票砝，统去伊会银底信一封，其平即照京二两平，比咱合砝共小二两一钱兑，交银后计讨收条寄济。又统去济号月清一扺［折］，济寄平、津、沈各一信，长慎兴等二信，及报等情，谅早收阅矣。于初五日收到第五十二次信，内统来平、原、成、津、汉、长、常、重、沈寄济十一信，外信二封，京报十本，并云各情均悉，勿念。

兹济现收会去京见票迟五七天交辑盛永足纹银二百两，与伊立去会票一张，无砝，其平即照济平，比咱合砝每百（两）大四钱二分兑，得期，得伊费银一两四钱。又周定六月半交会去京八月半无利收永顺隆足纹银二千两，与咱定立凭信再寄，无砝，其平即照周平，比咱合砝每百（两）大二两五钱兑，合贴期二月，共扣伊费银二十八两，至祈注录照期各备收交是妥。又济现收济平银二百两，会过洋见信交卜汉文豆规银二百一十三两，得期，得伊费银二两五钱五分。又济交会过平见票收百川通无色宝银一千三百两，咱在济俟平收银之日，迟三月交伊，得期，无费。

附报，西会济六月底交同心一足宝银五百两，成会来济七月底兴顺和足宝银八百两，常会来济八月半交恒信昌周行宝银一千两，报知。刻下月息四五厘，钱数二千八百五十文。余事后呈，专此布。随统去济寄平一信，至日收转是荷。又批。

（六月）十一日由提塘带去第一百二十八次信

启者，于月之初八日由提塘带去第一百二十七次信，内报济收会去京见票迟五七天无利交辑盛永足纹银二百两，与伊立去会票一张，无砝，其平即照济平，比咱合砝每百（两）大四钱二分兑。又周交会去京八月半无利收永顺隆足纹银二千两，与咱定立凭信再寄，无砝，其平即照周平，比咱合砝每百（两）大二两五钱兑。统去济寄平一信，及报一切，谅早收阅各备收交矣。

兹报，济现收会去京随信无利交义和号足纹银二百两，无票砝，统去伊会银底信一封，其平即照济平，比咱合砝每百（两）大四钱二分兑。又京随信无利交洪大人足纹银三十两，无票砝，统去伊会银底信一封，其平即照京市平，比咱合砝共小六钱六分兑，均得期外，共得伊等费银一两七钱，交银后各讨收条寄济，至祈注录各为交给是祝，报知。

随统去济寄津、沈各一信，外信一封，至日收转是荷。刻下月息四五厘，钱数二千八百六十文。余事后呈，专此布。

（六月）十四日由塘务局带去第一百二十九次信

启者，于月之十一日由提塘带去第一百二十八次信，内报济收会去京随信无利交义和号足纹银二百两，无票砝，统去伊会银底信一封，其平即照济平，比咱合砝每百（两）大四钱二分兑。又京随信无利交洪大人足纹银三十两，无票砝，统去伊会银底信一封，其平即照京市平，比咱合砝共小六钱六分兑，交银后各讨收条寄济。又统去济寄津、沈各一信，外信一封，及报一切，谅早收阅注录交给矣。今日收到第五十三次信，内统来平、沈、沙寄济各一信，京号月清一扠［折］，京报八本，屠大老爷一信，查闸官单一纸，并云各情均悉，勿念。

兹报，济现收会去京随信无利交李春华足纹银五十六两，无票砝，统去伊会银底信一封，其平即照京二两平，比咱合砝共小二两三钱五分兑，得期，得伊费银四钱，交银后计讨收条寄济。又济现交会去京见信三五天无利收恒昌永足纹银一千两，定无票砝，各依各信，其平即照济平，比咱合砝每百（两）大四钱二分兑，合贴路期外，共扣伊费银六两。又周定六月初十日交会去京，九月初十日无利收复兴线店足纹银一千两，统去伊立来凭信一封，公封去伊备五十两钱砝一副，比咱合砝每百两大二两六钱八分兑，合贴期三月，共扣伊费银二十一两，届期向恒春隆招呼为是，至祈注录各备收交是妥。

附报，洋会来济在东昌六月底、七月半各期交太和号周行宝银一千两，元和号周行宝银一千两，七月半交谦和祥周行宝银二千两、泰源永周行宝银一千六百两，报知。随统去恒昌永、白大人各一信，至日收转是荷。刻下月息五六厘，钱数二千八百五十文。余事后叙，专此布。

（六月）廿五日由三盛永带去第一百三十次信

启者，于月之十四日由提塘带去第一百廿九次信，内报济收会去京随信无利交李春华足纹银五十六两，无票砝，统去伊会银底信一封，其平即照京二两平，比咱合砝共小二两三钱五分兑，交银后计讨收条寄济。又济交会去京见信三五天无利收恒昌永足纹银一千两，定无票砝，各依各信，其平即照济平，比咱合砝每百（两）大四钱二分兑。又周交会去京九月初十日无利收复兴线店足纹银一千两，统去伊立来凭信一封，公封去伊备五十两钱砝一付〔副〕，比咱合砝每百两大二两六钱八分兑，届期向恒春隆招呼为是。又统去恒昌永、白大人各一信，及报等情，谅早收阅注录各备收交矣。

寄信后，济现收会过平在汾州随信交卢公馆足纹银二十两，得期，得费银四钱。济现收济平银二百两，会过洋见信交卜汉文豆规银二百一十三两，得期，得费银二两五钱五分。又在南京见信交臧夑臣足纹银五十两，得期，得费银一两。济定六月半、廿五日（各）收三千五百两，十月二十日、底各收一千两，会过苏六月廿日交傅丰盛关批票银三千两，七月二十日、底各交恒茂厚关批票银一千两，八月半交周源盛关批票银五百两，均合贴期一月，共得伊等费银九十四两五钱。济定七月二十日后交会过营见信收三益成现锦宝银一千两，合得期外，共扣伊费银一十五两，报知。

随统去济寄津、沈各一信，裕丰信一信，至日收阅转致是荷。刻下月息五六厘，钱数二千八百九十文。余事后呈，专此布。又统去永顺隆二千两凭信一封，至日检收是荷。再，裕丰信用我号会京银一千两之项，其款早已报京，屡催立票。该办货者刘某性情狡诈，兼之笔墨畏难，时常推委［诿］，立票迟滞。况其时在龙山居住，需久进省浮住二三日，即去月初来垣，执其立票，该言酬应繁杂，无暇执笔，俟回山立就速为寄省，不意许久未曾寄来。伊于廿五日进省，又忘带图章，该言临期无日，无须立票，如依信凭，速报京号，而刘某实属荒荡［诞］之至，以致我号临期惶忙，祈京原量是幸。

（六月）廿九日由广益永带去第一百卅一次信

启者，于月之廿五日由三盛永带去第一百三十次信，内叙裕丰信用我号会京银一千两之项，其款早已报京，会票未定，该言临期无日，无须立票，各依信凭，速报京知等情。并统去济寄津、沈各一信，裕丰信一信，谅早收阅矣。于廿六日收到第五十六次信，内统来兴顺德三百两、义和号二百两收条各一纸，平、原、成、津寄济各一信，京报八本，外信二封，傅汝迁开口信一封，并云一切等情均悉，勿念。

兹报，济现收会去京随信无利交张上承大人足纹银三百两，无票砝，统去伊会银底信一封，其平即照公砝平，比咱合砝每百（两）小一两六钱兑，得期外，共得伊费银二两七钱，交银后计讨收条寄济，至祈注录交给是祝。又济定六月底交会过沈，五月底收三益成现锦宝银一千五百两，得期一月，共扣伊费银二十四两。

附报，原会来济七月底收全盛郗足宝银一千两，九月底收天成德足宝银二千五百两，报知。随信统去傅汝迁致老兄回信一封，外信一封，至日收阅并转是荷。刻下月息五六厘，钱数二千八百九十文。余事后呈，专此布。

七月初四日由提塘带去第一百卅二次信

启者，上月卅日由广益永标局带去第一百卅一次信，内报济收会去京随信无利交张上承大人足纹银三百两，无票砝，统去伊会银底信一封，其平即照公砝平，比咱合砝每百（两）小一两六钱兑，交银后计讨收条寄济。统去傅汝迁致老兄一信，外信一封，及报一切，谅早收阅注录交给矣。于初二日收到第五十五次信，随信会来济七月初十日、二十日各期无利交长慎涌周行宝银三千两，定无票砝，各依信凭，其平即照伊砝，比咱合砝每百（两）大一两一钱二分兑。统来黄少兰五百五十两、陈大老爷五十两收条各一纸，津、沈、汉寄济四信，京报十一本，长慎兴一信，并云各情均已领明交给，勿念。

寄信后，沈会来济在周七、八月初一日各期交源升庆周行足宝银一千两，七、八月半各期交伊银一千五百两。又见信交永顺利周行宝银三百二十一两，报知。随统去济号月清一抈［折］，济寄平、津、沈各一信，至日收阅转致是妥。刻下月息六七厘，露快，钱数二千八百八十文。余事后呈，专此布。

（七月）初九日托益兴永标局带去第一百卅三次信

启者，于月之初四日由塘务局带去第一百三十二次信，内统去济号月清一抈［折］，济寄平、津、沈各一信，及报一切，谅早收阅矣。

兹报，济现收会去京见票迟五七天无利交阁下足纹银一千四百四十两，与伊立去会票一张，无砝，其平即照湘平，比咱合砝每百（两）小二两兑，得期外，共得伊费银一十四两四钱。又济现交会去京见信迟二三天无利收恒昌永足纹银一千两，定无票砝，各依信致，其平即照济平，比咱合砝每百（两）大四钱二分兑，贴期外，共扣伊费银六两。又周定七月初一日交会去京九月初一日无利收复泰恒足纹银一千两，与咱定立凭信再寄，无砝，其平即照周平，比咱合砝每百（两）大二两五钱兑，合贴期二月，共扣伊费银一十四两，至祈注录各备收交是妥，报知。今随信统去恒昌永等五信，至日收阅转致是荷。刻下月息六七厘，钱数二千八百八十文，余事后呈，专此布。

再，今现会去京交阁下一千四百四十两之项，非是现收，系院署账房老总张梅杭经手，暂欠济号，言定八月半后再归还济号，附知。又及。

（七月）十四日由提塘带去第一百卅四次信

启者，于月之初九日托益兴永标局带去第一百卅三次信，内报济收会去京见信迟五七天无利交阁下足纹银一千四百四十两，与伊立去会票一张，无砝，其平即照湘平，比咱合砝每百（两）小二两兑。又济交会去京见信迟二三天无利收恒昌永足纹银一千两，定无票砝，各依信致，其平即照济平，比咱合砝每百（两）大四钱二分兑。又周交会去京九月初一日无利收复泰恒足纹银一千两，与咱定立凭信再寄，无砝，其平即照周平，比咱合砝每百（两）大二两五钱兑。又统去恒昌永等五信，及报一切，谅早收阅各备收交矣。于初十日收到第五十六次信，内统来李春华五十六两、洪大人三十两收条各一纸，平、原、成寄济三信，京报七本，京号月清一扽［折］，并云各情均悉，勿念。

兹报，济现收会京七月底无利交协同庆足纹银五千两，定无票砝，各依各信，其平即照济平，比咱合砝每百（两）大四钱二分兑，得期半月，无费，至祈注录照期交给是妥。又周现交会过沈腊月廿五日收永庆盛现锦宝银一千两，合贴期五余，共扣伊费银六十二两。又周定本月廿日交会过洋腊月廿日收永震兴豆规银五百两，合贴期五月，共扣伊费银一十六两三钱。

附报，洋会来济随信交郭道清足纹银二百两，本月十三日交嵩武军足银四千两，本月廿八日交藩库足纹银五千两，又在周本月廿日交协源庄足宝银五千两，报知。今随信统去复泰恒一千两凭信一封，伊号信一封，至日收阅并转是荷。刻下月息六七厘，钱数二千八百四十文。余事后呈，专此布。再者，我上①收济七月之交项二万来金，以致济号短银甚重，该一味涌收，不顾济之收路艰难，兼之七八月银两极快之期，不为空银，成总即短三五千金，吃亏多寡，分文无有，令济实属无法弥补，幸而庆记有点余银，不得已而收会去京交庆记银五千两，至祈原谅交给是妥。除收此款而外，尚短银五七千金，只可陆续收补，报知。

（七月）十六日由提塘带去第一百卅五次信

启者，于月之十四日由提塘带去第一百卅四次信，内报济收会京七月底无利交协同庆足纹银五千两，定无票砝，各依各信，其平即照济平，比咱合砝每百（两）大四钱二分兑。又统去复泰恒一千两凭信一封，伊号信一封，及报一切，谅早收阅注录交给，今不冗渎。

寄信后，周定九月初一日交一千两、十五日交五百两，会过沈腊月初一日收义合成锦宝银一千两、十五日收伊银五百两，合贴期三月，共扣伊费银六十两，报知。今随信统去济寄洋、沈各一信，再启一纸，萧绍庭等二信，至日收阅转致是荷。再，昨日午前打去电信一封，今誊原稿呈阅。刻下月息七八厘，钱数二千八百一十文。余事后呈，专此。

再者，济南乃区区省会之地，有收无交，有交无收，碍滞之情，早已报知，无须细呈。今我上号涌收济七月之交项二万余金，京、沈又收济一万余金，而济之收项每月亦不果［过］万数来金之谱。我上如此涌收，令济实属无法办理，不惟七、八、九月极快之期，即疲迟之时，若如此涌收重款，而济南亦来所不及耳。不悉我上何等筹划，只知一味涌收，不顾各处之收路多寡，真实令人不解，令人可畏。刻下除收京票并下短期，而外尚缺银七八千金，仅为设法弥补，若向钱庄挪借，利息大小亦不过三二千金耳。伺［俟］后我上再无下票则已，若再有款，定向津、京打电，来标交给，此情呈知。

---

① "上"同"洋"，指上海分号。

（七月）十九日由提塘带去第一百三十六次信

启者，于月之十六日由提塘带去第一百三十五次信，内统去再启一纸，电信底稿一纸，济寄洋、沈各一信，萧绍庭等二信，及报一切，谅早收阅矣。

兹报，济定八月廿日收会去京见票迟十天无利交文盛和足纹银五百两，与伊立去会票一张，无砝，其平即照济平，比咱合砝每百（两）大四钱二分兑，合贴期数天，共得伊费银七两，至祈注录缴票交给是妥。济现收会过平在汾州见信交闫慎旃足纹银五百两，得期外，共得伊费银五两，报知。

今随信统去济寄平、津各一信，问捐原花单一纸，傅见廷一信，至日收阅并转是荷。刻下月息七八厘，钱数二千七百九十文。余事后呈，专此布。刻洋会来济九月廿五日收合兴号足宝银五百两，在周本月底交协源庄足宝银五千两，附知。

（七月）廿二日由提塘带去第一百卅七次信

启者，于月之十九日由提塘带去第一百卅六次信，内报济收会去京见信①迟十天无利交文盛和足纹银五百两，与伊立去会票一张，无砝，其平即照济平，比咱合砝每百（两）大四钱二分兑。统去济寄平、津各一信，问捐原花单一纸，傅见廷一信，及报一切，谅早收阅注录交给矣。于廿日收到第五十七次信，内统来平、津、营、沈、福寄济七信，孔二爷等三信，京报九本，义和号二百两收条一纸，并云等情均已领明详悉，勿念。

寄信后，济现收会过津见票五七天交玉泰号化宝银七百九十两，得期外，共得伊费银八钱。

附报，营会来济见信交洪东生周行宝银二百两，朱恂臣周行宝银一百两，沈会来周十月初一日交义合成周行宝银五百三十五两，报知。今随信统

---

① 此处为"见信"，前信为"见票"，疑抄录错误。

去济寄津、闽、重、汉、沙、长、常各一信，恒春隆一信，至日收阅分转是荷。刻下月息七八厘，钱数二千七百九十文。余事后呈，专此布。

（七月）廿八日由提塘带去第一百卅八次信

启者，于月之廿二日由提塘带去第一百三十七次信，内统去济寄津、闽、重、汉、沙、长、常各一信，恒春隆一信，及报一切，谅早收阅矣。昨日收到第五十八次信，内统来张上承三百两收条一纸，平、原、成寄济四信，京报八本，余金堂一信，并云一切均悉，勿念。

兹报，济现收会去京随信无利交义和号足纹银六百一十两，无票砝，统去伊会银底信，其平即照济平，比咱合砝每百（两）大四钱二分兑，得期外，共得伊费银二两四钱四分，至祈注录交给，计讨收条寄济是妥。济定九月底收会过平在八月廿五日交闫登察无色宝银二千六百三十九两六钱七分，合贴期三十五天，共得伊费银五十两。又济定对期交会过营八月廿四日收全盛郚现锦宝银二千两，丁期，共扣伊费银三十六两。

附报，苏会来济十月半收恒茂厚足宝银一千两，十月底收裕盛公足宝银一千两，八月十八日交嵩武军足银五千两。洋会来济八月十二日交藩库足银八千两。在周八月初五日交协源庄足宝银二千两，八月初十日交伊足宝银四千两，见票七天交同顺茂足宝银二千两。在东昌八月底交恒昌永周行宝银三千两，广永祥周行宝银二千两，报知。于廿七日、廿八日往京打去电信各一封，今誊原稿呈阅。又统去济寄洋一信，老兄等五信，至日收阅并转是荷。刻下月息九厘，钱数二千八百文。余事后呈，专此。

刻接上来信，不憶［意］又会来济八月之交项二万余金，接信之下，不禁令人心惊胆慄，无所措手。不悉我上何等估计，月清信稿全不为斟，一味汹汹涌收，尽不顾我号之招牌。前项所缺为各钱店挪借，尚未妥贴［帖］，而后项又到，济实无法可施，止［只］可与京打电来标，或与同行丁会交给，总得二三万金，暂救燃眉之急。况济南七、八、九月银两缺极，利息高大，各家往济丁兑银两，而我上返［反］收济之重款，以致济短银四万来金，挪借弥补吃亏何可言哉！至祈我京速为与上致信，勿再收济之银为要。况济南收项实属艰难，一遇短银，无法弥补，止［只］可由济随收随交尚不受滞，若有余项，自必与京交会为是。

八月初三日由托院署扺［折］差带去第一百卅九次信

启者，于上月廿八日由提塘带去第一百三十八次信，内报济收会去京随信无利交义和号足纹银六百一十两，无票砝，统去伊会银底信一封，其平即照济平，比咱合砝每百（两）大四钱二分兑，交银后计讨收条寄济。统去电信底稿二纸，济寄洋一信，老兄等五信，及报一切，谅早收阅注录交给，今不冗复。于初一日早刻九点钟收到电信一封，内报京、津交妥济本月十一日收银一万五千金等情，均已领明，勿念。

兹报，济现收会去京八月十五日随信无利交吴若镛老爷足纹银一千六百二十两。又京随信无利交张绍庭足纹银一百零九两，均无票砝，统去伊等会银底信各一封，其平皆照公砝平，比咱合砝每百（两）小一两六钱兑。又京八月十五日随信无利交方大人足纹银五百八十四两，无票砝，统去伊会（银）底信一封，其平即照京二两平，比咱合砝每百（两）小四两二钱兑，均得期外，共得伊等费银一十三两九钱，三宗交银后各讨收条速为寄济。又济现收会去京九月十六日无利交方子嘉老爷足纹银一千四百两，与伊立去会票一张，无砝，其平即照济平，比咱合砝每百（两）大四钱二分兑，得期一月半，无费，至祈注录照期各为交给是妥，报知。

至济刻下所短之银，除京交来银一万五千两，以［已］在济挪借过局，望祈勿念，呈知。今随信统去济号月清一扺［折］，收阅为是。刻下月息一分，钱数二千七百九十文。余事后叙，专此布。（此专差系吴若镛雇，皆因伊会项银日期逼近，诚恐路途阻隔，所以该公着专脚去京，至专脚脚力银该翁付清，与咱号无事，附知。）① 成信后，济现收会过京见票迟五七天无利

---

① 此句话在原信稿中加有框圈。

交阁下足纹银二百二十两，与伊立去一百两会票一张，六十两会票二张，无砝，其平即照京二两平，比咱合砝每百（两）小四两二钱兑，得期外，共得伊费银二两二钱，至祈注录交给是妥，报知。又批。

（八月）初五日由津转去第一百四十次信

启者，于月之初三日托院署挍［折］专差带去第一百三十九次信，内报济收会去京八月十五日随信无利交吴如镛老爷足纹银一千六百二十两。又随信无利交张绍庭足纹银一百零九两，均无票砝，统去伊等会银底信各一封，其平皆照公砝平，比咱合砝每百（两）小一两六钱兑。又京八月十五日随信无利交方大人足纹银五百八十四两，无票砝，统去伊会银底信一封，其平即照京二两平，比咱合砝每百（两）小四两二钱兑，三宗交银后，各讨收条寄济。又京九月十六日无利交方子嘉老爷足纹银一千四百两，与伊立去会票一张，无砝，其平即照济平，比咱合砝每百（两）大四钱二分兑。又京见票迟五七天无利交阁下足纹银二百二十两，与伊立去一百两会票一张，六十两会票二张，无砝，其平即照京二两平，比咱合砝每百（两）小四两二钱兑。统去济号月清一挍［折］，及报一切，谅早收阅注录各为交给矣。

兹报，济现收会去京随信无利交袁申伯足纹银五十两，无票砝，统去伊会银底信一封，其平即照苏漕平，比咱合砝共大五分兑，得期外，共得伊费银三钱，交银后计讨收条寄济，至祈注录交给是妥。济现收会过长随信交徐子幹用项银二十两，得期，得伊费银三钱。

附报，津会来济见票迟五天收元丰玖周行宝银五千两，报知。今随信统去济寄平一信，老兄等四信，至日收阅分转是荷。刻下月息一分，钱数二千六百八十文。余事后呈，专此。

八月初七日着专差回脚带去第一百四十一次信

启者，于月之初五日由津转去第一百四十次信，内报济收会去京随信无利交袁申伯足纹银五十两，无票砝，统去伊会银底信一封，其平即照苏漕平，比咱合砝共大五分兑，交银后计讨收条寄济。统去济寄平一信，老兄等四信，及报一切，谅早收阅矣。昨日收到第六十次信，今日收到第五十九次信，随会来济见票迟三五天无利收阁下周行宝银五千两，三祝堂周行宝银五千两，统来伊等立来天成（亨）、新泰（厚）会票各一张。又见票迟五七天无利收阁下周行宝银三千两，统来伊立来天成（亨）会票一张，均无砝，其平皆照济平，比咱合砝每百（两）大四钱二分兑。统来平、原、成、津、沈、闽寄济六信，京报八本，再启一纸，天成亨、长慎兴各一信，外托信脚捎来天成亨信包一个，并叙一切等情均已注录照收，勿念。

兹报，济现收会去京随信无利交晏振恪足纹银三百二十四两，段夒堂足纹银一百两，均无票砝，统去伊等会银底信各一封，其平皆照京二两平，比咱合砝每百（两）小二两二钱兑，均得期外，共得伊等费银四两零四分，交银后各讨收条寄济，至祈注录各为交给是妥。

又济定十月半收会过汉转江西九月廿日交萧杞山省镜银二千二百两，合贴期二十五天，共得伊费银九十四两六钱，报知。今随信统去再启一纸，济寄重、沈、汉、沙、长、常、闽各一信，裕顺和一信，至日收阅分转是荷。刻下月息一分，钱数二千七百九十文。余事后呈，专此布。

再，济寄京第一百三十九次信托院署扺［折］差带去，内报会去京八月十五日随信交吴若镛老爷公砝平足纹银一千六百二十两，该翁系院署之员，言定八月节交伊，此信如早已到京则已，倘若未到，祈京向张子颐兄讯问该翁住寓，或向宝兴隆讯问亦可，诚恐该翁动身返济，误伊之事，祈京照办是祝，此项系院署所做。再者，我京来信不责上收济银无方，反言济向京要银促迫，庶不思济南乃区区滞碍之地，不惟七、八、九月银两异常之缺，即行常之时短银三五千金，亦无法措办。今我上号收济七月之重款，济号力已待尽，将有不及之势，不果［过］七月间尚有点短期之银，均已下尽，竭力挪借外银八九千金，勉强过局，即刻与上打电止收。况月岩兄久住通衢码头之手端，不能不酌量济之收路宽窄，存银多寡，准有一方斟见，岂肯再收济银。不憶［意］，于七月廿七日一天接到上第十五、六、七次信三封，由上七月十一、三、五（日）所发，竟收来济八月之交项二万余金，令济心惊胆裂，无所措手，不惟银数成总，而日期又属迫近。况我济七月应交嵩武军四千两之项，因路失公文，无凭未交，亦不果［过］缓延半月十天之光景，上又来如此重款，前款未了，后项又到，即与京打电来银亦在初十（日）后之项，试问初五、十（日）周交之项何以安置？不独我号无银，倘若有银，往周发标，尚得担［耽］误时日，幸有一二知己竭力帮凑，我号仅为搜收，巧有三二千金收款，又借外银五六千金，敷衍过局。非弟有银办事，无银张惶，实系地处有限，亦非似临阵磨抢［枪］。不惟我号在济新设两年之许，即别号多年在此，亦无如许之交款，济之滞碍景款［况］，老兄早在洞悉，无庸再为冗渎矣，特此呈知。

至发标一语，皆因电字有限，俭促迫切之意，能可会济，老兄岂肯舍近而求远乎！

（八月）十二日由提塘带去第一百四十二次信

启者，于月之初七日着专差回脚带去第一百四十一次信，内报济收会去京随信无利交晏振恪足纹银三百二十四两，段燮堂足纹银一百两，均无票砝，统去伊等会银底信各一封，其平皆照京二两平，比咱合砝每百（两）小二两二钱兑，交银后各讨收条寄济。统去再启一纸，济寄重、沈、汉、沙、长、常、重、闽各一信，裕顺和一信，及报一切，谅早收阅注录交给矣。

寄信后，济现收二百两、冬月初九日收四百两，会过津见票五七天交德盛隆化宝银六百两，合贴期外，共得伊费银一十一两四钱。济现收会过洋转常州随信交承楚香足纹银五百一十两，得期外，共得伊费银七两五钱。济定腊月底收会过原冬月底交全盛都足纹银一千两，合贴期一月，共得伊费银一十五两。济定八、冬月底各期收二千两，腊月底收一千两，会过长十月底交德亨久用项银五千两，合丁期，共得伊费银四十八两。济定对期交会过营九月底收天成德现锦宝银二千两，丁期，共扣伊费银三十二两。今随信统去济寄洋、沈、长各一信，至日速转是荷。又统去老兄等三信，收阅并转。刻下月息一分，钱数二千九百一十文。余事后呈，专此布。

（八月）十六日由提塘带去第一百四十三次信

启者，于月之十二日由提塘带去第一百四十二次信，内统去济寄洋、沈、长各一信，老兄等三信，及报一切，谅早收阅矣。昨日收到第六十一次信，随信统来京号月清一扢［折］，津、沈、闽寄济三信，电信底稿一纸，京报七本，张海珊一信，并纸包一个，傅见廷一信，并云等情均悉，勿念。

兹报，济现收会去京随信无利交孙凤巢足纹银一百五十两，无票砝，统去伊会银底信一封，其平即照济平，比咱合砝每百（两）大四钱二分兑。又京随信无利交仁昌号足纹银一百两，无票砝，统去伊会银底信一封，其平即照京二两平，比咱合砝共小四两二钱兑，均得期外，共得伊费银二两四钱，二宗交银后，各讨收条寄济，至祈注录照信各为交给是妥。济现收会过洋随信交王秋崖豆规银一百零七两，咱在济收济平银一百两，得期，得伊费银八钱一分。济定八月十三日收会过重，腊月十三日交转运局足银一万零二百九十两，合得期四月，会费尚未定妥，大约每千（两）得费银十四五两。周定八月底收一千两、十月底收二千两，会过洋见票五天交瑞蚨祥豆规银三千一百九十六两五钱，合贴期一月余，共得伊费银二十两五钱三分。

附报，营会来济见信交清爱成周行宝银五百两，于十四日在阳记平顺抵济住班，一并报知。随统去济寄平、洋、重各一信，李守义一信，收转是荷。刻下月息一分，钱数二千九百文。余事后呈，专此布。刻闻及新太［泰］厚由江西、广东会来济交银四万五千两，由京与庆记、久［玖］记兑来济收银万数来金，该等荒［慌］张，皆因济地银两空虚紧缺易［异］常之故，而月息虽有一分，行市尚无出银者矣，报知。又及。

（八月）廿日由提塘带去第一百四十四次信

启者，于月之十六日由提塘带去第一百四十三次信，内报济收会去京随信无利交孙凤巢足纹银一百五十两，无票砝，统去伊会银底信一封，其平即照济平，比咱合砝每百（两）大四钱二分兑。又京随信无利交仁昌号足纹银一百两，无票砝，统去伊会银底信一封，其平即照京二两平，比咱合砝共小四两二分兑，二宗交银后，各讨收条寄济。又统去济寄平、洋、重各一信，李守义一信，及报一切，谅早收阅注录交给矣。

兹报，济现收会去京随信无利交三盛合足纹银一百五十两，无票砝，统去伊会银底信一封，其平即照济平，比咱合砝每百（两）大四钱二分兑，得期，得伊费银六钱，交银后计讨收条寄济，至祈注录各备收交是妥。济现收二千两、十月底收一千五百两，本月廿日收三百两、底（收）二百两，会过津见票五七天交隆聚成化宝银三千两、三合成化宝银五百两，随信交聚信隆化宝银五百两，均合贴期二十余天，共得伊等费银二十八两五钱。济现收会过洋转南京随信交刘雨生足纹银三十两，得期，得伊费银六钱。济现交会过平腊月初十日收泰丰德无色宝银三千两，合贴期四月，共扣伊费银九十六两。

附报，苏会来济冬月底收裕盛公足宝银一千五百两，洋会来济在东昌八月底交万福增周行宝银二千两、聚隆德周行宝银一千六百两，报知。今随信统去济寄平、津、沈、上各一信，老兄等二信，至日收阅并转是荷。刻下月息一分，钱数二千九百四十文。余事后呈，专此。又济现交会去京冬月十六日无利收德成号足纹银五百两，统去伊立来会票一张，无砝，其平即照济平，比咱合砝每百（两）大四钱二分兑，合贴期三月，共扣伊费银一十二两。

（八月）廿四日由提塘带去第一百四十五次信

启者，于月之廿日由提塘带去第一百四十四次信，内报济收会去京随信无利交三盛合足纹银一百五十两，无票砝，统去伊会银底信一封，其平即照济平，比咱合砝每百（两）大四钱二分兑，交银后计讨收条寄济。又（济）交会去京冬月十六日无利收德成号足纹银五百两，统去伊立来会票一张，无砝，其平即照济平，比咱合砝每百（两）大四钱二分兑。统去济寄平、津、洋、沈各一信，老兄等二信，及报一切，谅早收阅矣。昨日收到第六十二次信，随统来刘廷璋凭照等件一包，平、原、成、沈寄济各一信，方大人五百八十四两、义和号六百一十两收条各一纸，京报八本，黄少兰要信一封，并云各情均已领明，勿念。

兹报，济现收会去京随信无利交陈甫仁足纹银四百两，无票砝，统去伊会银底信一封，交银后计讨收条寄济。又京见票迟五七天无利交阁下足纹银五百两，与伊立去会票一张，二宗均无砝，其平皆照京二两平，比咱合砝每百（两）小四两二钱兑，均得期外，共得伊等费银九两。又周定对期收会去京十月初八日交义合成足纹银四百七十三两，与伊立去会票一张，无砝，其平即照周平，比咱合砝每百（两）大二两五钱兑，丁期，共得伊费银三两五钱，至祈注录各为交给是妥。

又周定十月初十日交会过沈，明二月初十日收义合成锦宝银五百两，合贴期四月，共扣伊费银二十三两五钱，报知。今随信统去济寄长、重各一信，吴子振一信，至日收转是荷。刻下月息一分，钱数二千九百二十文。余事后呈，专此布。

（八月）廿九日由提塘带去第一百四十六次信

启者，于月之廿四日由提塘带去第一百四十五次信，内报济收会去京随信无利交陈甫仁足纹银四百两，无票砝，统去伊会银底信一封，交银后计讨收条寄济。又京见票迟五七天无利交阁下足纹银五百两，与伊立去会票一张，均无砝，其平皆照京二两平，比咱合砝每百两小四两二钱兑。又周收会去京十月初八日交义合成足纹银四百七十三两，与伊立去会票一张，无砝，其平即照周平，比咱合砝每百（两）大二两五钱兑。又统去济寄重、长各一信，吴子振一信，及报一切，谅早收阅注录交给矣。于二十六日收到第六十三次信，随会来济在周见信无利交万源广周行宝银二百五十两，与伊立有凭信一封，无砝，其平即照京市平，比咱合砝每百两小二两二钱兑。统来段夒堂一百两、张上承一百零九两、吴若镛一千六百二十两收条各一纸，平、津寄济二信，京报五本，吴大老爷一信，并云各情均已领明，勿念。

兹报，济现交会去京见信无利收恒昌永足纹银四百两，定无票砝，各依信致，其平即照济平，比咱合砝每百（两）大四钱二分兑，贴期外，共扣伊费银三两，至祈注录收结是妥。周现交会过津见票七八天收玉和号化宝银三百两，合贴期半月余，共扣伊费银六两。济现交会过沈见票收永庆盛现锦宝银二百两，贴期外，共扣伊费银五两。

附报，津会来周见票五七天交行营机器局周行宝银一千五百两，报知。今随信统去济寄平、津、沈各一信，恒昌永等三信，至日收阅分转是荷。刻下月息一分，钱数二千九百五十文。余事后呈，专此。

九月初四日由提塘带去第一百四十七次信

启者，于前月廿九日由提塘带去第一百四十六次信，内报济现交会去京见信无利收恒昌永足纹银四百两，定无票砝，各依信致，其平即照济平，比咱合砝每百（两）大四钱二分兑。又统去济寄平、津、沈各一信，恒昌永等三信，及报一切，谅早收阅注录照收矣。

兹报，济现收会去京见票五七天无利交阁下足纹银二百两，与伊立去四十两、六十两、一百两会票各一张，无砝，其平即照京二两平，比咱合砝每百两小四两二钱兑，得期外，共得伊费银二两，至祈注录缴票交给是妥。济现收会过洋转常州随信交马体尚足纹银四十两，得期，得伊费银四钱。

附报，洋会来济在东昌九月初九日交施焕章周行宝银六百两，常会来周九月半交义成永周行宝银九百五十两，九月底交恒信昌周行宝银二百四十两，报知。今随信统去济号月清一扟［折］，寄济洋一信，至日收阅并转是荷。刻下月息一分，钱数二千九百四十文。余事后呈，专此布。再，前会去京随信无利交袁申伯五十两之项，该翁日昨返济，言及此项未曾收到，今伊退讫，至日我京将伊会银底信原行寄济，祈将济账退讫为要。又批。

九月初七日由提塘带去第一百四十八次信

启者，于月之初四日由提塘带去第一百四十七次信，内报济收会去京见票五七天无利交阁下足纹银二百两，与伊立去四十两、六十两、一百两会票各一张，无砝，其平即照京二两平，比咱合砝每百两小四两二钱兑。又叙前会去京随信无利交袁申伯五十两之项，该翁日昨返济，言及此项未曾收到，今伊退讫，至日我京将伊会银底信原行寄济，祈将济账退讫等情。并统去济号月清一扻[折]，济寄洋一信，及报一切，谅早收阅矣。于初五日收到第六十四次信，会来济在周十月底无利交志学堂王宅周行宝银一千两，与伊立有会票一张，无砝，其平即照京二两平，比咱合砝每百（两）小四两二钱兑。又统来晏振恪三百二十四两收条一纸，平、沈寄济二信，京报五本，并云各情均悉，勿念。

兹报，济现收会去京见票迟五七天无利交阁下足纹银一百一十两，与伊立去五十两、六十两会票各一张，无砝，其平即照京二两平，比咱合砝每百（两）小四两二钱兑，得期外，共得伊费银一两一钱。又济现收二千两、冬月初六日收一千两，会去京见票迟五七天无利交张绍庭老爷足纹银三千两，与伊立去会票一张，无砝，其平即照京二两平，比咱合砝每百（两）小四两二钱兑，合贴期数天，共得伊费银四十两，至祈注录缴票交给是妥。

今随信统去济寄津、沈各一信，成子康、陈公馆各一信，至日收阅分转是荷。刻下月息一分，钱数二千九百二十文。余事后呈，专此布。又济现收会去京见信无利交恒裕金店冯润田手收足纹银四百两，无票砝，亦无底信，其平即照京市平，比咱合砝每百（两）小二两二钱兑，得期外，会费由京结算，至祈注录见信交给，计讨收条寄济是祝，此项系王苼青卜[拨]冯润田之款，一并呈知。又及。

（九月）初十日由提塘带去第一百四十九次信

启者，于月之初七日由提塘带去第一百四十八次信，内报济收会去京见票迟五七天无利交阁下足纹银一百一十两，与伊立去五十两、六十两会票各一张。又京见票迟五七天无利交张绍庭老爷足纹银三千两，与伊立去会票一张，二宗均无砝，其平皆照京二两平，比咱合砝每百（两）大四两二钱兑。又京见信无利交恒裕金店冯润田手收足纹银四百两，无票砝，亦无底信，其平即照京市平，比咱合砝每百（两）小二两二钱兑，交银后计讨收条寄济，并叙此项系王荫青卜［拨］冯润田之款，会费由京结算。统去济寄津、沈各一信，成子康、陈公馆各一信，及报一切，谅早收阅注录照交矣。

兹报，济现收会去京随信无利交周子宽足纹银二百九十两，无票砝，统去伊会银底信一封，其平即照济平，比咱合砝每百（两）大四钱二分兑，交银后计讨收条寄济。又京见票迟五七天无利交阁下足纹银二百六十两，与伊立去二百两、六十两会票各一张，无砝，其平即照京二两平，比咱合砝每百两小四两二钱兑，均得期外，共得伊等费银四两八钱，至祈注录各为交给是妥。

又周定十月初一日交会过沈明二月半收兴发长锦宝银一千两，合贴期四月半，共扣伊费银五十四两。附报，常会来周十月半交同盛东周行宝银三百两，报知。今随信统去济寄津一信，收转为是。刻下月息一分，钱数二千九百三十文。余事后呈，专此布。

（九月）十四日由院署捵［折］差带去第一百五十次信

启者，于月之初十日由塘务局带去第一百四十九次信，内报济收会去京随信无利交周子宽足纹银二百九十两，无票砝，统去伊会银底信一封，其平即照济平，比咱合砝每百（两）大四钱二分兑，交银后计讨收条寄济。又京见票迟五七天无利交阁下足纹银二百六十两，与伊立去二百两、六十两会票各一张，无砝，其平即照京二两平，比咱合砝每百两小四两二钱兑。又统去济寄津一信，及报一切，谅早收阅注录交给矣。于十二日收到第六十五次信，内叙袁申伯五十两之项，该翁业已出京，统来伊原底信一封，令济交代前途退注京账。又统来京号月清一捵［折］，京报八本，平、原、成、闽、沈寄济各一信，孙凤巢一百五十两、仁昌号一百两收条各一纸，外信一封，并云各情均已领明，勿念。

兹报，济现收会去京见票迟五七天无利交阁下足纹银二百两，与伊立去会票一张。又京随信无利交陈甫仁足纹银一百两、天福成足纹银一十五两，统去伊等会银底信各一封，交银后计讨收条寄济，三宗均无硋，其平皆照京二两平，比咱合硃每百（两）小四两二钱兑，均得期外，共得伊等费银二两八钱，至祈注录各为交给是妥。

又济现收会过洋在苏十月十二日交镒源钱店关批票银一千两，转清江（浦）随信交潘晖春足纹银二百两，均得期外，共得伊等费银八两五钱，报知。随统去济寄平、洋各一信，黄少兰二信，至日收转是荷。刻下月息一分，钱数二千九百三十文。余事后呈，专此布。

成信后，济现收会去京随信无利交聚丰合足纹银一百五十两，无票硋，统去伊会银底信一封，其平即照济平，比咱合硃每百（两）大四钱二分兑，得期外，共得伊费银六钱，至祈注录交给，计讨收条寄济是妥。又批。又统去张荫南兄致少兰兄部照奖札信一封，至日面呈少兰兄，内即应荫南兄办理功名之事，倘若少兰兄出都，祈京代为查明各项共需银若干，速为来信示知，以好着其往京兑银，俟银到京，祈为照办，无银不可办理是要。至来信所云，勿许济收苏银，并往京交会银两等语，本当照办，无奈地处所限，济号所短之银亦未补足，尚在钱店挪借银数千金，将进一二月矣，苦无宗项收补，倘有点收项即是京苏两处之款，不得不应酬收会以补其缺，此情呈知。

（九月）十六日由提塘带去第一百五十一次信

启者，于月之十四日托院署挄［折］差带去第一百五十次信，内报济收会去京见票迟五七天无利交阁下足纹银二百两，与伊立去会票一张。又京随信无利交陈甫仁足纹银一百两、天福成足纹银一十五两，统去伊等会银底信各一封，交银后各讨收条寄济，三宗均无硋，其平皆照京二两平，比咱合硃每百（两）小四两二钱兑。又京随信无利交聚丰合足纹银一百五十两，无票砝，统去伊会银底信一封，其平即照济平，比咱合砝每百（两）大四钱二分兑，交银后计讨收条寄济。统去济寄平、洋各一信，黄少兰二信。又统去张荫南兄致少兰兄部照奖札信一封，并叙至日面呈少兰兄，内即应荫南兄办理功名之事。倘若少兰兄出都，祈京代为查明各项共需银若干，速为来信示知，以好着其往京兑银，俟银到京，再为照办，无银不可办理，等情谅早收阅，注录照办交给矣。

寄信后，济定冬月底收会过平在祁冬标交双合源镜宝银一千二百两，合贴期一月，共得伊费银四十八两。附报，洋会来济见票三五天交杨钧翁周行宝银六百两，又随信交武锡麐足纹银一百两，报知。今随信统去济寄平一信，袁老爷一信，收转是荷。刻下月息一分，钱数二千九百二十文。余事后呈，专此布。

（九月）十八日托益兴永标局带去第一百五十二次信

启者，于月之十六日由提塘带去第一百五十一次信，内统去济寄平一信，袁老爷一信，及报一切，谅早收阅矣。

兹报，济现交会去京腊月初十日无利收德成号足纹银五百两，统去伊立来会票一张，无砝，其平即照济平，比咱合砝每百（两）大四钱二分兑，合贴期三月，共扣伊费银一十二两，至祈注录照期收结是妥。

济现收会过长随信交黄华藻用项银五十六两，得期，得伊费银八钱。济现收会过津见电交嵩武军徐翁化宝银七百两，合丁期，无费，报知。今随信统去济寄津一信，大德通、长慎兴各一信，至日收转是荷。刻下月息九厘，钱数二千九百三十文。余事后呈，专此布。

（九月）廿一日由塘务局带去第一百五十三次信

启者，于月之十八日由益兴永标局带去第一百五十二次信，内报济交会去京腊月初十日无利收德成号足纹银五百两，统去伊立来会票一张，无砝，其平即照济平，比咱合砝每百（两）大四钱二分兑。又统去济寄津一信，大德通、长慎兴各一信，及报一切，谅早收阅注录照收矣。

兹报，周现交会去京腊月十六日无利收万源广足纹银三百两，统去伊立来会票一张，无砝，其平即照周平，比咱合砝每百（两）大二两五钱兑，合贴期三月，共扣伊费银九两，报知。

今随信统去济寄洋、沈各一信，收转是荷。刻下月息九厘，钱数二千九百三十文。余事后呈，专此布。

（九月）廿六日由提塘带去第一百五十四次信

启者，于月之廿一日由提塘带去第一百五十三次信，内报周交会去京腊月十六日无利收万源广足纹银三百两，统去伊立来会票一张，无砝，其平即照周平，比咱合砝每百（两）大二两五钱兑。又统去济寄洋、沈各一信，及报一切，谅早收阅注录收结矣。

兹报，济定十月初收会去京随信无利交何锡园老爷足纹银二千两，无票砝，统去伊会银底信一封，其平即照京二两平，比咱合砝每百（两）小四两二钱兑，合得期，共得伊费银一十六两，交银后计讨收条寄济。又济现收会去京见票迟五七天无利交阁下足纹银一百七十两，与伊立去一百两、七十两会票各一张，无砝，其平即照京二两平，比咱合砝每百（两）小四两二钱兑，得期外，共得伊费银一两七钱，至祈注录各为交给是妥。

至会去京随信交何翁二千两之项，内有要事，随到即送，万勿迟滞，速讨收条寄济是荷。随统去聚信隆一信，收转为是。刻下月息九厘，钱数二千九百四十文。余事后呈，专此布。

十月初二日由提塘带去第一百五十五次信

启者，于前月廿六日由提塘带去第一百五十四次信，内报济收会去京随信无利交何锡园老爷足纹银二千两，无票砝，统去伊会银底信一封，其平即照京二两平，比咱合砝每百（两）小四两二钱兑，交银后计讨收条寄济。又京见票迟五七天无利交阁下足纹银一百七十两，与伊立去一百两、七十两会票各一张，无砝，其平即照京二两平，比咱合砝每百（两）小四两二钱兑。统去聚信隆一信，及报一切，谅早收阅注录交给矣。于上月廿七日收到第六十七次信，随统来京报七本，沈、洋寄济二信，三盛合一百五十两收条一纸，长慎兴一信，顺天乡试题明［名］录一付［副］，并云各情均已领明，勿念。

兹报，济现收会去京随信无利交夏松年足纹银六十两、严炳寿足纹银四十三两，均无票砝，统去伊等会银底信各一封，其平皆照京二两平，比咱合砝每百两小四两二钱兑，均得期外，共得伊等费银八钱八分，交银后各讨收条寄济，至祈注录各为交给是妥。

济现收会过洋见票五七天交魏温云足纹银九百两，得期外，共得伊费银一十三两五钱，报知。今随统去济号月清一扺［折］，济寄平、津、洋、沈各一信，大德通等三信，至日收阅并转是荷。刻下月息九厘，钱数二千九百四十文。余事后呈，专此布。

（十月）初七日由提塘带去第一百五十六次信

启者，于月之初二日由提塘带去第一百五十五次信，内报济收会去京随信无利交夏松年足纹银六十两、严炳寿足纹银四十三两，均无票砝，统去伊等会银底信各一封，其平皆照京二两平，比咱合砝每百（两）小四两二钱兑，交银后各讨收条寄济。又统去济号月清一扺［折］，济寄平、津、洋、沈各一信，大德通等三信，及报一切，谅早收阅注录交给矣。于月之初四日收到第六十八次信，随信统来冯润田四百两收条一纸，洋、津、闽寄济四信，京报四本，德大人等二信，并云各情等均已领明，勿念。

寄信后，济现收会过平在汾州随信交卢公馆足纹银二十两，得期，得伊费银四钱。济现收会过洋转松江（府）随信交张喜甫足纹银一百两，得期外，共得伊费银二两。济现收会过长随信交沈晴川用项银二十两，得期，无费。济定腊月底交会过沈腊月二十日收三益成现锦宝银二千两，合得期十天，共扣伊费银三十二两。

附报，津会来济见票五七天交瑞林祥周行宝银三千两，苏会来济十月二十三日交嵩武军足纹银八千两，洋会来周十月二十五日交济、惠二邑赈捐局周行宝银三千两，报知。今随信统去济寄津、洋各一信，黄少兰一信，至日收阅转致是荷。刻下月息九厘，钱数二千九百四十文。余事后呈，专此布。

成信后，济定十月廿日收会去京，冬月初一日代万顺源无利交长慎湧足纹银一千两，定无票砝，各依信致，其平即照东口钱平，比咱合砝每百（两）大二两二钱兑，合得期十一天，共得伊费银八两，至祈注录照期交给是妥，报知。又及。

（十月）初十日托三盛永带去第一百五十七次信

启者，于月之初七日由提塘带去第一百五十六次信，内报济收会去京冬月初一日代万顺源无利长慎湧足纹银一千两，定无票砝，各依信致，其平即照东口钱平，比咱合砝每百（两）大二两二钱兑。统去济寄津、洋各一信，黄少兰一信，及报一切，谅早收阅注录照交矣。于初八日收到第六十九次信，统来京报六本，平、原、成、沈寄济五信，弟等信二封，并叙一切等情均悉，勿念。

寄信后，济现收会过洋转扬州随信交汪松筠足纹银一十五两，得期，无费。济定冬、腊月半各收二千两，冬月底收一千七百两，明二月底收一千两。会过洋在苏冬月底交德成永关批票银一千七百两。冬、腊月半各期交宏泰昌关批票银二千两，冬月底交伊银一千两，合贴期一十三天半，共得伊等费银八十八两四钱。

附报，沈会来周冬月初十日交恒发成周行宝银六百四十二两，报知。随统去济寄洋、沈各一信，刘金台一信，子美兄一信，至日收转是荷。刻下月息九厘，钱数二千九百三十文。余事后呈，专此布。

（十月）十五日托郝祖修带去未列次信一封

号务次信详呈，启因今济现收会去京见信五七天无利交郝祖修少爷足纹银五百两，定无票砝，即依此信为凭，其平即照济平，比咱合砝每百（两）大四钱二分兑，得期外，共得伊费银五两，至祈注录照信交给是妥。至该翁系济号相契之钱庄文霖和东君，今赴京就亲，祈京诸处招拂，倘会去之银不敷伊用，向我京号会用银一千八百金，即为交给，请其立据，兑济收结，费利由济结算可也。余事另呈，专此布。

同日托公盛标局带去第一百五十八次信

启者，于月之初十日由三盛永标局带去第一百五十七次信，内统去济寄洋、沈二信，子美兄、刘金台各一信，及报一切，谅早收阅矣。于十三日下午四点钟收到电信一封，内云德成亨误期等情，均已明悉，勿念。

兹报，济现收会去京见票迟五七天无利交李寿生老爷足纹银二百两，与伊立去会票一张，无砝，其平即照京二两平，比咱合砝每百（两）小四两二钱兑。又京见信迟五七天无利交郝祖修少爷足纹银五百两，定无票砝，托伊带去未列次一信，其平即照济平，比咱合砝每百（两）大四钱二分兑，均得期外，共得伊等费银七两，至祈注录各为交给是妥。

济现收会过祁随信交双合源镜宝银一百两，得期，得伊费银二两。济现收会过洋转扬州随信交魏纶先足纹银一百两，得期，得伊费银二两。济现收会过沈腊月十五日交山东赈抚局锦宝银五千两，合得期二月，无费。济定腊月底收会过汉冬月底交全盛郜估宝银五百两，合贴期一月，共得伊费银六两，报知。今随信统去未列次信底稿一纸，济寄洋、沈各一信，张虎臣四信。又外带去济寄沈钱砝一付［副］，至日查收，速为转寄，是祝是要。刻下月息八厘，钱数二千九百三十文。余事后呈，专此布。

再，会去京交郝祖修五百两之项，该翁系济号相契之钱庄文霖和东君，今进京就亲，祈京诸处招拂，倘会去之银不敷需用，向我京号会用银一千八百金，望祈为交给，请其立据，兑济收结，费利由济结算可也。至来电报及德成号有应交新泰（厚）等之下票亦已误期，所有我号冬、腊月收伊之款，着济设法收结等情。至该号在济办货之伙系宋子冈兄，在龙山地方设庄收买丝货，接电后当即委济伙赴彼设法收结，刻已返省。据云该号之伙于九月间已接号信，着伊将龙山之事办理清楚，由彼一直下班回里，无庸来京，因而货存无几，有点货物均在机户之手，就属收回，尚不济我号之事。今据子冈兄云及该号既有误期之事，所会之银系伊经手，定不回家，由龙山了事，后速为进京了给众号之款，祈京号由京设法收结是祝。

（十月）十七日由提塘带去第一百五十九次信

启者，于月之十五日托公盛标局带去第一百五十八次信，内报济收会去京见票迟五七天无利交李寿生老爷足纹银二百两，与伊立去会票一张，无砝，其平即照京二两平，比咱合砝每百（两）小四两二钱兑。又京见信迟五七天无利交郝祖修少爷足纹银五百两，定无票砝，托伊带去未列次信一封，其平即照济平，比咱合砝每百两大四钱二分兑，并叙该翁系济号相契之钱庄文霖和东君，进京就亲，倘会去之银不敷需用，向我京号会用银一千八百金，祈京交付，请其立据，兑济收结，费利由济结算等情。又统去未列次信底稿一纸，济寄洋、沈各一信，张虎臣等四信，又外带去济寄沈钱砝一付［副］，及报一切，谅早注录照交转寄矣。于昨日收到第七十次信，随会来济本月廿五日无利交德和局周行宝银五百两，与伊立有二百五十两会票二张，又本月底无利交伊银一千两，与伊立有三百两、二百两会票各二张，无砝，其平即照济平，比咱合砝每百（两）大四钱二分兑。又统来京号月清一扺［折］，京报九本，聚丰合一百五十两、周子宽二百九十两、陈甫仁一百两收条各一纸，平、津、洋、汉、常、重、闽、沈寄济八信，并云各情均已领明照交，勿念。

兹报，济现收会去京随信无利交徐大人等足纹银七十两，无票砝，统去伊等会银底信共九封，住寓银数花单一纸，其平即照京二两平，比咱合砝共小二两九钱四分兑，得期外，共得伊等费银七钱，交银后各讨伊等收条寄济。又周定十月半交会去京明二月初一日无利收万元成足纹银一千两，统去伊立来凭信一张，无砝，其平即照周平，比咱合砝每百（两）大二两五钱兑，合贴期三月半，共扣伊费银二十八两。又周同期交会去京腊、明正月半各期无利收恒春隆足纹银一千两，统去伊立来一千两凭信二封，无砝，其平即照伊之砝，比咱合砝每百（两）大二两六钱八分兑，合贴期二月半，共扣伊费银四十两，至祈注录各备收交是妥。

济定十月初四日收四千两，明正月初四日收二千两，会过苏冬月底依仁堂周关批票银六千两，合拉贴期二十六天，共得伊费银五十七两。济现收会过常冬月底交管树之市纹银三百两，合得期一月半，共得伊费银三两。周定十月廿日、底各期交五百两，会过谷明春标收裕泰生镜宝银一千两，合贴期三月余，共扣伊费银二十六两。周定十月底交会过常明四月底收义成永市纹银六百两，合贴期六月，共扣伊费银四十六两八钱。周定十月底交会过成明四月底收荣川合票色银三百两，合贴期六月，共扣伊费银二十七两。附报，重会来济随信交杨老太太足纹银五十五两，报知。随统去济寄津、洋、成、原各一信，长慎兴等二信，至日收转是荷。刻下月息八厘，钱数二千九百三十文。余事后呈，专此布。

（十月）廿三日托提塘带去第一百六十次信

启者，于月之十七日托提塘带去第一百五十九次信，内报会去京随信交徐大人等足纹银七十两，无票砝，统去伊等会银底信九封，住拉银数花单一纸，其平照京二两平，比咱合砝共小二两九钱四分兑，交银后各讨伊等收条寄济。又由周会去京明二月初一日收万元成足纹银一千两，其平照周平，比咱合砝每百（两）大二两五钱兑。又京腊、明正月半各期无利收恒春隆足纹银一千两，其平照伊砝，比咱合砝每百（两）大二两六钱八分兑，二宗均无砝，统去伊等一千两凭信三封。并统去济寄津、洋、原、成各一信，长慎兴等二信，及报一切，想该收到注录转往矣。十九日连接第六十六、七十一次信二封，内统来电信底一纸，平、原、成、津、闽寄济九信，外信三封，京报十二本，何锡园二千两收条、回信各一件，陈甫仁四百两收条一纸，及叙等情均已领悉，勿念。

兹报，济现收会去重见信交费孟贤足银五十两，得期，得费银一两。又同期收会沈见票三五天交郭文炳锦宝银一百两，得期，得费银一两六钱。又济现收二千两，冬月底收三千两、腊（月底收）五千两，会去苏见票七天交庆祥号关【下残】

《光绪十七年七月至十九年五月乾盛亨平遥致汉口信稿》

信稿简介

　　《光绪十七年七月至十九年五月乾盛亨平遥致汉口信稿》（原名《光绪十九年乾盛亨平遥至汉口信稿》）收录于《晋商史料集成》第 2 册第 718—811 页，信稿封面题签不存，现有信稿名称系后人所取。信稿保存基本完好，外包蓝色封皮，正文共 91 页，182 面，用正楷书写，全文 4 万余字。该信稿共收录书信 52 封，包括 46 封正信（其中 1 封为残信）和 6 封未列次信。

　　信稿中多次称"平遥"为咱邑，且与平号来往密切，因此可确定该票号为"平遥帮"。从信稿内容可知，该票号在介休、张兰、汉口、平遥、运城等地设有分号，依据陈其田先生《山西票庄考略》记载，曾在介休设庄的票号为协同庆、永泰发、蔚丰厚、蔚泰厚、大德亨、乾盛亨，在张兰镇设庄的票号有协同庆、乾盛亨，在运城曾设庄的票号为志成信、乾盛亨、蔚丰厚。[①] 同时满足上述条件者为乾盛亨票号，由此可以判定该信稿的主体。

　　信稿中有"第十三次信——后六月十二日随公脚捎去"，"第十四次信——后六月廿七日随公脚捎去"等语，由此可推断，该年存在一个闰六月。根据张正明《平遥票号商》考证，乾盛亨创办于同治元年（1862）或同治三年（1864），至光绪三十年（1904）歇业。[②] 乾盛亨经营期间，共出现过

---

① 陈其田：《山西票庄考略》，经济管理出版社 2008 年版，第 55 页。
② 张正明、邓泉：《平遥票号商》，山西教育出版社 1997 年版，第 155 页。

两个闰六月的年份——同治十二年（1873）和光绪十八年（1892）。[①] 另外，信稿中多次提及"雷守诚"其人，此人姓名曾记载于《汉口山陕会馆志·卷上·山西汇业经理芳名》，根据黄鉴晖等考证，《山西汇业经理芳名》名录刊载时间应为光绪年间。[②] 由此可知，该信稿中闰六月所在的年份为光绪十八年。进一步推定，第一封信的时间为光绪十七年（1891）七月十二日，最末一封信的时间为光绪十九年（1893）五月十一日。

根据上述考证情况，可将该信稿重新命名为《光绪十七年七月至十九年五月乾盛亨平遥致汉口信稿》。

信稿录文

第十三次信　七月十二日随公脚捎去 [③]

【上残】收明详悉照交转往注帐［账］，勿念。

兹报，京会来平秋标在祁交天聚和竟宝银六千两，又会来平秋标交达盛长宝银三千两，又平见信在介交任荣足纹银一十两，又平七月半交梁园棕宝

---

① 信稿中多次提到于汉口购买"吕宋票"一事，也可间接证明其所属时代。"吕宋票"即彩票，又被称为"白鸽票"。据考证，19世纪50—60年代，可能有少量吕宋票开始流入中国香港抑或上海。19世纪70年代，吕宋票开始通行于中国通商之埠，上海则为中心市场及中转站。1898年，美西战争爆发，西班牙战败后，吕宋票在中国的销售随之中断。详见刘力：《晚清彩票述论——19世纪70年代—辛亥革命前》，四川大学博士学位论文，2007年。

② 中国人民银行山西省分行、山西财经学院《山西票号史料》编写组，黄鉴晖编：《山西票号史料》（增订本），山西经济出版社2002年版，第1251—1252页。

③ 原信稿中前半部分残缺，标题不存，可能为未列次信或第十三次信。根据该信稿整体风格，未列次信内容较少，当予排除。下文"第十四次信"中记载"于月十二日随公脚捎去第十三次之信，内叙等情，今录原稿一纸呈照"。由此断定该次信的标题为"第十三次信　七月十二日随公脚捎去"。

银四百五十两，又侯天文足纹银一百二十四两六钱四分，又平在汾州府七月底交刘士魁足纹银三百五十两。洋会来平秋标在张兰交久盛源宝银一千五百两，运①会来平见信交刘洁庵足纹银五十两。

刻下咱邑仍是缺两，市面生意清淡，惟是现银缺少，大众皆然，究竟咱处世空。满加利涨至六两，钱数一千五百二十八文。随统去平寄长②信一封，又平寄重③、万④副信各一封，运寄汉信一封，友转信一封。又统去李锡贡一十五两收条一纸，交代为是，并为收阅转往为是。余事后叙，专此布。

至云托欠志祥之欠，尚未结妥，善昌升之款仍是寥寥无日。不果［过］，何某管事现已躲藏上洋，我汉何以静候，不惟延日，而且丢银失人，何不乘早设法追讨，焉能如此支吾则已？即早想法了［料］理此事，免号中吃苦，既贤弟难辞其咎，念念是嘱。以及长沙仁裕号之事，我号已竟［经］照⑤呼长号，俟汉依期收结，再信与平提来为是。近来道［到］处人心不古，嗣后凡事，无论何处，倘有不妥，皆宜互相关照，切嘱切嘱。再者，今次之信讲会收平秋标万金之项尚未立票等语，似此生意已定之事。不果［过］，我号成规临标不达，不准作会平之交项。况有前信，即如收平生意，上半年春、夏标之款两得其便，下半年做作务要赶冬标，平之快期交来收项，似乎相宜，岂不计乎。况平前已交汉，今又何以收来临标平之交项，加之汉收京之项不少，又加京交汉不惟零星，一票三万（两）有奇，我各庄银势皆不宽裕，独汉一门势大，别处紧迫可乎。至日即可将银抽调交出，抑或致信别庄【残】处收汉，我汉不必致信指推，现在各庄均不宽裕，已时常抽调活便，似乎贯通局势，切要切要。

---

① "运"，指运城。

② "长"，指长沙。

③ "重"，指重庆。

④ "万"，指万县，今重庆万州区，当时归四川省管辖，被称为四川第三城，有"成渝万"之说。

⑤ "照"，即通知。

未列次信　七月廿日毓楠记等赴长寄汉　璿

号务一切，次信详呈。启者，今日逢吉，着毓楠记偕王汝修从平骑程动身，由汉二人赴长住帮，俟其等抵汉之日，与其等搭伴赴长为是，倘若路费不足，在汉添带多寡，汉、长过帐[账]可也。随带去汉用会票纸二百张，至为查收是妥。其别情形，面为谈叙。余事后叙，专此布。

第十四次信　七月廿七日随公脚捎去　镰

于月十二日随公脚捎去第十三次之信，内叙等情，今录原稿一纸呈照。廿日着毓楠记等由汉赴长，带去汉未列次信一封，随录未列次原稿一纸呈照。廿五日收接第十三次信一封，随会来平在祁、谷秋标各交大德源竟宝银五千两，与伊立去五千两会票二张，无砝，其平即照申公砝，比本合砝每百两小二钱兑。又附来月清一扸[折]，长寄平信一包，汉寄运信一包，转信一封，弟一信，履德记、际汉记信各一封，兼云所办衣线已竟[经]定妥，每斤价银三两。及云一切等情均经收明详悉落底，俟期照交缴票注帐[账]转往，勿念。

兹报，万会来平秋标交复兴涌足纹银一百二十两。

刻下咱邑仍是银两缺乏，以致满加利尚是六两，临标不远，秋标长利刻尚未开，即开难望其松，皆因咱处空之极，概无来路，钱数一千五百四十文。廿日着霍体仁、程宝吉赴重住帮去矣。再，长信所报仁裕钱店歇业，该我之项不须平信另报，汉早详悉。虽及如此，不悉将来收结全美乎。重地长顺盐号，今番重信只字未提。据沙信云，该号在沙事已露破，想沙早报汉知，内有该我沙七千两，不悉是何式样，似此拖欠，实属当险极矣。今人无法之至汉，重塌欠拖延至今，概无端倪。贤弟等务必额外想法料理，不然如此吃亏，何日了局？嗣后勿[无]论出贷作会，预为范防，时加察达，万勿忽略，庶免不虞，是为切要。再，重信知照，令平关照汉、沙、洋等处，勿贪重款。彼地月息月盛一月，尚且重信电达汉在早，何须逼重，令平知照各庄。况重维杨兄现住万地，重号初设，人位年幼，贤弟等既伊关照，不惟互相照呼，与其顶兑，收项仍是收彼，岂不袖手旁观乎。况我各庄事体力薄势微，皆要活便，非通融流通不可。嗣后务必依信互相关顾，万勿视信为儿戏，倘有欠宜，岂不差乎。尚望照信，何处紧逼急济，何处是为至要，切切为善。随统去平寄长信一封，隆兴站邵振廷、又天顺祥各一信，一并收阅照办转往是妥。余事后叙，专此布。

又统去平寄重、万副信各一封，收阅转往为是。此批。再，见信如履，德记手中无甚缠手事件，即可着其下班，手中果有拖欠事件，令其了清再为返平亦可，俟其下班在汉与弟捎来车上椆木椽棚杆、夹板各一付 [副]，结价为是。

第十五次信　八月十二日随公脚捎去　锦

于前月廿七日随公脚捎去第十四次之信，内叙等情，今录原稿一纸呈照。初八日收接第十四次信一封，附来前与四东君买六月吕宋原票二张，得彩对号单各一纸，均未得彩。又买定中国七月吕宋票二张，计号码一万六千八百零一（号），又一万七千零二十三号，每张洋钱六元，得彩与否，再为知照。并附来长寄平信一包，重寄运一信，又另信一封，及云一切等情均经收明详悉转往落底，勿念。

兹报，京会来平秋标在祁交天聚和竟宝银四千两，又平见信交申裕当足纹银二十三两二钱，李家楠足纹银六十五两，安保镇足纹银五十八两六钱八分，八月底交五桂堂足纹银七十五两。

刻下咱邑议开秋标长利七十一两，本冬标月五厘四毫，明春标月五厘五毫，夏标月五厘四毫，满加利做开一十五两，今日下至一十二两。谷邑开定秋标长利七十二两，短期与咱处所开一律满加利开一十七两，下至一十五两。祁邑开定秋标长利六十九两，本冬标月五厘三毫，明春标月五厘四毫，夏标月五厘三毫，满加利开一十五两。谷、祁、平满加利均是结事日期吊 [掉] 落，一十二两三钱不一，银势皆露缺紧，钱数一千五百文，大众皆已平妥过局矣。不果［过］，今标祁邑整理银色，每宝在祁使用火耗即在六七八钱，亏色不一，皆因祁邑不周外县之宝，似此我号今标祁地交项甚重，尚是磕彼之项概无，以致如此吃亏，大众皆然。我汉若照平前信照呼，交平冬标收项以顾咱处快期局势，望为早信照呼，以好信关祁地银色。刻下未定章程，倘作祁地收交即早照呼，诚恐耗色受滞，是为切嘱。随统去平寄长、重、万信各一封，又附去贤弟与吉庆记家信各一封，郭朝清等信二封，并为收阅照办转往附知是妥。余事后叙，专此布。

再，另信所云，志祥之事已有成效，不日即可了结。惟善昌升之事，何某返汉仍是该债者，一篇支吾寥寥，无日了销，讨帐［账］者作探随延时日。虽是连我汉五家公办，讨索伊之盐票，其产尚是该号之东，在公之业孰是在扬，随何某公具递禀，惟恐难得如愿，事已如此，无法既已。着吉庆记赴扬办理，只好听其下文，或是如何，与平提来为是。加之重、沙塌累，此事更属重大着急，何法之有，亦不悉时势感之，究竟欠练之故拖累，继而相继，真真耽［担］心之极。至云倒票生意以及期近致照各处等语，但此平亦非今日致照，早有平信照呼，数轻期急，缓为而作。无奈各庄往来数日，成、重者覆平之信，孰有实在把握，据实可靠。事到今日，前信不计，现下少贪收交，已竟［经］平信覆往各庄去矣，务望贤弟将拖欠之事尽心追索，即早收给，以及各庄倘有欠宜之事，就近互相关切，体念丢银，即切是嘱。至前信平令履德记如手中无甚事体，即可令其下班可也，动身与否未悉。现已吉庆记赴扬，如汉缺乏，即可致信沙号，就近令纪年记由沙调汉住帮，平已致信沙号，倘沙人缺，再则相商。又附去运寄汉信一封，收阅附知。又及。

第十六次信　八月廿七日随公脚捎去　念

于月十二日随公脚捎去第十五次之信，内叙等情，今录原稿一纸呈照。廿五日收接第十五次信一封，兼云长会汉仁裕号之项已竟［经］妥收矣，及叙长转平用锡器箱尚未到汉，俟到速发等语。并统来月清一挄［折］，长寄平信一包，汉寄运信一包，及云一切等情均经收明详悉转往，勿念。

兹报，京会来平见信交胡廷幹足纹银五十九两，又平见信在介交胡振基足纹银一十五两，又平八月底在介交伊足纹银五十两。

刻下咱邑满加利仍是一十一两二钱，钱数一千四百九十六文。廿二日新请赵世杰辛①金四十四两，刘霖芳辛金未定，张充盛在布柜闲住，均以［已］进号。是日着云舫记偕毛毓秀赴京住帮去矣。随统去平寄重（副信）、万副信、长信各一封，成汤记一信，并为收阅转往交付为是。余事后叙，专此布。

至来云收过志祥欠款二百三十五两，下欠不日经中了结。惟善昌升之事似觉缠手，寥寥无日。汉已接扬之信，事虽递禀，尚未见批，诚恐追禀不周，尽是纸上作设则已，一面随众在扬追禀办理，一面暗中想法该何讨索，望切体念，吃苦是幸。惟云汉号银两逐月不果［过］抵交，下票所余无几，但此平信覆往各处抽调知照之信，阅信之期估计何处银两宽裕，覆往各处之信即在廿天以外焉能赶及，不果［过］由汉就近抽调关照可也。即如重地，现下维扬②兄住万，以致重伙遇彼街市不雅，甚至长顺坏事。又闻笃庆荣亦有不了局势，加之备还马款，就是新款，该公不久别有用项，以致重伙年幼欠练，时常打电，犹乎不宜，不惟不宜，惟恐外人讥议。是以平信达重，嗣后不准打电知照，再犯其咎，归司事是问。尚切深思，故而平信达汉，由汉竭力紧为与重顶兑收项，顾其彼地局面为要，以免重号受滞打电，庶免外人议论，切要切要。刻有传闻，咱处接有汉电信，据云恒康隆现在有风，未确果乎，再信提来为此，附知。又批。

第十七次信　九月十二日随公脚捎去　镳

于前月廿七日随公脚捎去第十六次之信，内叙等情，今录原稿一纸呈

---

① "辛"，即"薪"，薪金之意。
② "维扬"，即前文之"维杨"。

照。初十日收接第十六次信一封，随附来前买吕宋票二张，得彩对号单各一纸，皆未得彩。今又买就中国八月吕宋票二张，计号二万七千九百三十九（号）、三万八千九百四十五（号），每张洋钱六元，俟得彩与否，对号单到汉，再为报平等语。又附来长寄平信一包，重寄运信一封，闫敬钟一信，兼叙毓楠记等尚未到汉。至云履德记尚未定动身之期，欲在着一办外之伙赴汉，但此平前信令汉就近达沙相商，可调纪年记赴汉住帮，想目今调与否，均有信关是乎，候信定夺可耳。又云吉庆记仍然由扬返汉矣，惟善昌升之事毫无章程，虽然公办，必得自己下点心机，断不能静候他等以此得计乎，否迟延何日了局，尚切思之。及云一切等情均已收明详悉转往落底，勿念。

兹报，平现收会过运见信交谢雨人宝银三百两，合得伊期外，共得伊费银二两。京会来平见信交邓永隆足银二十五两，津会来平在张兰见信交曹锡三足纹银四十八两六钱。

刻下咱邑满加利七两上下，钱数一千五百零七文。各行生意清淡，正逢秋禾登场，虽然受其前旱，每亩均拉四五分收成，至今仍是未落透雨。前两天落雨寸数，大众麦苗安种大半，望其来年分数。随统去平寄长、重、万信各一封，运寄汉信一包，并为收阅将往是妥。余事后叙，专此布。

第十八次信　九月廿七日随公脚捎去　锦

于月十二日随公脚捎去第十七次之信，内叙等情，今录原稿一纸呈照。廿三日收接第十七次信一封，既云上月廿一日毓楠记等抵汉，廿五日搭船赴长去矣。并统来月清一扺[折]，长寄平信一包，汉寄运信一包，和合皮房、赵师蔺信各一封，兼叙履德记俟衣线装成再为动身，及叙塌事尚无成效，俟伊抵平面谈等语。以及交平之项甚为不易，加之汉地又造[遭]回禄之灾，所幸与我帮无涉。虽如斯说，究近[竟]有碍市面，嗣后交涉务要多加斟酌，切要切要。至纪年记，平已接沙之信，遵汉之信，不日即可着其赴汉，借此附知。及云一切等情均已收明详悉转往，勿念。

兹报，平现交会过京在津见信收田秉鉴化宝银一百零三两五钱，合贴伊期外，得伊费银三两五钱。京会来平见信交闫学曾足纹银四十三两，侯天文足纹银六十六两，明正月半在介交益盛当足银六百两。沙会来平十月半在介交茂隆典无色宝银一千两。

再，廿一日着赵世杰相随刘霖芳赴京住帮去矣。刻下咱邑银势仍是露缺，前几日蔚盛长由卞来标三万两有零，均已运发东路。现在满加利尚是七两上下，即到冬标长利行市难望其小，而银势仍是紧迫，皆因咱处概无来项之故耳，钱数一千五百零七文。随统去平寄重、万副信各一封，平寄长信一封，运寄汉信一包，并为收阅转往附知是妥。余事是后叙，专此布。

再，汉之塌事至今毫无一点章程，次信嘱托，无非速了缠事，清厘欠款。不料碍次阅汉之信，不惟拖延至今，孰是一点实在之样，亦是不能落实，似此塌欠真真令人可谓笑谈哉？拖欠之家亦是旷有，独塌我之事，好歹概无式样，事［实］属不情。若照善昌升之事，甚属罕闻未见，诚恐令人耻笑，至望着实追讨，就是一刻未能到手，总要讨一样式，何至拖延不惟无日，尚且毫无式样，可否？切思切思。此批。又及。

第十九次信　十月十二日随公脚捎去　锦

于前月廿七日随公脚捎去第十八次之信，内叙等情，今录原稿一纸呈照。初六日收接第十八次信一封，兼叙纪年记已竟［经］抵汉。又云前买八月吕宋票对号单仍未到汉，今又买就九月之票二张，计号三万零八十九号、一万零二百零四号，每张洋钱六元，得彩号单，俟后再统。又附来未列次信原稿一纸，长寄平信一包，重寄运信一封，纪年记、吉庆记家信各一封，友转信一封。既云善昌升、志祥二号欠项稍有头绪，不果［过］，总得自己刻刻追念，速了塌事，不须细冗，体贴切切为是。初十日晚刻，履德记顺吉抵平，带来未列次信一封，随附来伊新旧公己衣物、水程扺［折］各一个，又结来伊衣资本平足银五十二两七钱，又带来平用线箱二只、红茶一箱，其茶箱未曾带回，俟收再覆。随结来线、茶价本平足银三百六十两零二厘，又结来二宗脚力本平足银十五两，又结来文教记捎物本平足银一十七两，三宗共合结来本平足银三百九十二两零二厘，附来原单并结价清单共四纸。又结来陈家脚夫在汉借用平邑市平足银十两，比本合砝共小一钱三分兑。又带来戊己膏一百两，木棚杆、夹板各一对，长捎平锡器箱二只，脚力在汉付清出帐［账］。二信及云一切等情均已收明详悉转往注帐［账］，勿念。

兹报，平现交会过京冬月半收李家楠足银六十两，贴伊期外，得伊费银二两。京会来平在张兰迟五七天交王大恒足银二百两。又从津会来平见信在介交温玉堂足银三十五两。万会来平见信交闫维精足银三十两，又平见信转太原省交李翙燊足纹银八百两，又平见信在张兰交王学大足银十两。沙会来平冬月半交久成公无色宝银七百两。运会来平见信在谷收元成顺竟宝银二百八十八两，又平冬标交顺昌协无色宝银一千两。

刻下咱邑银势缺极，满加利十两，钱数一千五百三十文，概无出主。冬标之势紧迫之极，故而前信着汉与平顶兑快期，以顾局势。谁料京、汉尽是支吾，以致掣紧。嗣后则已，诸凡谨慎缓做，照例交平，互相关切是要。随统去平寄重、万、长信各一封，来年标期单一纸，并为收阅转往附知是妥。余事后叙，专此布。又附去巩守濂一信，转交为是。

第二十次信　十月廿七日随公脚捎去　镶

于月十二日随公脚捎去第十九次之信，内叙等情，今录原稿一纸呈照。廿一日收接第十九次信一封，兼统来八月未得彩对号单各一纸，原票二张，月清一折［折］，长寄平信一包，汉寄运信一包，承汤记家信一封。并前捎平用茶叶箱，日昨亦已收到。及叙善昌升之事，俟前款收手，再为设法办理，志祥塌事已竟［经］公办等语，但塌项之事虽属随公而办，然而必得自己想法追讨，事已今日，奈何或该如何从全，设法赶快清厘为是，切切是要。及云一切等情收明详悉转往，勿念。

兹报，平定收会过运见信迟三五天交张大成堂宝银四千二百四十四两，每千两得伊费银一十五两，俟运交毕再为向伊收楚所有，迟日收银按月一分结算，此系百川通承保收楚。京会来平见信交王文郁足银八十两，由津会来平冬月半交嘉善堂足银二百五十两，运会来平冬标收志成信无色宝银一万两。

十二日兆俊记、尔瑢记从京下班抵平，尔瑢记已竟［经］辞其出号。廿三日进沂记由运下班抵平。刻下祁邑开定冬标长利七十五两，明春标月五厘七毫，夏、秋标月俱五厘六毫。谷邑开定冬标长利七十八两，明春标月五厘八毫，夏、秋标月皆五厘七毫。咱邑议开冬标长利七十七两，明春标月五厘八毫，夏、秋标月皆五厘七毫，三处满加利均做开三十六两七钱。刻下微露疲些，下至三十三两，钱数一千五百零九文。银势祁、太、平均露缺乏，皆因近来空虚之故，加之祁地整理银色以来更为受滞，即如咱号从秋、冬两标在祁交京、汉会款，数目甚巨，彼地向以不周外州外县之宝，似觉碍滞极矣，即使评兑磕项，即出磕费亦是不易，办理似此之略，预为达知。倘遇祁款，万勿收来，以免吃亏。即是交平来春在彼收项一头二万，尚可补其前项之苦，亦可顾其在彼通融之势，由汉抽调别处，计划可否，至为照嘱办理，切切为是。诸凡务照平嘱互相关照，谨慎缓做，及之结帐［账］临迩，一应出清，早为统平，是为至要。随统去平寄长信一包，平寄重、万信各一封，运寄汉信一包，毕宵屏一信，并为收阅附知，照办转往是妥。余事后叙，专此布。

第二十一次信　冬月十二日随公脚捎去

于前月廿七日随公脚捎去第二十次之信，内叙等情，今录原稿一纸呈照。十一日收接第二十次信一封，并附来前买吕宋票二张，皆未得彩，并对号单各一纸。今又买就十月吕宋双票二半张，计号二万四千七百五十（号）、一万四千零七十一（号），每张洋钱六元，俟得彩与否，再为报平。兼附来长寄平信一包，汉寄运信一包，贤弟家信一封。及云一切等情均已收明详悉落底转往，勿念。

兹报，平现交会过京在津见信收田秉鉴化宝银一百二十四两二钱，咱在平现交伊足银，合贴伊期外，共得伊费银三两。京会来平见信在张兰晋记内交崔泰仁足银四十两；又平见信交程志奎足银一百两，闫锡林足银五十八两八钱。津会来平在介见信交张德生足银一百两。沙会来平冬月底在介交怡盛典宝银二千两，万会来平冬标交冀承先宝银一百八十两。

刻下咱邑银两仍缺，前几日协和信由济南、协同庆由曲沃、存义公由卞［汴］梁，三号进来标银二万七八千两之谱。目刻满加利三十八两九钱，露快，钱数一千五百二十八文。近来道［到］处世空，现银缺极，即来春银势难望松动，暂可躲避平交之项，庶免受滞。倘有机会，交平收款竭力顶兑，再为由汉抽调亦可。平已致信与京互相抽调。话虽如此，汉、京必得早信阅，两处贯通再为做作。及别处亦是时常互相关切，庶觉皆宜。近来世道不得不预为安顿，凡事谨慎，于事缓做而已，暂下不可贪作上洋远期收交，是为切嘱，照办为是。随统去平用办线扺［折］一个，至日照扺［折］办就，速为发平，将价结平，以好有底。（又）平寄重、万信各一封，平寄洋信一封，长信一封，并为收阅转往是妥。余事后叙，专此布。

再者，咱处银势今标甚紧，今来时世空虚，并且冬标快期，巧遇平秋、冬两标祁交京、汉之项甚多。又逢彼地整理银色，似觉不易，即如平早信关照，汉、京与平顶兑收项亦为此计。然向以各庄冬标交平收项成规有年，是以再信致照汉号，贤弟竭力与平顶兑，来春收项三头二万以顾咱处之势，不然仍是夹赔，甚至碍办，过此时再为由平往汉顶交可也，望为紧力办理是乎，来信为要至嘱，附此。又批。又统去运寄汉信一包，运信外统去运友人转汉纸包一个，至日妥交，附此。又批。

第二十二次信　冬月廿七日随公脚捎去　璿

于月十二日随公脚捎去第二十一次之信，内叙等情，今录原稿一纸呈照。廿四日收接第二十一次信一封，附来月清一扺［折］，长寄平信一包，汉寄运信一包，其昌德、裴汝揖信各一封，兼云收过善昌升之欠款。及云一切等情均已收明详悉落底转往，勿念。

兹报，平定交会过京见信迟三五天收魁义德足纹银一百两，俟京收楚覆平，再为在平交伊，合顶期，念在相好，费利再扣。又平现收会过运见信迟三五天交张大成堂宝银一千一百一十六两，合得伊期外，共得伊费银十两。京会来平见信在介交德丰当足纹银五十五两，运会来平见信交赵秉智足纹银二十两。

刻下咱邑仍是银势紧迫，满加利三十二两三钱，（露）快，钱数一千五百二十九文。祁、太、平均露银势缺乏，究竟世空，尚是无甚生意，现在时势不惟咱处，道［到］处使然。是以前信达我各庄，凡事谨慎缓做少贪，远期上洋收交更要少做，务要互相关切。及之前信，着汉交平来春收款，以顾咱处之势，想该照信办理，至切至切，是否覆平为要。随统去平寄重、万副信，平寄上洋第四十二次正信各一封，贤弟一信，友信二封，平寄长信一包，并为收阅转往交付是妥。余事后叙，专此布。

再，可珍记班期已届，本因年内赴汉，念其女出阁临迩，求情再四，已竟［经］答应，令具办毕，待来春再行，瓜待可也。至虎臣记，平以致信令其由长就近赴汉，管理汉号事务。俟其抵汉之日，由汉令其速即下班返平为是，因伊家中要务尚望照办。又附去纪年记、承汤记信各一封，交付，附此。又批。

第吉次信　腊月十二日随公脚捎去　念

于前月廿七日随公脚捎去第二十二次之信，内叙等情，今录原稿一纸呈照。初八日收接第二十二次信一封，随会来平明年二月半交鼎顺当无色宝银一千两，无票砝，各以信凭，其平即照敦信堂之砝，与本合砝一律比兑。又会来平明春标在祁、谷各交大德源竟宝银五千两，与伊立去五千两会票二张，无砝，其平即照申公砝，比本合砝每百两小二钱兑。又平见信交郝文轩足纹银四十五两，附来伊银底信一封，其平比本合砝共小九钱兑。又平见信交郝佩珑足纹银五十两，附来伊会银底信一封，其平比本合砝等小一两兑。附来长寄平信一包，汉寄运信一包，转信一封，际汉记一信。又附来善昌升所立兴隆字据底样一纸，照此了事，似乎前言不符后语，仍望该号东伙则有银钱产业，即可向伊讨要，幸而有此仰望，则幸甚之至矣。想必有预料，不使我号吃亏乎，是否自有一番举办乎？志祥之事必得赶快办理，事已今日，无可如何，只有想善法而办为是。及之今番收平明春标万数交项，定于后首与平顶回，不惟顶此。况平前信屡信达汉，遇有宗项紧为交平，倘有机遇，仍照前信交平收项，以顾局势，是为切要是嘱。以及附来致怡亭兄另信一封，又友致该兄一信。及云一切等情均已收明详悉转往落底，照交缴据注帐［账］，勿念。

兹报，京会来平见信交邓永隆足纹银二十两，又平见信交安振邦足纹银二十两，又会来平明春标在祁收大德通竟宝银一万两。沙会来平见信交王天仓足纹银五两。

刻下咱邑银势仍然缺乏，满加利二十六两，钱数一千五百三十六文。初二日着王谦恒赴运住帮去矣，随统去再启一纸，运寄汉信一封，平寄重、万、长、洋信各一封。又附去郝佩珩、梁宝善、安永厚信各一封，一并收阅照办转往，附知是妥。余事后叙，专此布。

成信后，定收会去汉明年二月底交其昌德估宝银六千两，无票砝，各依信凭，其平照德记之砝，比本合砝每百两小三钱二分兑，在平明春标收伊无色宝银，合得期半月，两无贴费，至望留底，俟期交给注平之帐［账］为妥，附知。此批。

再启者，我号冬标交款甚重，均系汉、京之款。细阅信稿，屡信详达京、汉，乃我汉、京不惟与平顶兑收项，只以笔墨推诿。加之今番汉又收平明春交项，虽万信云活便，究竟视平信之为具文乎。况向以冬标交平为例，不番咱处快期，又逢祁地整理印口，似此冬标则紧。怡亭兄意在向东处办理现银，似觉我号名誉光彩显亮多矣，逸料好意变为办理不善事情，东处办理五老东君今番着余仍为来号，管理号中之事，日后五老东君经管，似此我号事情颇觉顺遂，是以余与怡亭兄和衷办理，以将各庄之信更换次第。嗣后各庄凡事谨慎，及之生意数轻期近，无论何处作会生意，总以零星，少当承险，尚望内外和衷共办以顾局势，切切是要。再者，凡属伙友在外，不进前者，往平寄信提来以备定夺。至四少东买之吕宋票，今年已竟［经］买齐，齐此为戒，不须再买，附知。又及。

兼呈咱处标事碍滞难办，又遇大概空虚之时，贤契等皆知。余阅书稿，怡亭兄屡屡嘱讬［托］①各庄不许成总作会，亦不许巨款一号来往，无奈各庄列位不听，各庄皆有拖欠。又遇今年冬标咱号大为掣肘，难保明春、夏标之时他人别有议论，见信之日暂不许收咱处之银两，候调停妥顺，速信再报，不可以己庄贪做微利，不顾交处夹赔，望贤契等通盘划算银两流通，再为贪做。列位公举，求财仰赖伙友协力，公办非余一人，各有各誉，以期益加裨矣，切嘱切嘱。又批。

第二次信　腊月廿七日随公脚捎去

于月十二日随公脚捎去第吉次之信，内叙等情，今录原稿一纸呈照。

廿三日收接第二十三次信一封，随会来平明春标在祁收大德恒竟宝银五千两，又平同期在谷收伊竟宝银五千两，又平同期在祁收伊竟宝银七千两，又会来平同期在祁收协成乾竟宝银五千两，在祁同期收存义公竟宝三千两，又平明春标在谷收大德恒竟宝银三千两，又平在谷同期收协成乾竟宝银五千两，又在谷同期收存义公竟宝银三千两，以上均无砝，皆照申公砝，比本合砝每百两小二钱兑，以上伊等定立会票后寄等语。又会来平见信交毛兆麟足纹银六十两，无票砝，附来伊会银底信一封，其平即照汉估平，比本合砝共小一两一钱三分兑。兼叙我汉之帐［账］，齐冬月底结清，除讫净余本平足银一千零一十八两零八分。并统来结帐［账］、流水帐［账］各一本，结单一纸，月清、借外、短期扨［折］各一个，所有结帐［账］俟各处到齐查对，再覆可也。又结来四东君买吕宋票需价洋一百二十元，合本平足银八十四两，以及云再买与否达汉等语。但此前信平早已达汉，至此为戒，定于不买，仍望照平前信为是。至于与平所办衣线待明春买，便续为捎平，以

---

① "讬"，通"托"，后文统一为"托"，不再随文更正。

备应售。又附来长寄平信、汉寄运信各一包，又正永记一信，际汉家信一封。及云一切等情均已收明详悉落底，俟期照信收交注帐［账］转往，勿念。

兹报，京会来平见信交王锦芝足纹银一百一十六两五钱六分，又平见信交王文郁足纹银一百一十七两五钱八分。津会来平在介见信交同升明纸店足纹银五十四两七钱。万会来平在省见信熊大人足银四十两。洋会来平明春标在张兰交久盛源宝银二千两。

刻下大节在迩，各行均已归造，钱数落市一千五百七十文，惟银势紧迫，满加利二十五两六钱不一，各色米粮皆是涨势，皆因今冬寸雪未落，麦根受旱，不悉来年是何年罡。日前，德洋记、向政记由京下班抵平，随统去平寄重、万、长、上信各一封，又附去友转信二封，并为收阅转往照办，附知是妥。余事后叙，专此布。

至云善昌升下欠之项，由平撤除，事已了结，只得如此。所云今番交平来春收项，巧遇申号交汉收款，似此交平以顾来春之势，惟云平果系余项，与汉再为顶交。近期宗项此等之念，不惟汉地，即别庄均是空项，俟来春转机，平看事而做。譬如来春，汉如果空项太多，即可致信沙号，由汉抽沙亦可，皆因沙地放帐［账］不宜似此抽调可耳。仍望凡事预为谨慎，以顾局势，待后再报可也，附此。又批。

第吉次信　正月十二日随公脚捎去　桢

新春鸿禧，东恭贺。启者，于客腊廿七日随公脚捎去第二次之信，内叙等情，今录原稿一纸呈照。初九日收接第二十四次信一封，附来四东君前买十月吕宋票二半张，得彩对号单各一纸，均未得彩。并云衣线亦已办就，俟便捎平等语。又附来平在祁春标收大德恒一万二千两会票一张，又在祁、谷收存义公三千两会票各一张，长寄平结帐［账］信包一个，洋寄平信一封，汉寄运信一包，慎斋、文教记信各一封，转信三封。又另信一封，贤契家信一封，承汤、际汉记家信各一封。既云与沙由汉捎过会票纸三十张，但此纸平去腊已竟［经］与沙随信由平捎去矣。及云如春杂货行坏事，幸与我号无涉，但近来各处塌风续继，令人实属可虑。则已照平前嘱，凡事预为范不甚防，是为至善，无可如何。及云一切等情均已收明详悉转往交付，勿念。

兹报，重会来平转石固三月底收际盛隆足宝银一千两。现下咱邑大众各行才为开市，亦未闻有做出色生意，惟是钱行开盘，钱数一千五百三十文。春标银势大约难得开小，皆因近来现银概无来路，似此时常缺乏，而我号各庄银两皆是空项，必得列位各庄司事额外凡事预为筹划，尽为竭力，切切，是嘱是善。随统去平寄重、万、长信各一封，运寄汉信一封，友转江南一信，又友转信一封。再，初七日开销①问政记出号矣。初十日新请胡丕基辛金七十两，安振琳辛金六十两，前闲住之张充盛辛金未定，石培衡、王居仁效习②，均以［已］进号。并为收阅转往，附知为是。余事后叙，专此布。

再者，今阅来信，我汉已有早闻，暗派前往察访，亦属贤契精细理宜，以此可待回日看属虚实。以果情实，即照前信办理，如若情虚，暂可令住汉号，火速来信，以凭定夺，候信照办可也。今日开销张溥记出号矣，附知。至问政记亦已央情③，复又回号矣。附此。又及。

第二次信　新正廿七日随公脚捎去

于月十二日随公脚捎去第吉次之信，内叙等情，今录原稿一纸呈照。廿四日收接第二十五次信一封，附来月清一扖［折］，长寄平信一包，汉寄运信一封，慎斋、虎臣、吉庆记信各一封，兼云虎臣记于客腊廿八日抵汉。又附来平在祁、谷春标收协成乾五千两会票各一张，又收大德恒八千两会票一张，又郝文轩、刘体泰信各一封。并云令平倘有余项与汉顶兑等语，但此非平不欲不言，可知一刻未能如愿，倘能待后再为之计。况平前信，汉号尽为抽沙抵指，皆因沙地月息不宜，平已达沙去矣。现下只可贤契在彼筹谋，缓

---

① "开销"，即开除。
② "效习"，即实习、见习。
③ "央情"，即求情。

待转机，再作区处。及云一切等情均经收明详悉转往，勿念。

兹报，京会来平二月半在介交德馨永足银一百一十三两七钱五分，重会来平转石固在禹四月半收际盛隆足宝银一千两，运会来平在介三月半交元发长宝银一千两。

刻下咱邑银势仍缺，满加利尚是六两，钱数一千五百三十八文。大约春标长利不能开小，究竟世空，使之时常利息浩大，转运焉能获利。随附去未收交单一纸，至为查对毕原单统平。所有去年生意因还马款，内外出利出费，受其夹赔，何可深算，尚有各庄塌欠亦属不少，似此统合去年我号各庄结利，所进不符，净亏一千六百余金，不果［过］钱、布二柜分设之利，并还清马款外，应余利、上利银二项均未入账，然而尚有重、汉、万之塌欠未结者，亦未撤除。运城存盐行情现在疲极，均是照数指项，余项、指项相抵不足，似此相抵，亦不果［过］迁就应支而已。不惟近来生意求利维艰，而我号许多夹赔，焉能获其利益。照此细核，尚算迁就浮淹。甚之各庄揽费年甚，一年结利微末，化［花］费较前太甚。嗣后凡属生意，尽心额外筹谋调度，费点心机，即是号中幸甚，则己身幸甚多多矣，切切是嘱。随统去平寄重、万、长信各一封，友信二封，并为收阅分转是妥，附知照办为是。余事后叙，专此布。

再启者，惟虎臣记现已留汉，足见关切有方，待纪年记返汉，着实报平再定，暂且令其住汉，候平之信再调可也。再者，上年逢帐［账］之期，内外伙友奖已各加一厘，以观后效。将贤契一厘未注者，皆因倒帐［账］，不惟号中吃亏失本，且伙友未免当过，清玙记亦难辞咎，今已姑宽，今照帐［账］期复注，照以七厘支用，此后务要谨慎，重于公事，勿负体念之至意，庶免不虞，则公私两有裨益也，是嘱。及之近来世道非昔比之，凡属交涉多加精细，断不敢以前交之厚，尽听一面，必得察其随时，应如何往来，万不可看情含糊，稍有欠妥，悔之晚矣。及如前项平信早关总以数轻，无奈一号往来数千，以至号中吃亏，自己受其责罚，是乎？愧乎？尚望嗣后谨慎，均各有益，切切为要。至前信达汉，因四东君在汉买吕宋票一事，达汉不须再买等语。四东君今番向平，仍又会平达汉，则已照去年之式，我汉仍为见信，与其逐月买吕宋票二张，其价并得彩与否一并次信报平，需价之银俟结帐［账］之日统为结平，所有买之原票彩单号单，次信统来，以好交代。至于与汉顶交银两，现在咱处世空，况有去年之说，一刻周行不易，待缓时日，再贪可也。现在只宜且走且看，必得由外额外通融，尚得由外关顾平号。及之下半年亦得照例，我汉关切以顾局势，切切为要，附此。又批。附去贤契一信，收阅为是。又附去承汤记一信，交付是妥。

再报，平定交会过汉二、三月底各期收三晋源估宝银一千两，无票砝，各依信凭，其平即照咱本合砝平兑，咱在祁春标交伊竟宝银二千两，合贴期一月，两无贴费，俟期各为收给注平之帐［账］为妥。此批。

未列次信　二月初十日可珍记等赴汉带去

号务一切，次信详呈。启者，今日逢吉，着可珍记相随许孝念从平动身骑程赴汉住帮，随带去本平盘费足纹银八十两，又伊等公己衣物、水程抈［折］各一个，俟其等到日查收注平之帐［账］。惟是相随侯鸿镳，俟其抵汉之日，由汉与其搭船赴沙，倘其路费不足，在汉添带多寡，汉、沙过帐［账］可也。其别号务，其等到日，面为详谈为是。余事后叙，专此布。

又统去平号办丝辫绳单一纸，办就捎平，将银逐宗结来为是。

第三次信　二月十二日随公脚捎去

于前月廿七日随公脚捎去第二次之信，今月初十日着可珍记等赴汉带去未列次之信，二信内叙等情，今录原稿二纸呈照。十一日收接第二十六次信一封，附来另信一封，长寄平信一包，汉寄运信一包，际汉记一信，兼云着际汉记就近赴洋去矣，既已前往，亦即是矣。并云汉地鼎泰公坏事，幸而我号无涉，万幸之至。然而近来各处人心不古，必得多加防不甚范，切切是要。及云一切等情均经收明详悉转往，勿念。

兹报，平定收会过京在津三月半无利交天兴魁化宝银一千两，咱在平夏标收伊无色宝银一千两，合贴伊期五十九天，得伊费银五两五钱。又平现收会过运二月底交西长甡足纹银五百两，合得伊期一十八天，共得其费银五两。京会来平见信迟五七天在介收万仲轩足银三百两，又会来平二月底交高炳晃足银二百九十两，津会来平二月底在介交温余菴足银三百三十两，运会来平在张兰二月底交黄宝泉无色宝银一百两。

刻下咱邑议开春标长利七十四两，夏标月五厘四毫，秋、冬标月均五厘五毫，满加利开一十六两，涨至一十七两，钱数一千五百六十四文。祁邑开定春标长利七十二两，夏标月五厘三毫，秋、冬标月皆五厘四毫，满加利开十二两，现在与咱邑行市一律。谷邑今标长利与咱处所开不二，惟是短期利各加一点，满加利耳闻做至十五两。祁、太、平银势均是露缺，不然开春之利如此浩大，转运之家难得叨光。何况我各庄均是势微，照此不甚可虑，惟有望我汉抖擞精神，额外竭力，凡事关切，以顾现下之势，尽力抽调。及各处均宜互相照拂，总之将银调顺，免受内中夹赔。及之银势，现下由各庄力为转运，待时转机，再为之计，尚望照办，是嘱是幸。初三日着丕基记赴京住帮去矣，随统去平寄重、万、长信各一封，运寄汉信一封，贤契一信，友转信二封，并为收阅转往附知是妥。余事后叙，专此布。

再阅另信，种种备悉，既已察达属实，现在着可珍记赴汉去矣，俟其抵汉之日，候平信更调可也，附此。又及。

第四次信　二月廿七日随公脚捎去　錱

于月十二日随公脚捎去第三次之信，内叙等情，今录原稿一纸呈照。廿二日收接第二十七次信一封，附来月清一抈[折]，长寄平信一包，汉寄运信一包，纪年记、吉庆记家信各一封。及云一切等情均经收明详悉转往，勿念。

兹报，京会来平见信迟三五天交王文郁足纹银一百三十七两零三分，又平见信迟五七天交李宗燹足纹银八十两。津会来平在介见信交范立本足纹银五十五两、杨树春足纹银五十两、郝思聪足纹银五十两，又平在介三月底交岳辅臣足纹银六十六两。长会来平信交毛鹏葛足纹银一十两。万会来平转太原省随信交熊大人足纹银一百两。

刻下咱邑银势更紧，满加利涨至二十两，尚是缺乏，钱数一千五百九十文。这两日，协同庆等号进来曲沃现标万金有余，不甚济事，皆因祁、太、平近来现银缺少之故，究竟世空使然，视其情形，今年咱处银两难望松动，话虽如此，不果［过］揣度而已。安［按］现下之势，不得不以防后首，只可我各庄谨慎缓做，凡事互相关切，无可如何。前两天咱邑普降雪雨二次，四头几寸，人心稍安，各色吃食之价暂且已压。随统去平寄重、万、长信各一封，友转信二封，并为收阅照办转往，附知是妥。余事后叙，专此布。

又统去贤契一信，收阅为是。再者，虎臣记现下只可在汉等候，奈可珍记等抵汉，屈指即在出月半才可抵汉，平信下关之信，再定行止，亦尚赶及，定于由汉更调，谁是谁非，平号定有一番主见，令其候平之信可耳。惟是我汉收重银两，虽是抵补申票，究竟不甚相宜。然而我号亦无可如何，无如收路概无事。虽如此，亦得估利筹划，就是抽调何处之项，总以数轻而作，万勿贪做巨数。近来各处街市不宁，不得不虞为防范。

成信后，洋会来平在介见信交霍之骧足纹银三十两、宋锡丰足纹银二十两，附知。此批。

第五次信　三月十二日随公脚捎去　锦

于前月廿七日随公脚捎去第四次之信，内叙等情，今录原稿一纸呈照。初六日收接第二十八次信一封，随会来平四月半交张守仁足纹银一百六十两，无票砝，各以各信，俟伊抵平，亲来取用，其平照平邑市平，比本合砝每百两小一两三钱三分兑。又结来平交雷伙计足纹银三十六两，其平比本合砝共小六钱八分兑。兼云与四东君买就吕宋双票二半张，计号三万五千三百九十八（号）、一万五千八百五十二（号），每半张洋钱六元。又附来新章程单一纸，未收交单一纸，惟云、汉收京去腊月收百川通五千两之项，此项原有加入帐［账］内矣。附来长寄平信一包，汉寄运信一包，转信五封，虎臣、慎斋信各一封。所云恒和钱店事业已坏，该我汉银五千两，平信早已关照各庄，往来数目不准过五千两之外。事已今日，贷项作会列为对期会票，该号如此抗债哄人，我汉之信云及我号，该号所欠之项，不惟另办，尚且不至吃亏。此等之式，贤契既知其详，必有善法讨索，望为设法收索为是。至云申号之事，平已与洋达信，不惟我号不贪此项，而且定于洋庄年内尚要收索，请人一节，无用议矣。及云一切等情均经收明详悉落底，俟期照交转往注帐［账］，勿念。

兹报，平现收会过运见信迟三五天交张锐足纹银一百两，合得期，无费。京会来平三月半无利交雷行威足纹银三百二十两，又平三月廿日交高永福足纹银三百一十七两四钱四分。又从津会来平在汾州府见信交李振邦足银三十两。万会来平随信交王学大足纹银三十两。运会来平见信交贾八老爷无色宝银一百两，又平本月十八日交吴大老爷无色宝银三百两。

刻下咱邑银势仍是缺乏，满加利一十三四两不等，钱数一千五百六十八文。日前步莱记由运下班抵平。随统去平寄重、万、长信各一封，运寄汉信一包，贤契、虎臣记各一信，友信一封。又附去再启一纸，再便中与平捎来吃茶一箱，并为收阅转往照办，附知是妥。余事后叙，专此布。

再批，新议祁、太、平周行元宝，三处议妥，一律周行。又附去吉庆记家信一封，附知。此批。再叙，前月廿七日另信详达谙因，虎臣记暂住汉号，现因树华记两目不明，焉能办事，见信速着虎臣记返长住班。即树华记眼疾能于调治更好，倘若不明，将长号事务清楚交虎臣记管理，劝其回里。及长号伙友，有不尽心号事者、不相宜之人，或调汉，或着其回里，以权用伙友之难，逐一来信提明。及之恒和钱店并无风声，忽然躲避交往字号，以他号交多往来，不碍于事，全无底据。贤契住汉多年，出与伊号借项作何使用，会借银两囤何货物，生意兴隆，照此用心，屡信嘱托，多加小心，事以［已］如此，贤契设法收索。近来咱处银势实属空虚，又加祁、太在平周借，是以咱处四标银两实属碍滞，咱号秋、冬标借项成重，又加去年冬标有此举动，不得不预早防备，望切汉号尽收重、万银两，与平顶兑秋、冬标收项，咱号各处银两缺乏，不可抢贪生意，只可微末缓做。及之津造回禄，想京信早报汉矣，附此照办。又及。

第六次信　三月廿七日随公脚捎去　炽

于月十二日随公脚捎去第五次之信，内叙等情，今录原稿一纸呈照。廿四日收接第二十九次信一封，附来月清一扣［折］，长寄平信一包，汉寄运信一包，友转信二封，承汤记家信、致余之另信各一封，存案底稿一纸。及云一切等情均经收明详悉转往，勿念。

兹报，长会来平见信交毛成纬足纹银八两。

刻下咱邑银势是缺乏，满加利八两之谱，钱数一千五百七十四文。各行生意清淡，皆因抗旱，日降大风，各邑吃食均已涨价，麦秋已受其旱，秋田正是安种之际，人心立望甘雨。今日行云布露，甘霖施行，得此应时之雨，尚可播种，不甚碍事。现在瘟疫太甚，十九日进沂记感受喉咙，亦已辞世，令人惜之。至云申号前已与平来信，无甚式样，平已竟［经］早信达洋，诚恐此事纸上探［谈］兵，望想之事，果乎该翁存款独归我洋，已然领手，俟洋来信如何，再作区处，请人一节再议。至可珍记等，约想早已抵汉，临行所嘱衷情大料谈叙矣。现在咱处不惟世空，尚且去岁一层，不得不待缓时日，亦说不来，望为照平前信安顿，以早为是，诚恐临阵磨枪跟不及矣。果乎，我洋存款果有式样，均有急济是乎，覆平是要。随统去平寄长、重、万信各一封，运寄汉信一包，再启一纸，友信二封，并为收阅照办转往交付，附知是妥。余事后叙，专此布。

再，恒和塌欠之项甚为可笑，交涉字号并不知其底里，会票借项数千往来，以他号交多，我号交少，不碍于事，足见贤契尽心号事。恒和既与怡记作会我号所立长沙交之会票，何之伊号不知，显然假捏台头字号，贤契如此老实，既长来信银两并未交出，日后无拘何人来取，沙号、汉号断不能交此宗项，即便成讼，亦说不来，然而存案一层，掩耳盗铃乎。至云另办、伙办，贤契看事酌夺办理，仰望贤契多加谨慎细心，万万不可再生失测，体念是幸，附此。又及。

第七次信　四月十二日随公脚捎去　瑞

于前月廿七日随公脚捎去第六次之信，内叙等情，今录原稿一纸呈照。刻未接汉之信，闻悉该脚夫沿路染病，不悉果乎。

兹报，平现收会去汉转德安府其昌德内交徐正儒老爷足纹银二十六两，言明不立票砝，随附去伊会银底信一封，其平即照咱本合砝平兑此项，托其昌德务赶瑞阳节银信并为交给，向讨收条回信，并为寄平，以好交代为妥，合得期外，共得其费银五钱。平又收会过沙五月底交三晋源荆沙银六千两，咱在谷夏标收伊竟宝银六千两，合得伊期二十三天，共贴伊费纹银一百三十五两。京会来平见信交许林高足纹银三百一十三两，又平在张兰四月底晋记内交刘康仁足纹银四百五十两。从汉、津会来平在介见信交李德常足纹银一百五十两。

刻下咱邑仍是抗［亢］旱，立望甘霖，以致生意各行概不起色，惟是银势时常紧缺，满加利复涨至十两，尚是出主希［稀］少，钱数一千五百九十八文，实系世空使然，诚乃可虑。加之四外塌风继续，令人就［担］险，各存戒心，何行焉能畅贪？肘紧时世遇此年罡，有何良策？我号转运以此揣度，只可预加斟酌，各处总宜谨慎缓做，即如汉之宗宗欠款，旧欠未了，新欠又继，贤契良法何在，新旧拖欠有何再讲？事已今日，则已该何想法，务必早为收索，体念号中少丢银两，即是万幸，勿究事归谁手，早为料理是为，切切是要。随统去再启一纸，平寄长、重、万信各一封，张瑞卿、毛鹏阁、侯治晋信各一封。初二日，赵煊记由京下班，如瑅记由石下班，二人均已辞其出号矣，并为收阅，附知照办转往是妥。余事后叙，专此布。

再启者，前信嘱汉兼可珍记临行之嘱，皆因秋、冬标借款甚重，料想逐一情形谈叙矣。况现下银势如此紧迫，利息节节增涨，春、夏标之利如此，视其秋、冬标之快期更不待言。咱处时世显然空虚，加之东路字号来平周借，更然肘紧，是以不得不信达汉号，早为与平评兑安顿，庶免临阵磨枪，赶之不及。平已致信各庄去矣，与汉由各庄顶兑，由汉交平。即以现下而论，上洋、天津等处之坏事字号，何可深虑，故而达信各处，咱号各庄所出之贷，依期定于，不可再为多贪，将银务必竭力交汉，抑或通融，尽为与汉顶兑，由汉交平，以顾局势是乎，再信提来为是。咱号上洋之庄，因搅费太重，夹赔非浅，咱号定于收撤，见信之日即可先止彼处收交，尚切照信办理为是。今日李信报彼地祥盛永坏事，共该外债一万两有奇，计该兴隆信、晋记等号，咱号一千两有零，附此。又批。耳闻大德源因塌帐［账］甚重，各处之庄定于收撤，阅毕将此径付与丙丁。

第八次信　四月廿七日随公脚捎去

于月十二日随公脚捎去第七次之信，内叙等情，今录原稿一纸呈照。廿二日收接第三十次、三十一次信二封，随结来平办线等需价本平足银三百八十两八钱五分，其货箱二只，已由汉托陈家脚夫驼平，该脚刻未抵平，俟收再覆。附来原办线扺［折］单，并买货清单、结价单各一纸，所有脚力汉已付清不欠，兼云李星五由汉借用酒恺则尚未收到。又附来前买四月吕宋票二半张，得彩对号单、原票各一件，均未得彩。又买就五月吕宋票二半张，计号二万七千五百二十六（号），一万四千四百一十号，每半张洋钱六元，俟对号单并得彩与否，再为详报等语。并叙可珍记等已于前月十四日顺吉抵汉矣，廿四日由汉令虎臣记相随孝念记带汉赴长未列次信一封，附来平、汉寄长未列次原稿一纸，兼云令平正信覆长等等。并云汉地塌风，湖南帮坏事字号，似此坏事连连不断，令人怕极，毫无善法，惟有照平前信。遇此年罡，诸凡存戒，勤于察达，无非谨慎而已，非是一处，各庄皆是乘风使然，有何良策，奈何奈何。又附来月清一扺［折］，长寄平信二包，汉寄运信二包，可珍记、孝念记、鸿镰记、贤契家信各一封，转信二封，致余另信一封，惟捎会票纸定于不日赴汉之人再带二信。及云一切等情均各收明详悉注帐［账］转往，勿念。

兹报，京会来平见信交赵振仁足纹银七十四两二钱、景照麟足纹银七十八两二钱四分，又平在介五月二十日交曹维荣足银三百八十两。津会来平夏标在汾州府交德润生无色宝银一千二百二十五两。

十三日新请闫时炳辛金四十两，毛耀光辛金五十二两，王体鉴辛金三十六两，三人定于于出月初三日着其赴京住帮。是日又请郝维垣辛金四十八两，前闲住之刘志璿效习皆已进号。刻下咱邑银势仍缺，满加利五两，钱数一千五百七十五文。约料夏标长利难望缩小，皆因世空。加之各庄塌帐［账］，及如现下传闻广东、天津、湖南、湖北塌闭甚重，令人甚为心怯，何法可使。即如我汉所施之事目，今尚无章程，何日才可了局，奈何奈何。尚望不时体念，即是号中幸甚即已，幸甚多矣。思之务必该何讨索，赶快了结以便再办别事，是为至切至要。随统去再启一纸，平寄长、重、万信一封，运寄汉信一包，并为收阅分交照办，附知是妥。余事后叙，专此布。

再，近来咱处银势时常缺乏，行利节节增涨，春、夏标如此紧缺，及到秋、冬两标之势更不待言，谅可概见矣。加之各处塌风叠出，令人各存戒心，诚可虑哉。耳闻祁、太、平不日进来京标，约在二十万两之谱，皆因转运起见，究竟世空使然，现下时势别无良法，奈时而已，望我各庄司事务要诸凡加心谨慎，是为切嘱，附此。又批。

再启，另信所云种种备悉，虎臣记相随孝念记已竟［经］赴长去矣，平已前信与长提过一笔，今既返长，平应当详信达长，令树华记俟虎臣记等抵长之日，将长号事务一切清楚交代虎臣记管理，后着树华记或在长调养或下班，均无不可。令桢祥记调汉住帮，俟其抵汉，再为察看，以权伙友之谊，果平不宜，定于由汉令其下班可耳。惟云顶平银两，现下大众既已惯［贯］通，似乎碍难亦非，顿作以万数八千。至为见信，或三头几竿宗项竭力顶平，则要宗项多点，有何不可？以零积总，照平前信之数交平。倘尚不顺，定于由汉交京，再为与平顶交，万勿含糊，勿以次信探兵，庶免误事。不可二疑，皆因时势使之，望为深思，不得不以此办理是嘱。至云芜湖收会官项，贤契并未见过，不知京都交户部化［花］费，只知得期得费。去年百川通收过芜湖饷银十万两，每千两得费十两，得期二月，京号交毕。结去芜湖化［花］费银一千四百余金，又收过天津交饷银十万两，得期得费照前。又与芜湖结去一千二百余两化［花］费，京号银两夹赔日期受紧万分，贴银七百余两，咱号焉能佃［垫］此支顾概见。又五老东君常听票帮收官项佃［垫］会，是咱号议准不准收会官项，照此生意实不划算，非余不欲，实不敢违命。上洋之庄夹赔过度，已定收撤，惟汉号拖欠各宗赶快追讨，庶免日久生奸。尚切体念号中吃苦，该何设法早为清厘，以便再办别事。嗣后务照平信，万勿再贪巨款，以零星缓做，就是出贷，只以零星，不准过五千两之外，倘犯其咎，何悔之有，照办为是。

第九次信　五月十二日随公脚捎去

于月前廿七日随公脚捎去第八次之信，内叙等情，今录原稿一纸呈照。初六日收接第三十二次信，附来长寄平信一包，汉寄运信一包，转信三封，洋庄茶行市单一纸，又与四东君买就外国六月吕宋票二半张，计号三千四百四十三（号），又七千六百零五（号），每半张洋钱六元，俟得彩与否再报。并云汉所立怡记长沙会票二千两之票，已竟［经］钩［勾］销，除此该号净欠三千两，俟后如何式样，再为报平。兼云交平之项概无收主。及云一切等情均经收明详悉转往落底，勿念。

兹报，平现交会过京五月半见信无利收李家楠足纹银一百两，合贴伊期外，得伊费银四两。京会来平见信交郝维常足纹银三十两、阎居让足纹银五百六十两。万会来平见信交阎守濂足纹银一十五两。

初三日着时炳记相随王体鑑从平动身赴京住帮去矣。刻下祁邑开定夏标长利七十四两，秋、冬标月均五厘四毫，明春标月五厘五毫，满加利开一十七两。谷邑开定夏标长利七十八两，秋、冬标月皆五厘七毫，明春标月五厘八毫，满加利做开一十八两五钱。咱邑议开夏标长利七十六两，秋、冬标月俱五厘五毫，明春标月五厘六毫，满加利做开一十六两，已下至一十二两。今标平、祁、谷满加利三处均已吊［掉］小，钱数一千五百五十八文，皆因标前票帮进来京标，又加太谷进来汴梁之标，有此巨款进项，今标祁、谷、平才可迁就大众过局。然而所开长利如此浩大，故为银势紧缺，若不是巨款进项，看看不了局势，究竟世空之极。加之四外塌闭，令人甚为耽［担］心，是以咱处转运不惟世空，概无来项，即以各庄时常不雅，咱处行利一刻难望吊［掉］落。况就是银势空极，显然滞塞，故而屡信达汉，与平顶兑秋、冬标之收项，大众时势所感，何况我号之势，更不待言，则已照平前信，不须二疑，定于先为交平秋标三头二万以济急需，搜寻以零积总，紧为交平，是为至要。随统去平寄长、重、万信各一封，运寄汉信一封，贤契家信一封，友转信二封，并为收阅照办，附知转往是妥。余事后叙，专此布。

再，所叙虎臣记等二次返长，但平前次之信已竟［经］与长达信，令其仍为接管长号事务。树华记交代后，或在长调养或下班，均无不可，亦不果［过］权且伙友之谊，何须贤契如此嫌怒，云云回平等语乎，请自思之。以汉屡屡欠塌尚是待汝之薄，一切拖欠，不理可否，回里就该如此办法，真真事出情理之外，足见待人何得如此之难。见信则已，好好将拖欠赶快了销收结，以报前情之谊。所有交平之项务要设法搜寻，速为交平，是为至切是要，附此。又批。

第十次信　五月廿七日随公脚捎去　炽

于月十二日随公脚捎去第九次之信，内叙等情，今录原稿一纸呈照。廿二日收接第三十三次一封，附来前买五月吕宋票未曾得彩对号单一纸，原票二半张，又附来月清一抆［折］，长寄平信一包，汉寄运信一包，转信一封，致余另信一封。及云罗永泰欠汉二千两之数，亦已照数收讫，并叙洋庄茶行市不佳。至前陈家脚夫捎平衣线箱二双，刻已妥收，附知。及云一切等情均经收明详悉转往，勿念。

兹报，平现交会过京见信迟一月收大诚谦店足纹银三十两，合贴伊期外，共得伊费银一两。又平现收会过京在津见信迟三二天无利交四义庆化宝银五百两，合得伊期，两不贴费。京会来平见信交牲牲堂足银三十六两，又平见信交聚德轩足纹银五十两。

刻下咱邑仍是抗［亢］旱无雨，麦秋已坏，秋禾大受其旱，道［到］处祈祷立望甘霖，各色粮食皆已陡涨，人心恍恍，以致市面各行清淡之极，银两时常紧缺，满加利十两，钱数一千五百五十七文之谱。十五日永命记由沙下班抵平，因其住沙公事不尽心力，近乎吸烟，诚恐习染，当即辞其出号。廿一日着维垣记动身赴沙住帮去矣，至汉用会票纸，亦已带沙，俟其抵沙，由彼与汉定捎二百张，需用可也。廿二日毓华记由李下班，询问沿路皆旱，加之李地亦是街市不稳，塌闭广有，似此道［到］处人心不古，令人无法，遇此世道年岁欠佳，贸易无一可贪，只可凡事预加范不甚防，是为至善，奈时而已。随附去平号办线花单一纸，至为照单办理，办就托妥驼平，随物将价结来，以备应售有底。又统去平寄长、重、万信各一封，纪年记家信，又吴朗书、张祥楷信各一封。又附去再启一纸，并为收阅转往照办交付是妥。余事后叙。专此布。

再启，另信所云交平一节，现下内外贯通，碍难办理，只可由京再为，或交或起，待后再为定夺。不果［过］，汉适有宗项，遇机而办。并云芜湖之事并非余不欲往来官场，实系不准收官项，则要此事能于往来，焉有不欲之理乎。而子清果乎能交涉该两道之往来，足见伊亦尚遇事关切，尽心于事。而贤契屡信提叙与平达信，仍是为公起见，贤契见信速速关照洋号，务将此事吹嘘玉成，为要为要。彼时事成，均有关切，尚望不时照拂是幸。惟来云长号之事，想汉早阅平信便详，已令树华记交代毕，或在彼静养或下班，均可。桢祥记调汉，俟其抵汉，察其行止，果系不宜，着其返平，无须往返，为此预达。至汉借外之款，贤契多年该何布置，自为酌办。余亦知情，所云协和信添本交汉，该号交汉情形诿因扬名，焉能在平暗里安顿乎，故而我号未能收此宗项。在［再］，近来茶庄生意本非昔比，今年茶市更为欠佳，赔失甚重，惟恐日久别生连累。我帮湖南、湖北向以茶票一大庄生意，而南边银店闹茶赔失，不惟获利，尚且失本，彼时连累票帮，一定之理是以达我各处，遇此年罡，必得各庄司事、伙友细加小心，无论作会、出贷，总以零星，不可多贪，以期掉数轻为要，以防不虞，尚望诸凡留神，切切是嘱。现下传闻常德盛兴仁坏事，该外甚重，咱邑纷纷议论不一，未确是乎，令人甚为心惊胆怯，尚有别处塌闭，均不的确。此等世道无法可诚，只宜谨慎而已，即为善策。所有汉之拖欠，想该设法追讨，不须冗嘱，尚切体念，号中丢银该何料理，早为清厘［理］为要，附此。又及。

第十一次信　六月十二日随公脚捎去

于月前廿七日随公脚捎去第十次之信，内叙等情，今录原稿一纸呈照。十一日收接第三十四次信一封，附来长寄平信一包，汉寄运信一包，徐正儒收条一纸，附来机器钱票子一千文。今随信仍为原统交代为是，但此我号则已将汉存平钱票板托妥寄洋，仍为在洋、在苏照我号票板暗字，在彼以双料桑皮纸刷印改为真红花式样，惟是纸力及多费点，亦要较前之纸坚固，不然往返费手仍是枉费心力，所即之数照嘱，由汉达洋办理为妥。又毛雕阁一信，兼云今番与京顶去近期收项，足见贤契诸凡关切。至云申庄撤收一节，彼时平欲撤收，原为上洋不惟无事，而且化［花］消［销］甚大，现下有点贪图，原初设庄，故为贪心，既有生活上洋之庄，只可再为试看，焉能误此机会，尚望由汉亦可关切，不时照拂，倘有贪图，均得其益。并云陈家脚夫驼平之灵，俟到再达，其脚费化［花］费一应汉上过帐［账］可也。至天元钱庄坏事，虽是我号无事，然如此拖欠，传风太大，令人胆怯。尚有长地拖欠，连累极大。各庄坏事叠出，诚恐将来有不了之势，则已贤契凡事预为勤察加心，以及所出之贷，务必预为择点，以防不虞。总之计前拖欠尚未了给，望切体念谨慎，是为善策，即是万幸之至矣。及云一切等情均经收明详悉转往附知，勿念。

兹叙，刻下咱邑银势时常缺紧，加之各处塌风叠出，令人各存戒心，以致行利节节增涨。现满加利尚是十两有零，钱数一千五百六十五文。天道仍是抗［亢］旱无雨，人心焦灼之极，此等年罡可怕极矣。初一日肇英记从津抵平，因其住津滥费搅用，肥己太甚，当即辞其出号。初六日着耀光记、兆俊记、王锦记动身赴京住帮去矣。随统去平寄重、万、长信各一封，运寄汉信一封，郝葱圃一信，友致贤契一信，并为收阅转往交付，附知照办是妥。余事后叙，专此布。

再，平秋标之事已竟［经］达京，定赶秋标由京与平发标五万金，倘京收汉、收洋，定行互相关切，以顾局势，附此。又及。又统去发票纸一张，至日演纸大小，照此尺寸为度，以免宽长不一。又及。

第十二次信　六月廿七日随公脚捎去

于月十二日随公脚捎去第十一次之信，内叙等情，今录原稿一纸呈照。十四日，故汝安记之灵柩抵平，当即交代矣。廿四日收接第三十五次信一封，兼云托陈家脚夫驼平用红茶一箱，尚未到平，俟收再覆，计净重五十斤，需价脚力共结来本平足银一十两零二钱七分。并叙前买六月吕宋票对号单仍未到汉，今番买就外国七月之票二半张，计号一万六千七百五十号，二万四千六百一十号，每半张洋钱六元，俟得彩对号单到汉，再为统平。及前信贤契之信皆因公事，虽有不周，余亦既往不究。以及由京与平顶兑之项，前次之信早已覆汉，就近平已令京布置矣。秋标之事勿须我汉计虑，倘有机会，交平冬标收项可耳。又附来月清一抧［折］，长寄平信、汉寄运信各一包，转信二封，贤契家信一封，及云一切等情均经收明详悉转往注帐［账］，勿念。

兹报，平现收会过京见信迟三二天无利交李蕴华足纹银一百九十二两三钱九分，又交高增爵足纹银一百四十四两二钱八分，二宗共合得伊等期外，共得其费银六两八钱七分。京会来平见信无利交张源湧足纹银一百零四两五钱八分，又兴蔚忠足纹银六十五两一钱五分①，赵维伦足纹银二十两。

又京由津会来平秋标收协同庆无色宝银一万两，景生瑞无色宝银

---

① 原信稿中为"六十五五两一钱五分"，其中"五五"应系重复书写，兹删去其一。

二千八百两。刻下咱邑于十八日天降暴雨，连绵至廿二日才停，亦是每天半阴半晴，及之今天尚是行云布雾，得此饱雨，秋禾有望丰稔之兆，然各色粮面渐渐吊［掉］落，市面生意稍微可望。现下银势平和，皆因闻悉祁班昨日进来京标十数万之谱，是以现满加利五两，钱数一千五百六十二文。而标上银势仍是不大活便，皆因各庄拖累层见叠出，令人甚为当心欤［担］险。长信报及汇丰钱庄等号坏事，想长早信报汉，无须平覆。据长信述及，虽是说话该号之事，将来尚许不使吃亏，话虽斯言，不悉将来如何了给也。似此各庄拖累，一宗未了，跟而又续，奈何良法何哉。则已贤契将拖事速为了结，万勿拖后，庶免号中吃亏。及诸凡遇此世道，务必谨慎，不论出贷作会，总以择点数轻，以善而交，再犯前辙，其咎难辞，尚切尽心于事，切切为是，以及各庄均宜互相关切，是为至要。廿三日，振林记染疾辞世矣。随统去平寄长、重、万信各一封，并为收阅照办附知转往是妥。余事后叙，专此布。

第十三次信　后六月十二日随公脚捎去　铋

于前月廿七日随公脚捎去第十二次之信，内叙等情，今录原稿一纸呈照。初七日收接第三十六次信一封，惟云丝线行市待后相宜再办。又附来前买外国六月之票原票二半张，对号彩单各一纸，均未得彩。又长寄平信、汉寄运信各一包，承汤记家信、维杨记致余之信，友转信各一封。兼云汉交重之生意，一切之情，汉、重易为关切，则要不时知照，嗣后不使两处夹赔，及别处皆然，倘一时失算，岂不夹赔丢人乎？况平屡屡信嘱，不惟平信冗嘱，尚且列位所干何事，切为细思。并叙桢祥记尚未到汉等语，俟其抵汉，再尽人事，亦就两不相亏乎。及云一切等情均经收明详悉转往。至前捎平用茶叶箱一只，亦已收到，附知，勿念。

兹报，平定收会过京七月半、底各期交蔚丰厚足纹银五千两，咱在平秋标收伊无色宝银一万两，合得伊期外，共贴伊费纹银八十两。京会来平秋标在祁、谷各收协和信竟宝银五千两，又平同期收义生成无色宝银一千两，又平见信交闫致和足纹银一百一十五两三钱七分。

刻下咱邑满加利四两，钱数一千五百七十二文。惟入伏以来，雨水不缺，每天时阴时雨，无一日天气晴亮，而秋禾不甚发苗。初间闻悉，祁班又进来京标五六万之谱，而标上之银仍是不大活套，皆因各庄倒闭风声太大，以致咱处人心甚为惊怯，似此年头，各行贸易焉能叨好，显有滞塞，遇此时世，不得不先顾局势。况四外究实不稳，只可如此，我号更不待言，待后转机，再作区处，尚望各庄互相关切，奈各处平稳，再为贪做。及如出贷，必须照平前信数轻而交，务必择善往来，即为善法，万勿涌贪，以防不虞，是为切嘱是要。随统去平寄长、重、万信各一封，吉庆记家信一封，并为收阅转往交付照办附知是妥。余事后叙，专此布。又统去贤契家信一封，收阅为是。

第十四次信　后六月廿七日随公脚捎去　瑞

于月十二日随公脚捎去第十三次之信，内叙等情，今录原稿一纸呈照。廿四日收接第三十七次信一封，内云前开添办丝线业已照单妥定。兼统来与四东君买就七月吕宋票二半张，得彩对号单各一纸，二号皆未得彩。又与伊买就外国八月发财票二半张，计号一万七千五百二十五号，二万二千四百五十七号。又统来月清一扨［折］，长寄平信一包，汉寄运信一包，慎斋记一信。至长伙桢祥记长信所报，似有不识体面就欲以厚待伙，照此情实难容，已竟［经］与长去信，令其一直回平，无须别议。及云一切等情均经详悉转往，勿念。

兹报，京由津会来平在介见信交岳辅辰足纹银三十两，任如桂足纹银二十两；又九月半在介交冀立信堂足纹银一千四百零二两四钱六分，乔允泉足纹银四十七两四钱七分。又京会来平八月底交顺兴发足纹银三百两，十月底交笃信堂松江银三百七十两。

日昨谷邑进来京标八万五千两，看其形势，标上银两该许不至受紧。刻下咱邑秋禾丰稔，苗直苗秀，雨水霑［沾］足，可望有年，人心亦极安谧，市面微露转机，银势平和，就是各处乘风坏事，有碍街市，令人摩手无计，只可凡事细察，以防不虞，是为至嘱。咱邑满加利二两五钱，钱数一千五百四十六文。再祖绍记于十七日由京下班抵平，附知。随统去运寄汉信一封，友转信三封，一并收阅转交附知是妥。余事后叙，专此布。又统去平寄重、万、长信各一封，转往为是。

第十五次信　七月十二日随公脚捎去

于前月廿七日随公脚捎去第十四次之信，内叙等情，今录原稿一纸呈照。初九日收接第三十八次信一封，兼云平由沙捎汉用之会票纸二百张，汉已照收。又附来长寄平信一包，汉寄运信一包，又王嵩龄致余一信，郝文轩、田致远各一信，并云平用钱票板，亦已令可珍记带洋定造去矣。及云一切等情均经收明详悉转往，勿念。

兹报，平现收会过津见信交增茂洋行足纹银三十三两，合得伊期外，得其费银五钱。京会来平见信无利交李春华足纹银二十两。津会来平见信在介交高子荣足纹银八十两。

至京发平之标银三万一千二百两，已于月前廿八日丕基记送标，平顺在谷卸标妥收矣。至丕基记缘住京，不宜当即辞其出号矣。日前祁邑开定秋标长利六十六两，冬标月五厘三毫，明春、夏标月均五厘四毫，满加利未开。咱邑议开秋标长秋［利］六十八两，冬标月五厘三毫，明春标月五厘六毫，夏标月五厘五毫，满加利做开九两，钱数一千五百四十三文。谷邑长利尚未做开，俟开再报。大料祁、谷、平三处今标银势均属疲滞，皆因京标屡屡进来，甚为不少，不然焉能松动。大众受起现之苦，均为四外塌风甚大，以致咱处银势逼不及待，时世使之，只可奈时再作区使。若照前半年各庄之拖事，真亦可怕，究实虽是如此，列位果能凡事预前费点心机，焉能拖事缠手？然而就是出贷，必须时常留心，稍有忽略，岂能赶及，望为慎思。随统去平寄重、万、长信各一封，运寄汉信一封，纪年记家信一封，并为收阅转往交付是妥。余事后叙，专此布。至来云可珍记赴洋一节，但平闻悉已由洋钱庄上别家承收矣，想汉亦该早有风闻乎，既已着其赴洋，有何可望，事已今日，只可俟其抵洋，后首由平再为达信更调可也。大料芜湖之事已作画饼矣，尚有王嵩龄在汉卖口蘑，如其人向汉会银，我汉即可权且收会，其人原初赴汉，余代伊佃［垫］银三十两，俟伊在汉交会，速即结平为是，附此。又批。

第十六次信　七月廿七日随公脚捎去

于月十二日随公脚捎去第十五次之信，内叙等情，今录原稿一纸呈照。廿五日收接第三十九次信一封，随会来平见信无利交段朝英足纹银一十两，无票砝，附来伊会银底信一封，其平即照咱邑市平，比本合砝共小一钱三分兑，系交信古记手，转讨收条寄汉，俟立来再为寄汉可也。又平十月半交任德卿无色宝银一千三百两，与伊立去凭信一封，无砝，其平即照府官平，比本合砝每百两大二钱六分兑。又附来前买八月得彩对号单各一纸，原票二半张，今又买就外国九月发财票二半张，计号码二万五千三百九十六号，又一万七千四百零一号，每半张洋钱六元，俟得彩与否再为报平。又附来月清一扸［折］，长寄平信一包，汉寄运信一包，又贤契家信、振德记等之信各一封，转信二封。并云履德记赴汉，平已令其仲［中］秋节后定于赴汉，以备更调下班，惟云可珍记现已在洋更调等语，亦已达信与洋，令子清记将洋号事务清楚交代可珍记管理，令其随便下班。所云恒和拖事，将来了时该何设法，我汉下点声色，即是平信冗嘱，焉能赶及，此等世道各处拖累，惟有各庄列位凡事尽心，即是万幸之至矣。及云一切等情均经收明详悉落底，俟期照交缴信转往注帐［账］，勿念。

兹报，平现收会过京在津九月底交庆丰隆化宝银一千五百两，合得伊期六十八天，共贴伊费纹银二十两。京由津会来平在张兰见信交曹遵先足纹银三十两，又平见信在介收万仲轩足纹银一百两。谷邑秋标长短利所开与咱处一律，现下满加利尚是六七两之谱，钱数一千五百二十一文。今标祁、太、平银势微漏松动，皆因前次京标进来甚涌，不然转运诚恐有碍，别家尚且，我等更要预防。即是冬标倘有宗项，与平顶兑三头二万，以备抵交外项，年罡所感，必得早为筹办，尚望搜讯交平冬标之项以顾势，是为切嘱，再信提来。随统去平寄重、万、长信各一封，并为收阅照办转往附知是妥。余事后叙，专此布。

第十七次信　八月十二日随公脚捎去

于月前廿七日随公脚捎去第十六次之信，内叙等情，今录原稿一纸呈照。初十日收接第四十次信一封。兼云前会平交任某之项，我汉与伊立去凭信一封，改为九思堂之抬头，不果［过］，平、汉过帐［账］仍以前项抽销过局等云可耳。又附来长寄平信一包，汉寄运信一包，友转信二封。及云一切等情均经收明详悉更改落底转往，勿念。

兹报，京会来平见信交许林高足银九十五两，闫居信足银六十两，王铭德足银一百两，许存恭足银三十两零零六分，许林汉足银七十二两九钱九分。

现下咱邑满加利五两之谱，钱数一千五百二十一文，而标上长期银势仍不活便。平前信达汉，遇有宗项交平，冬标快期以顾其势，此等时势不得不以此而来。总之，缓兵之计，先顾局势，待时奈何，想汉早有安顿乎，再信提明为要。随统去平寄重、万、长信各一封，运寄汉信一包，吉庆记一信，友转信一捆，并为收阅照办附知转往是妥。余事后叙，专此布。

再，定于廿四日着履德记相随刘志璿赴汉住班，张问政由汉赴万住帮，先此附知。玉台贤契青照，兹缘定于本月廿四日新请雷守慎辛金五十四两，其人前往汉，玖记管事二班视其人，情面颇尚诚实，未审办事如斯乎。但现下我号重、万二处首领帮期已届，无人更调，是以达信前来，贤契久住汉岸，必知其详，见信着实提来一笔，以便定夺。

再，耳闻咱乡帮有在外承荐作保，因此受累受罚者广有，即是贤契，倘有亲朋契友之中求乞承荐，断乎不可答应，庶免受累。况规矩一概不准，倘犯，定按号规而论，尚切戒之，并望凡事谨慎。总之，我号与别不同，切计切计。及之我号势力本属力微，去年之风更为受滞，不得不由外布置，以待缓时，不惟今年冬标就是来春，亦得早为安置，奈时而已。特此布达。

八月十八日浏

未列次（信） 八月廿四日申

号务一切，次信详呈。启者，今日逢吉，着履德记相随刘志璿赴汉住帮，随带去本平盘费足纹银七十两，又伊等公己衣物水程抧［折］各一个。又相随张问政由汉与其搭伴，速为赴万住帮，倘伊在汉添带盘费多少，汉、万过帐［账］可也。俟伊等到汉之日，查收注平之帐［账］，其别号务其等到日面谈为是。余事后叙，专此布。

又附去悦记等捎物单二纸，办就便中捎平将价结平。又平号卖衣三件，代袖一付，卖毕将银结平为是。

第十八次信 八月廿七日随公脚捎去

于月十二日、廿四日随公脚捎去十七次之信，履德记等带去之未列次信，二信内叙等情，今录原稿二纸呈照。廿三日收接第四十一次信一封，随会来平十月底无利交崔光照无色宝银一百两，无票砝，随附来伊会银底信一封，其平即照咱邑市平，比本合砝共小一两三钱三分兑，俟交向讨收条，待后讨来，再为寄汉可耳。又附来前买九月得彩对号单各一纸，原票二半张，今又买就十月吕宋票二半张，计号八千零九十四号，一万零六百七十一号，每半张洋钱六元，得彩与否，再为统平。又附来月清一抧［折］，长寄平信一包，汉寄运信一包，余一信。及云一切等情均经收明详悉落底，俟期照交讨据转往注帐［账］，勿念。惟是致余之信，所云种种备悉。伙友下班一节，平已着履德记等已然赴汉去矣，俟伊等到日，贤契酌夺，或该先着一人下班，抑或见信酌夺办理可也。

兹报，平现收会过京在津九月廿日交魁成永化宝银一千两，合得期三十六天，贴伊费纹银六两。京会来平见信交闫居信足纹银五十两、卢钟敬足纹银六十两，又平冬月底交冀立信堂足纹银九百八十九两八钱。从津会来平见信交三多堂足纹银五十八两九钱六分，又平腊月半交王达菴足银五百六十六两八钱一分，又平冬标在祁交聚顺发竟宝银一万两，又平冬标在谷收永全吉竟宝银二千两、永全顺竟宝银二千两、义生成竟宝银二千两、永泰生竟宝银一千两，又平同期收长盛裕无色宝银一千两。

刻下咱邑满加利五两之谱，钱数一千五百零六文，银两仍不活便。随统去平寄长信、重、万信各一封。廿四日着步莱记动身赴运住帮去矣，是日请雷守诚辛金五十四两，冀正时布柜效习进号，友统去贤契家信一封，友转信五封，并为收阅转往交付是妥。余事后叙，专此布。

第十九次信　九月十二日随公脚捎去

于前月廿七日随公脚捎去第十八次之信，内叙等情，今录原稿一纸呈照。今月初七日收接第四十二次信一封，内云树华记于前月十七日由汉动身回里，雇一服侍人，名系段恒英，一切行李等物，交代此人经管，带来余修理小表一架，云烟膏一百两。又平号用丝线箱二双，结来线价脚力本平足银五百二十一两八钱五分，附来办线单、买物清单、结价花单各一纸，其物俟伊到平之日查收再覆可也，至骡脚银在汉付清不欠。随统来长寄平信一包，汉寄运信一包。至云咱处冬标银两概无收主等语，既然如此，无须与平顶兑。咱号冬标之事已竟［经］按［安］顿有余，后首设有相宜，尚许由平与汉顶兑收项，以顾其势。及云一切等情均各收明详悉转往注帐［账］，勿念。

兹报，平定收会过汉明二月底交协成乾足纹银五千两，咱在谷本冬标收伊竟宝，不立票砝，各依各信为凭，其平即照申公砝，比本合砝每百两小二钱，合得伊期四个月零六天，共贴伊费纹银一百三十四两。谷给沙会来平见信交王天仓足纹银一十两。

再，锡洪记于初三日由京下班抵平，因不遵号规，当即辞其出号矣。刻下咱邑满加利三两五钱，钱数一千五百一十九文，银势平和。随统去平寄长、重、万信各一封，运寄汉信一封，并为收阅转往落底，俟期照交注帐［账］附知为是。余事后叙，专此布。

第二十次信　九月廿七日随公脚捎去

于月十二日随公脚捎去第十九次之信，内叙等情，今录原稿一纸呈照。廿三日收接第四十三次信一封，随会来平见信交郝葱甫无色宝银一百五十两，无票砝，附来伊致正永记会银底信一封，其平即照汉估平，比本合砝每百两小一两八钱八分兑。又结来平见信交王嵩龄本平足纹银五十两，附来伊致余会银信一封。附来四东君前买十月未得彩原吕宋票二半张，得彩对号单各一纸。今又买就外国冬月发财票二半张，计号八千四百七十号，又一万二千八百六十五号，每半张洋钱六元，俟得彩与否，再为报平。又附来月清一扺［折］，长寄平信一包，汉寄运信一包，贤契家信一封，友转信五封。又附来钱票样子一张，其印就之数，俟后再为捎平，并云交平碍难等云，但此平前次之信早已覆汉，想汉详明矣。俟有相宜，尚许由平交汉，皆因今年咱处冬标银势则算平和。及云一切等情均经收明详悉转往照交注帐［账］，勿念。至树华记已于十七日抵平，所带一切行李等物，逐一照前信妥收矣，借此附知。

兹报，平定收会过京在津十月底交德隆亨、洪发祥化宝银各一千两，咱在平本冬标收伊无色宝银，合对期，每千两贴伊费纹银八两。京会来平见信交赵清和足纹银二百三十八两二钱、郭根茂足纹银一百零四两五钱八分、赵丙寅足纹银六十两零三钱七分、王文郁足纹银一百四十六两八钱九分、闫致和足纹银二十两、裕兴昌足纹银五十两、张明灿足纹银八十五两四钱，又平在张兰十月底交冀善圃足纹银二百两。运会来平十月初十日交云锦成无色宝银二百两。

刻下咱邑满加利仍三两五钱，钱数一千五百二十二文，冬标银势露松。廿一日永图记、柏年记由沙下班抵平。十八日新请雷启泰辛金一十六两，前闲住之冀济世是日进号。同日着毓华记赴李、养翼记赴开住帮去矣。随统去平寄长信一封，履德记一信，又寄重、万副信各一封，贤契家信、友转信各一封，一并收阅转往附知是妥。余事后叙，专此布。又统去张祥垯一信，转交是妥。再，咱处传闻重地大生厚之事不雅，想汉早有风闻，未悉是否，似此各处风声不断，尚望贤契不论作会何处生意，以及出贷，均宜数轻拣择，预为留心，以防不虞，是为切要切要，附此。又批。

第二十一次信　十月十二日随公脚捎去

于前月廿七日随公脚捎去第二十次之信，内叙等情，今录原稿一纸呈照。初八日收接第四十四次信一封，随会来平明春标交鼎顺当无色宝银一千六百两，无票砝，各以各信为凭，其平照敦信堂之砝，与本合砝一律比兑。并叙汉凭信票据经吉庆记手办理。兼桢祥记抵汉，想不日着其返平乎。及云汉岸捐输，我号以半股答应，所有议叙，已竟[经]卖出，似此出银无几。并附来余一信，内叙赴京一节，原有之情，现下正是寒冷之际，而且履步维艰，待来春再定行止。又附来长寄平信、汉寄运信各一包。及云一切等情均经收明详悉转往，俟期照交注帐[账]，勿念。

兹报，平现收会过运见信交闫翰章足宝银九十八两四钱、周遇卿足宝银一百四十两，合得伊期外，共得伊等费银三两四钱。京会来平冬标收协义成足纹银三百两，又平见信交温长富足银一百三十三两六钱三分、梁凌斗足银一百三十五两二钱三分、郝维常足银二十五两；从津会来平在汾州府见信交张景棠足银四十两、李景云足银一十两，又平在介见信交张应斗足银五十两，又平明春标收四义诚无色宝银二千两，同期在谷收伊竟宝银一千两。万会来平见信交阎守濂足银一十五两，运会来平冬标收元盛新无色宝银一千两。现下咱邑银势平和，满加利二两，钱数一千五百二十八文。

昨晚振德记由万下班抵平。日前接运来信，报及我运之标已于初十日内与平发起，现标银一万二千两之谱，尚未到平。约料咱处冬标银势暂露松动，倘有宗项，可收平，明春标交项可耳。随统去运寄汉信一封，平寄长、重、万信各一封，友转信六封，并为收阅附知照办转往是妥。余事后叙，专此布。又附去宋变理兄捎物单一纸，至日买就，便中捎平，随物花结，以便交代为是。

第二十二次信　十月廿七日随公脚捎去

　　于月十二日随公脚捎去第二十一次之信，内叙等情，今录原稿一纸呈照。廿四日收接第四十五次信一封，兼叙履德记等平顺抵汉，问政记已于廿六日搭伴由沙赴万去矣，承汤记初十前后即可动身下班，桢祥记从上由津回平，此等不足较论，至纪年记便中可着其下班为是。及叙与四东君今又买就外国腊月之票二半张，计号三万六千二百五十八号，又二万零四百八十号，每半张洋钱六元，得彩与否，再信报平。今年之票亦已停止，明正外国之票，平已与东奉信去矣，俟买与否，再信达汉。并附来冬月未得彩票、对号单各一件，亦已交代。又附来月清一扺［折］，胡大老爷、正永记、履德记、志璿记等信各一封。及云一切等情均经收明详悉转往，勿念。

　　兹报，京会来平在谷明春标交公合元竟宝银五千两。津会来平在介见信交隆茂宝行足纹银三百两，又平明正月底在汾州府交张景颜足纹银一百两，又平明春标收西川汇无色宝银一千两、永隆源无色宝银一千两、复庆公无色宝银一千两，同期在谷收伊竟宝银一千两。洋会来平本冬标收久盛源无色宝银四千两。运会来平冬标收自立中无色宝银五百两，同期在谷收广盛刘竟宝银一千两，又平明春标在谷交源和庆竟宝银二千两。沙会来平冬月底在介交复盛典无色宝银一千三百两、世盛当无色宝银七百两。

　　十八日乃发记送运之标抵平。祁邑开定冬标长利六十九两，明春标五厘七毫，夏、秋标月均五厘六毫，满加利开二十七两，涨至三十二两。谷邑开定冬标长利七十一两，明春标月五厘九毫，夏、秋标月皆五厘八毫，满加开三十两。咱邑议开冬标长利七十一两，明春标月五厘八毫，夏、秋标月皆五厘七毫，满加利做开二十六两，涨至三十两，钱数一千五百四十五文。今标祁、太、平虽有进来之标，尚是如此缺乏，足见道［到］处空虚，加之四外欠佳，以致行利浩大，通融则贷，焉能划算，不惟当险。尚且近来各处滥费，不待细言，此等时势只可交涉，凡事斟酌，庶免耽［担］心吃亏。再，现下新改府官平，比咱合砝每百两大三钱四分，后首设有收交，即照此数注来，以免夹赔，平银再结帐［账］在迩。善昌升之项，汉前云该兴隆字样，东伙倘有银钱产业，汉就能要想，贤契追讨乎，尚有志祥欠项，概不提叙，均该讨索有样，再信提来。随统去来年标期单一纸，平寄重、万、长、上信各一封，友转信五封，至结帐［账］早为统平，以便统合，是为至要，并为收阅附知是妥。余事后叙，专此布。

再，复兴湧向平据云，贤契赴汉时带出之龟龄集，据言，此物售清，得价若干，尽数兑平，该号已竟［经］在平评兑，现用过平市平足银五十两，见信或是如何，结平为是。

第二十三次信　十一月十二日随公脚捎去

于前月廿七日随公脚捎去第二十二次之信，内叙等情，今录原稿一纸呈照。初十日收接第四十六次信一封。随会来平见信交裴汝茂松江银一十五两，无票硈，各以信凭，其平照平市平，比本合硈共小二钱兑，此项系日升亨裴汝明收转。并云承汤记带平用钱票纸一箱，计二万一千张，汉佃［垫］过脚银四两，此项俟后捎清，再为结平。并附来未列次信原稿一纸，尚未到平，俟到再覆。兼叙大生厚之事，既属无碍，万幸之至。并云托任梦九捎裙则等，俟收再覆。其别物件，随后再捎，并需之银，后首一并再结等语。附来长寄平信一包，汉寄运信一包，王济川、郝佩珖各一信。兼初八日晚九下钟接汉来电，可珍故汉，着履德记暂去，但此初七日接洋电信，亦已早悉。二信及云一切等情均经收明详悉转往照交注帐［账］，勿念。至履德记赴洋照拂，平已与洋达信去矣，令其后首仍为返汉，洋号事只可令恒业记暂行管理。现在洋号，平着住京之刘霖芳已于月前十八日抵洋，今又派雷守诚、田锡海定本月十七日动身从汉赴洋，俟起程再覆，先为附知，嗣后我汉遇事，就近照呼洋号，关切为是。

兹报，京会来平见信交裕兴昌无色宝银七百两、闫锡龄足银一十四两二钱，又平明春标交赵秉琏足银五百两，又津会平明春标收景生瑞无色宝银五百两，津会来平在介冬月半交刘振基足银五十两、李书元足银三十两，又平腊月二十日在介交张乐泉足纹银二百两，洋会来平冬月底收久盛源无色宝银四千两。

现下咱邑满加利二十二两三钱，钱数一千五百五十二文。日前闻悉祁帮进来京标一十一万余（两），约料年内银势不至要紧。初六日桢祥记抵平，当即辞出号矣，以戒不遵约束之风，伊之衣物并寄存物件，一并同扣。再，与平便中捎吃茶一箱，将价结平为是。随统去平寄长、重、万、洋信各一封，运寄汉信一包，纪年记家信一封，郝葱圃、天顺祥等信六封。又附去崔光照一百两收条一纸，交代平号办衣线花单一纸，照单办就，速为捎平结价为是，并为收阅分转附知是妥。余事后叙，专此布。

未列次信　十一月十七日守诚记等赴洋带去

号务一切，次信详呈。启者，今日逢吉，着雷守诚相随田锡海从平动身，由汉赴洋住帮。随带去平改染衣线六斤，其线能乎在汉更换元青衣线更好，否则改染捎平，不果［过］改染，每斤出秤一两有余，向伊言明。又捎去汉用会票纸五百张，长用会票纸三百张，便中妥为捎长，以便需用。又捎去汉用花包布一疋，需银无几，平已出帐［账］，俟其等抵汉查收，与其觅船即为赴洋，倘伊在汉添用盘费多少，汉、洋过帐［账］为是。至承汤记已于十二日走，信后抵平，收接未列次信一封，结来伊衣资本平足银七十一两五钱五分，又怡亭兄等捎物共本平足银三两。附来花单一纸，平用钱票纸一箱。子清、际汉记十四日到平，又从洋捎来钱票纸一箱，均已照信妥收，注汉之帐［账］，勿念，附知。其别俟其等抵汉，面为谈叙可也。余事后叙，专此布。

第二十四次信　冬月廿七日随公脚捎去

于月十二、（十）七日随公脚捎去第二十三次之信，守诚记等带去汉未列次之信，二信内云等情，今录去原稿二纸呈照。廿四日收接第四十七次信一封，兼附来月清一扺［折］，长寄平信、汉寄运信各一包，王绅一信。及

《光绪十七年七月至十九年五月乾盛亨平遥致汉口信稿》　　317

云一切等情收明详悉转往，勿念。惟云捎汉会票纸已令赴洋之伙带去，俟其抵汉查收。至叙令平交汉来年之项，俟来春看事而行。现下时势空虚极矣，及如今年进来现标确计不少，尚是行利极大，现银极缺，街市滞碍如此，世道诚谓可虑，只可内外遇事谨慎，是为至要。

兹报，平定交会妥沙明二月半收兴顺裕荆沙银一千两，三月半收伊荆沙银三千两，咱在平明春标交伊无色宝银一千两，三月半交伊无色宝银三千两，拉对期，共得伊费纹（银）八十两。又沙明二月半收元泰裕荆沙银二千两，咱在平腊月十五、廿五日各期交伊无色宝银一千两，合贴伊期五十五天，共得伊费纹银七十两。京会来平见信交任致中足纹银一百零六两六钱五分。

刻下咱邑银势仍是缺乏，满加利二十六两七钱，钱数一千五百六十一文。再，树华记亦已辞退，际汉记年幼不尽心，效习开销出号，附知。随统去平寄长、重、万、洋信各一封，友信四封，并为收阅分转是妥。余事后叙，专此布。又统去贤契信一封，友信三封，收阅转交为是。

第二十五次信　腊月十二日随公脚捎去

于前月廿七日随公脚捎去第二十四次之信，内叙等情，今录原稿一纸呈照。初十日收接第四十八次信一封。随结来平见信交复兴湧估平足银五十两，其平比本合砝共小九钱四分兑。又结来平捎钱票纸一箱，脚力本平足银三两九钱，其余钱票纸平前信已覆。附来汉寄运信、长寄平信各一包，寄平电报底稿一纸。并云汉塌之项，各情云云，事已今日，只可汉看事而了也。惟叙祖绍记俟来正再为定局。及云一切等情均经收明详悉转往注帐［账］，勿念。至汉捎怡亨兄用裙则一条，鞋一双，亦已收到，附知。

兹报，平定交会去汉明二月底收日升裕估宝银六千两，明三、四月底各期收伊估宝银五千两，言明不立票砝，各依各信为凭，其平即照咱本合砝平兑，咱在平明春标交伊无色宝银六千两，夏标交伊无色宝银一万两，合得伊期一十二天余，两不贴费，至为落底，俟期各为照收，注平之帐［账］为妥。又平定交会过沙明二月初十日收泰和长荆沙银三百两，咱在平明春标交伊无色宝银三百两，合得伊期外，共得伊费纹银六两。京会来平见信交路逢英足纹银一百七十七两八钱二分，宋士瑞足银一十五两，李银贵足银一百二十六两，李长和足银二百三十三两九钱六分，侯国成足银五十两。洋会来平见信交闫汝霖足银十两。沙会来平明春标交白士选无色宝银一百两。运会来平见信交王廉直堂足银一十五两。

刻下咱邑市面正在收索，事情希［稀］少，满加利一十四两五钱，倘有用项，仍是现银概无，世空之极，钱数一千五百六十四文。随统去平寄长、重、万、洋信各一封，运寄汉信一包，再启一纸，友转信三封，并为收阅附知转往是妥。余事后叙，专此布。

再，住长炳文记今番寄平之信，显有从其别意，使平不解，但其住长时常生意之事贪做张罗，平信次次照呼，原为我号，非别号比之，果如各庄尽心谨慎做作，平岂不欲乎？此情贤契原日陈仰，就近凡事照呼。以及长寄之信汉已早详，想贤契必有一番互相关切，不为长号，即别处均望关切，是为至切至切，附此。又及。

再启，近来道［到］处生意维艰，周行不易，皆因世空，各处皆然。加之奢华极盛，各庄票帮不论司事、伙友，繁华应酬外，甚有赌风花柳，均以为应酬之得计，尚有现在同乡士子向帮中任意求情，我帮习以为常，送情送礼送人情，不想该等习染成风，以图罔利而做。我帮住庄之人，尽以衣冠作待，或玩赌，或游柳、应酬、玩闹，久而久之，伙友中从中舞弊，尔为兄，我为弟，均可玩闹，此弊端非一庄，各处广有乘风而进，皆因起初作玩从宽，其弊不为不严，受害无底之故。及如不日开春新旺，别号玩赌，我号各庄以信为禁，一概不准，倘犯其咎，归司事是问。及如住长薛某，罔为玩赌，当即开销，闻悉协和信住汉年幼赵某，亦系玩赌，皆因近来各庄号规不严之故，致使效尤，尚望各庄司事、伙友务以体念家计。及号中不为别计，皆因体念伙友之情之谊，尚切开导，即幸甚多多矣，附此。又及。

第二十六次信　腊月廿七日随公脚捎去

于月十二日随公脚捎去第二十五次之信，内叙等情，今录原稿一纸呈照。刻未接来信，想是沿路雪大，以致迟延时日。

兹报，平现交会过京在津见信收田秉鑑足纹银四十两，合贴伊期外，共得伊费纹银一两。京会来平见信交范承祥足纹银一百一十七两七钱九分、李光南足纹银九十五两三钱，又平见信交牛步月足纹银七十四两、王明邦足银三十两。津会来平在张兰交久盛源无色宝银五百两。运会来平见信交黄德斋无色宝银一百两，李养性堂足银一十两。

刻下大节临迩，大众收场钱行落市，钱数一千五百六十七文，满加利五六两不一。廿二日昌泰记从京下班抵平，随统去运寄汉信一包，友转信一封，平寄长、重、万、洋信各一封，友转贤契一信，并为收阅附知转往是妥。余事后叙，专此布。

再，汉前次寄平之信，大众丝丝议论汉地德茂号，现有话说，别家均有风闻报平。况其昌德、晋记之信，皆有详信，何以我汉一字不提，想是汉号与该号无事，尚是别有法式，均未可料。不果〔过〕，平号查汉之帐〔账〕，德茂号、德茂庄各借我汉一千（两），以此揣度，亦不能李代〔戴〕张光〔冠〕，尚许汉号早有察达，该号等之项收否乎？及以其昌德之信，该号之事已坏，平帮别家毫无拖欠，净是我连号之项不悉，是否来信报平，此等世道无论交涉何帮，必须时常留心，非比昔年，万勿忽略，以防欠妥，是为切要，是嘱，附此。又批。

第吉次信　新正十二日随公脚捎去

新春鸿禧，另柬恭贺。启者，于客腊廿七日随公脚捎去第二十六次之信，内叙等情，今录原稿一纸呈照。廿八日收接第四十九次之信一封。并云汉号之帐〔账〕除讫化〔花〕费，净利本平足银四千二百四十四两六钱九分，附来结单一纸，结帐〔账〕、流水账各一本，月清、外借、未收交扺〔折〕

各一个，俟对再覆。长寄平信一包，汉寄运信一包，又结来九个月吕宋票价本平足银七十五两六钱，又对号单一纸，原票二半张，亦已交代注汉之帐［账］，其吕宋票接四东君之信，唯恐前买假票，是以今年定于不买，见信无用办理，附知。兼叙德茂钱铺坏事，该汉三千五有零（两），何以短期二千两，往来就有一千五（百两）有余，尚是来云系收零星之票，不悉汉地收何处之零款。以及另信云云，以五千两唱明看此，净是浮掩设遮，全不体量号中，若照我号粉饰放帐［账］丢帐［账］，以年有年交涉，不察底理，我号夹赔，不惟亏本，即月息年盛日增，请问亏心丢帐［账］，再要浮掩，前功尽弃，再蹈前辙，定行处咎。时常拖事，一宗未了，继而又续亏乎？自思事已如此，速为收结，庶免外人耻笑，是嘱是要。及云一切等情收明详悉转往注帐［账］，勿念。

兹报，京会来平见信交段敏足纹银一百八十两，张益斋足纹银三十两。

现下大众才为开市，钱数一千五百八十三文。初十日新请田圢进号效习。随统去平寄重、万、长信各一封，友信四封，并为收阅附知照办为妥。余事后叙，专此布。

又统去守诚记家信一封，武鹰杨一信，速转为是。再今年结帐［账］，天赐得利净差本平足银四十两三钱一分，总结存头，月清、挽结之数均各相对，惟是获利之数错写，至为查对，更正覆来。尚有平前开之标期单，太汾夏标是五月十六日，至为改正五月十五日，此系东路报差，更正为是，附此。又批。

第二次信　新正廿七日随公脚捎去

于月十二日随公脚捎去第吉次之信，内叙等情，今录原稿一纸呈照。十二日、廿三日收接第五十次、五十一次信各一封，统来长寄平结帐［账］信包二件，洋寄平信一包，汉寄运信二包，贤契等家信五封，慎斋记等信三封，友转信五封，余信一封，月清一扴［折］。及云一切等情均经收明详悉转往，勿念。

兹报，平定交会过沙二月底、三月半各期收元泰裕荆沙银二千两，咱在平各对期交伊无色宝银，共得伊费纹银八十四两；又沙三月半、底各期收乾盛晋荆沙银三千两；又沙同期各收兴顺裕荆沙银一千两，咱在平各对期交伊等无色宝银，共得伊等费纹银一百七十六两。运会来平见信在张兰交黄夺魁足纹银四十四两五钱。京会来平见信交任钰铭足纹银一百四十两，又平在张兰三月底交顺兴发足纹银三百两；又由津会来平在介二月半交李大有足纹银六十两，二月底交郝大仁足纹银一百八十五两、宋甸周足纹银一百四十两，又平在张兰见信交岳光宇足纹银二十两。

刻下咱邑市面生意希［稀］少，钱数一千六百零三文。再，我号统合去年生意，尚缺应支敷搅费而已，皆因各庄拖欠夹赔甚重，加之化［花］费日增月盛，焉能获利？嗣后诸凡谨慎，尽心竭力，转瞬帐［账］期，稍有光彩，彼此裨益矣。至于拖事，赶快办理，早了为妙，庶免夹赔月息为嘱。统去未收交单一纸，对毕原单统平。又平寄重、万、长信各一封，运寄汉信一封，友转信五封，并为收阅转往附知为是。余事后叙，专此布。

又统去贤契等信二封，收阅交附［付］是妥。至另信所云各情已详，惟是汉塌之项，前信才坏，后信打折就了，尚是多缓日期，仍令原做，明明诓人抗债，我汉尚以交厚而待，无怪丢银失人，素日概无一点察达。况在帐［账］借项几多，而往来帐［账］上就可浮该巨项，似乎不情，请问似此情理，尚言交些零星以致如此，不悉汉号交何处之零款，岂不尽是李代［戴］张官［冠］，欺瞒平号，是何情理？就是往来别家，必得时常费点心机，断乎不可以为成交碍期而做，必须随时该交多点交多，该交少者交少，以防不虞。倘有欠妥躲轻之法，一切拖事赶快早了，日后再蹈前辙，定行处咎，勿怪言之不早，尚切慎思切嘱。至王嵩龄日后再向我汉求送物件，不准答应，及伙友中之自亲厚友及余之亲友在外打求俸，一概不准，倘有循情苟且，尽归各处司事为问。近来咱乡中做此之人最多，以此信为禁，万勿循情，附此。又及。今日新请张志亨辛金五十两，王世昌辛金一十八两，在钱柜帮办李祥龄效习，附知。

第三次信　二月十二日随公脚捎去

于前月廿七日随公脚捎去第二次之信，内叙等情，今录原稿一纸呈照。初九日收接第五十二次信一封，附来长寄平信一包，汉寄运信一包，友转信一封，兼叙守诚记等未曾抵汉。及云一切等情均经收明详悉转往，勿念。惟是守诚记等抵汉，如洋达信于汉，留锡海记住汉效习，令守诚记一人赴洋。及之人位缺乏，再行定夺。平信达洋，照办覆平为是。

兹报，平定交会过京三月半收义和公足纹银一千两，咱在谷本春标交伊竟宝银一千两，合贴期四十天，得伊费纹银九两。京会来平见信交李田养足纹银四十七两三钱五分。津会来平在介二月底交温培桂足纹银五十两，同期在介交张吉元足纹银一百四十两。

刻下咱邑春标已过，议开长利六十六两，夏、秋标月均五厘四毫，冬标月五厘三毫，满加利做开十两，下至八两，又涨至十两。谷邑长短期与咱处所开一律。祁邑春标长利六十四两，夏、秋标月皆五厘三毫，冬标月五厘二毫，满加利做开十两，今日钱数一千六百二十四文。是日请刘统元辛金五十两、武元勋辛金六十两进号，附知。随统去平寄重、万、长信各一封，玉台记三信，友转信五封，并为收阅转往为妥。余事后叙，专此布。

至云汉、长拖事皆尚未了，似此时世，不得不我各庄额外费些心力，遇事尽为留神，倘有欠妥，互相关照，即为万幸，尚望谨慎，万勿忽略，是为切要至嘱。再，清明后定着祖绍记赴汉住帮，先为附知。又统去崇义全托捎物单一纸，办就随物结平为是。此批。

未列次信　二月廿五日祖绍记带去

号务一切，次信详呈。启者，今日逢吉，着祖绍记骑陈家之骡动身赴汉住帮。随带去本平盘费足纹银三十五两，又伊公己衣物水程扽［折］各一个，汉用会票纸三百张。俟其抵汉之日，查收注平之帐［账］为是，其别一切面谈可也。余事后叙，专此布。

第四次信　二月廿七日随公脚捎去

于月十二日随公脚捎去第三次之信，廿五日祖绍记带去未列次之信，二信内云各情，今录原稿二纸呈照。廿三日收接第五十三次信一封，兼云守诚记等已于上月廿三日抵汉，廿七日伊等由汉赴洋去矣，附来月清一挋［折］，长寄平信、汉寄运信各一包。及叙纪年记定初六日起程下班，以及德茂之事汉已答应，无可如何，至汉结帐［账］上所错之数，既已更正，后首务要遇细庶免途次。并附来重寄汉之后批原底云云，平已覆重去矣。阅长、重之信，两造信息混涵不清，尽是粉饰欺语，其内曲折，着实毫无不然，电信致照，尚是如此。近来人心刁狡，塌帐［账］者早要存心，焉能受害，不悉底里，静听奉陈，以致拖欠，受其播弄，悔之无益，并非一处，各庄皆然。我汉塌欠，信云更能巧说，嗣后务要素日交涉何号，知其底里而交，即为万幸是嘱。至云故伙之灵，待后由汉发平等云，既彼简便，亦尚可矣。及之洋信次次收汉巨数，虽是抵交，然而尽指收汉贴费抵补，亦是不大合宜，何不就近达洋，尚隔日多着急而收，洋汉咫尺，即是临日不达，大约亦可易办，可谓老实老守矣。嗣后务要互相关切，庶免月息贴费之苦，切切为是。及云一切等情收明详悉转往。勿念。

兹报，平现交会过京在津见信收田秉鉴足银二十两，贴期外，得伊费银五钱。又平现收会过洋见信交宋学俭足宝银二百两，得伊期外，共得伊费银一两五钱。京会来平见信交郝锦武足银六十两，赵思敦足银四十五两，张炳纶足银五十两，李逢春足银一十七两，王鉴足银五十四两。又在介见信交赵维伦足银五十两，二月底交王遇厚足银四百五十两，四月半交伊足银八十五两，三月半交聚源公足银五百两，三月初五日交吴华庭足银二百二十两。

廿五日请武升瀛辛金三十二两，范麟图效习进号。是日着志亨记、三弟记赴京去矣。刻下咱邑满加利八两，钱数一千六百二十文。随统去履德记、吉庆记家信各一封，又平寄长、重、万信各一封，运寄汉信一封，又运寄沙信一封，又转信二封，并为收阅附知转往照办是妥。余事后叙，专此布。

第五次信　三月十二日随公脚捎去　瑞

　　于前月廿七日随公脚捎去第四次之信，内叙等情，今录原稿一纸呈照。初七日收接第五十四次信一封，随结来平前捎汉之公衣，共售过本平足纹银三十三两，未收交单一纸。长寄平信、汉寄运信各一包，慎斋记友信各一信，未列次原稿一纸。初十日，纪年记顺吉抵平，收接未列次信一封，伊公己衣物、水程等扺[折]各一个，随结来伊衣资本平足纹银七十三两一钱，平用红茶一箱，脚力并买价本平足银一十二两，又调元兄捎物本平足银八两九钱四分，怡亭兄前后捎物本平足银一十三两五钱，四宗共合结来本平足银一百零七两五钱四分。附来买物单、结价单各一纸。二信及云一切等情均经收明详悉转往，兼捎物逐一照单点验交代注帐[账]，勿念。

　　兹报，京会来平见信交高振斌足纹银二十六两，李长和足纹银一百九十六两，郭根茂足纹银七十两，武汤富足纹银八十一两，温德贤足纹银一百八十两零七钱八分。

　　刻下咱邑银势平和，满加利五几两，钱数一千六百零三文。各行生意均不起色。再，定本月半着刘统元、武升瀛赴重，武元勋赴万住帮。随统去平寄长信一封，又寄重、万信各一封，张祥堦一信，并为收阅附知转往交付是妥。余事后叙，专此布。

　　再，据纪年记云道告之语，逐一详悉，惟是请人一节，待后察问明白，再信覆汉。及之汉岸塌事宗宗，以及各庄现下景象，近之世道，究实欠于察达，以致拖事不断，务切凡事总要耳目宽广，无非尽心竭力而已，为是至要是嘱。又统去阎汝霖一信，转交为是。

第六次信　三月廿七日随公脚捎去

　　于月十二日随公脚捎去第五次之信，内叙等情，今录原稿一纸呈照。廿三日收接第五十五次信一封，附来月清一扺[折]，长寄平信、汉寄运信各一包。闫实中原信兼云故伙之灵，陈家之骡已于初六日起程，俟到再报。并报汉地风波又起，仁和裕、姚祥泰二家坏事，拖我之项。并别号尚有附来已坏、未坏字号花名一单，令人可虑之极，但此尚切该何设法乘机早了，是要是嘱，无可如何。及云一切等情收明详悉转往，勿念。

兹报，平定交会妥京四月底收德全厚、义同厚足纹银各二千两，咱在谷夏标交伊等银共四千两，合得伊等期九天，共得伊等费纹银三十二两。平又定收会妥重六月半、底各期交永泰蔚票色银二千两，咱在谷夏、秋标各收伊竟宝银二千两，合得伊期一天，两无贴费。京会来平见信交侯世魁足纹银四十二两，王文郁足纹银一百零二两。

刻下咱邑已于十四、五日落雨五几六寸，秋田安种，麦苗有望，人心安谧。市面生意清淡，银势时常显空，满加利涨至八两，下至六两，钱数一千六百一十六文。再，十五日升瀛记赴重，相随统元记赴万住帮去矣。其元勋记现已感冒，未曾起程，俟后再定。随统去平寄长、重、万信各一封，锡海记家信一封，友转信四封，并为收阅附知是妥。余事后叙，专此布。

再，汉之塌欠尚有已漏未破之家，如裕复泰、宝源恒，该二号之事据汉之信批之云云，该等犹是乎，不应而坏，底里尚且余厚，使平真不解也。既汉知其稳妥，赶快速了，庶免耽［担］心当险。况汉现下风波，平地传闻接踵，此等塌风愈虑愈奇，只可各庄无论交涉何帮往来，列位时加察达，以防欠宜。今番沙统平寄汉之再启，云及彼地街市，银势碍难可乎，尽为抽沙银两，由汉再顶可也，尚望互相抽调为是。就是咱处银势忽紧忽松，亦无一定，实则世空使之，譬如下半年咱处更紧，及如现下我号各庄势薄，内外皆然。不果［过］，每逢后半年，总是交平照例而办，以敷局势是乎得宜。至前叙何某，闻悉其人幼年不守规矩，目刻主见未定，仍后再作区处，略此，是嘱，附知。再，郝佩珖兄借咱之褐衫被套，俱各收到，勿念。

第七次信　四月十二日随公脚捎去

于前月廿七日随公脚捎去第六次之信，内叙等情，今录原稿一纸呈照。刻汉信脚夫尚未抵平，不悉沿路是何阻隔。初九日，故伙之灵抵平，兼驼之衣箱二挍［折］，帽盒一个，铺盖一卷，平用线箱一挍［折］，均各照收交代，附知。

兹报，京会来平见信交任锦居足纹银四十六两，又平见信交任锡居足纹银一百两；从津会来平在介见信交赵石卿足纹银一百五十两，又在张兰交王之栋足纹银一百两，又平在汾州府见信交杨郁堂足纹银二百二十两。洋会来平夏标在谷交天兴厚竟宝银一千两，同期谷交义同厚竟宝银二千两、天锡庆竟宝银三千两。

刻下咱邑银势仍不活动，满加利五两，现银缺乏，世空使之，以致长利时常不能缩小，钱数一千六百零一文。初八日新请赵玉清，今年按四十两辛金，明年以三厘人力支使，王奉三二十四两。薛承琏、阴纪富效习，均是日进号。随统去平寄重、万、长信各一封，友转信一封，并为收阅附知转往为是。余事后叙，专此布。

至汉所拖各项，谅早暗中设法收索，庶免吃亏之苦，尚切乘机早了，是嘱。再，平信达运，令其在彼抽收汉款一二万金，由运交平，转移间尚可相宜，倘后运信照呼，互相顶兑，先为附知。此批。

第八次信　四月廿七日随公脚捎去

于月十二日随公脚捎去第七次之信，内叙等情，今录原稿一纸呈照。廿四日收接第五十六次信一封，附来平办衣线原单、清单各一纸。随结来衣线价并前后脚力本足银三百五十四两六钱一分，其线箱早已收到，详覆。尚有汉存平新买线五十七斤，平捎汉改染线六斤，不日妥为再捎。又附来月清一挍［折］，长寄平信二包，汉寄运信一包，志璿、裴铣、慎斋等信各一封，友转信一封。兼报祖绍记初四日抵汉，锡海记由洋到汉，见信则已令其住汉效习。平前信达汉就是教在汉住，彼时汉尚未接此信息照办。及云一切等情均经收明详悉转往注帐［账］，勿念。

兹报，平定交会妥沙六月半收兴顺裕荆沙银二千两，在平夏标交伊无色宝银，合贴期一个月，共得伊费纹银六十两。平又收会妥运五月底交李子轩足纹银一百两，在平夏标收伊无色宝银，得伊期一十五天，得费银二两五钱。京会来平见信交安启文足纹银九十两，又平在介见信交同升明足纹银七十二两六钱、王遇厚足纹银一百两。洋会来平夏标交久盛源无色宝银一万两，同期谷交义和公竟宝银二千两。运会来平同期在谷收永昌正竟宝银五百两，又平转太原省交祝大老爷足纹银四十两。万会来平见信交阎守濂足银二十两。

刻下咱邑银势稍露松动，皆因前两天祁、太进来京标二十余万之谱。现满加（利）二两，钱数一千五百六十六文。夏标长利尚未做开，标上银两有此来项，不至紧缺。日前，天庆由万下班返里。随统去平寄长信一封，重、万信各一封，运寄汉信一封，贤契一信，友信七封，并为收阅转往交付是妥。余事后叙，专此布。

又统去吉庆记一信，交付为是。至云汉之拖欠，有样无式之塌事宗宗未了，前事未结，后事又续。据汉云云，诚亦无可如何，惟有我汉该何追索，速即收结，事已如此，善为设法早了为是。及之汉地街市不稳，只可暂为且看且走，将银交上，即交别处，或是搜寻交平，下半年快期收项，抑或九十月底平收，尚可以顾其势，或交京均无不可，不宜再贪出贷。嗣后则已抽调作会，小做放帐［账］，月息不宜且又不妥，后首出贷以应酬而已，实在划算不来，附此照办是嘱。又及。

未列次信　五月十一日玉清记、元勋记赴洋、长带汉之信

号务一切，次信详呈。启者，今日逢吉着赵玉清赴洋、武元勋赴长住帮，路经汉号，倘伊等在汉添用盘费多少，汉、洋、长过帐［账］为是。俟其等抵汉，与其各搭妥船，速即令其前往住帮为要，其别号务，面为详谈可也。余事后叙，专此布。

图书在版编目（CIP）数据

山西民间文献粹编.第一辑：全6册/郝平主编.—北京：商务印书馆，2024
ISBN 978-7-100-20955-7

Ⅰ.①山… Ⅱ.①郝… Ⅲ.①地方文献—山西—文集 Ⅳ.①K292.5-53

中国版本图书馆CIP数据核字（2022）第076802号

权利保留，侵权必究。

山西民间文献粹编·第一辑
（全6册）

郝平 主编

商 务 印 书 馆 出 版
（北京王府井大街36号 邮政编码100710）
商 务 印 书 馆 发 行
北京顶佳世纪印刷有限公司印刷
ISBN 978-7-100-20955-7

2024年1月第1版	开本 787×1092 1/16
2024年1月北京第1次印刷	印张 151¾

定价：690.00元